BIG WEEK
SIX DAYS THAT CHANGED THE COURSE OF WORLD WAR II

最伟大的一周

[美] 比尔·耶讷（Bill Yenne）| 著
吴冬 | 译

六天改变二战进程

重慶出版集团 重慶出版社

BIG WEEK by Bill Yenne
Copyright© 2012 by American Graphic Systems, Inc.
All rights reserved including the right of reproduction in whole or part in any from.
This edition published by arrangement with The Berkley Publishing Group,a member of Penguin Group(USA)LLC,a Penguin Random House Company,arranged through Andrew Nurnberg Associates International Ltd.
All rights reserved.

版贸核渝字（2014）第57号

图书在版编目（CIP）数据

最伟大的一周：六天改变二战进程 /（美）耶讷著：
吴冬译. -- 重庆：重庆出版社，2016.6
书名原文: Big Week:Six Days That Changed the Course of World War Ⅱ
ISBN 978-7-229-11047-5

Ⅰ.①最… Ⅱ.①耶… ②吴… Ⅲ.①第二次世界大战战役－空战－史料 Ⅳ.①E195.2

中国版本图书馆CIP数据核字（2016）第048610号

最伟大的一周：六天改变二战进程
ZUI WEIDA DE YIZHOU：LIUTIAN GAIBIAN ERZHAN JINCHENG
［美］比尔·耶讷 著
吴冬 译

策　　划：	华章同人
出版监制：	陈建军
责任编辑：	黄卫平
责任印制：	杨　宁
营销编辑：	穆　爽
封面设计：	熊猫布克

重庆出版集团
重庆出版社　出版
（重庆市南岸区南滨路162号1幢）

投稿邮箱：bjhztr@vip.163.com
北京鹏润伟业印刷有限公司　印刷
重庆出版集团图书发行有限公司　发行
邮购电话：010-85869375/76/77转810

重庆出版社天猫旗舰店
cqcbs.tmall.com
全国新华书店经销

开本：787mm×1092mm　1/16　印张：17.25　字数：239千
2016年6月第1版　2016年6月第1次印刷
定价：42.00元

如有印装质量问题，请致电023-61520678

版权所有，侵权必究

前言

1944年6月,在一个狂风大作的日子,拉里·库特登上了飞机。远远地在他下方,一场军事行动正在展开,这是世界历史上最伟大的、当然也是二战中规模最大的行动之一。在他下方,156000名盟军战士正跨过法国古城诺曼底长达50英里的海岸线进行登陆,他们将要开始一场伟大的战役,誓将四年来占领西欧诸国的德军驱逐出去。

包括57500名美军在内的盟军将士在拟定了代号的地点登陆,这些代号对于诺曼底的本地居民而言也是陌生的,尤其是新近移民。德军扛起机枪大炮,死守着他们的钢筋混凝土堡垒。盟军在宝剑、黄金、朱诺和犹他四大海滩登陆。在名为奥马哈的第五个海滩上,美军遭到了格外沉重的打击,被重型机枪和大炮击得溃不成军。

无论是在英吉利海峡上的5000艘战舰上,还是在驻英国各地的司令部中,盟军的规划者们都在紧紧盯着这场正在海浪间、在沙滩上、在悬崖边展开的大战。

不过,拉里·库特的视线却停留在空中。当他所乘坐的"飞行堡垒"近乎懒洋洋地飞过冰冷的天空时,他并没有将望远镜对准2000英尺下方正在上演的大剧,而是投向了眼前这广阔的蓝色苍穹的东端。

他见到一群飞机在与他同一高度处飞行，机身上印着与他所乘坐的B-17上一样的白色星星。下方还有一群飞机，机翼上印着英国皇家空军的圆形机徽。

库特的轰炸机并没有飞跃英吉利海峡，而是改道飞向法国内陆，然后再回到海峡，在各登陆海滩上空交叉盘旋着——宝剑海滩、黄金海滩、犹他海滩和奥马哈海滩。在他下方，盟军战士正遭到装备精良的德军的残酷轰击，而在空中，库特一眼扫去，一片风平浪静。

空中到处都是飞机，但全都来自友军。局势本非如此。就在不久之前，德国空军曾是世界上最强大、最高效的空中力量。的确，就在几个月以前，驾驶"飞行堡垒"的机组勇敢闯入欧洲上空，还面临重重危险，他们深知德国空军在这片大陆上掌握着完全的空中优势。

六个月以前，任何冒险飞入欧洲大陆上空的盟军飞机很可能会惹怒一群"梅塞施密特"战斗机发起突袭，他们将以每分钟700发的速度向盟军发射20毫米的炮弹。事实上，许多像库特现在乘坐的"飞行堡垒"曾在那样的枪林弹雨下化成一堆变形的、陨落的残骸——在这片天空中，曾经有很多次，这些"飞行堡垒"的地板，就像库特下方这片大地一样，染满了美国士兵的鲜血，而这都是拜德国空军所赐。

四年前，阿道夫·希特勒的军团横扫欧洲，强如法国者，也在几周内败下阵来。德军这样辉煌的战绩，全是在空中力量的保护伞下取得的。在德国空军的猛攻和重击之下，敌国悉数投降。只要能被一架"梅塞施密特"或"斯图卡"从高空瞄准，在其猛烈炮轰下，地面目标无一能幸免。

这些恐惧困扰着盟军的作战规划者们，当他们想象着现在正在诺曼底发生的这场大战时，夜不能寐，脊背发凉，驻扎基地也变得像极地雪兔的巢穴一样寒意重重。

"如果我是德军指挥官，如果上天允许我挑选合适的天气来进行防御，我会选择这样的天气条件，"库特一边看向下方，一边思考道，"我希望厚厚的云层遮蔽在诺曼底海滩上空，一直延伸到英吉利海峡中央。如果云层顶端高12000英尺，底部高1300英尺，就能给德国空军制造完美的掩护，他们能从厚重的云层中俯冲而下,冲向军舰密集的英吉利海峡,向任何船舰发起狂轰滥炸,然后在几秒内迅速爬升回云层保护层中。在盟军亮出枪支或者上千架战斗机发起截击之前,他们已经来去无踪了。我比我承认的还要忧心忡忡。"

劳伦斯·谢尔曼·库特少将留着和克拉克·盖博一样的大胡须,举止充满活力,他是帮助形成和建立美国陆军航空队的一群年轻军官中的一员。在库特39岁生日的前一周,他已经是美军中最年轻的将军,他在1942年得到提拔,他是自威廉·特库赛·谢尔曼以后没有经历上校军衔而被"越级提拔"为将军的第一人。

1929年,这位来自伊利诺伊州罗克福德市的年轻军官已经从西点军校毕业两年,在加州的蒙特利担任海岸炮兵军官。不过他很快就被调到陆军航空兵团,并在德克萨斯州获得了飞行章。到希特勒的部队横扫欧洲之时,他正在华盛顿与一群优秀的年轻军官一起,围绕在他们所尊崇的长官亨利·哈里·"哈普"·阿诺德周围,组建这支未来世界上最大的空军队伍,并拟定以此作为武器来赢得二战的战略。

"云层中可能满是德军。"库特观察道,他心里想的却是:"云层中应该满是德军。"

库特将军目之所及,不论是英吉利海峡的上空,还是用高倍望远镜所能观察到的最远之处,到处都是飞机,全都印着星形或圆形机徽,纳粹空军的黑十字标记全然不见踪影。

"我们继续观察着,渐渐意识到,如果一场空战打响,一定是速战速决的,因为这时已经很少有飞机再冲上云霄来,即使有,也是来自友军,"库特后来回忆道,"不仅如此,无电线里也截获不到往常德国空中管制员发出的关于作战路线的信号了。我们这才知道获胜了,空中全是美国和英国的战斗机。极目远眺,一列列'飞行堡垒'往回延伸至英国。那天早上,我们有1800多架'重型轰炸机'盘踞在法国上空。德国兵再也没有出现过,也无法出现,因为他们已经一无所有了,他们的底牌已经被揭掉了。"

本书就是关于盟军如何打造大礼拜,揭掉德军底牌的这段历史。

"大礼拜"空袭是二战乃至20世纪军事史上的一个分水岭。在此之后，一切都发生了改变。它经过了一段漫长而又艰难的酝酿，标志着战略空军作为一种改变战争结果的方式正式诞生。

　　一年半以前，当英国军队取得了三年来第一次重要的对德陆战的胜利时，在阿拉曼，英国战时的首相温斯顿·丘吉尔发表了一次难忘的战时演讲。

　　"我们有了一次新的体验。我们胜利了——一场确切的、非凡的胜利，"丘吉尔说道，"德国人屡屡加诸给他国战火和炮弹，这回他们也尝到了这个滋味。这不是结束，甚至这也并非结束的序幕已然到来，但或许，这是序幕已经结束！"

　　"大礼拜"是战争结束的序幕。

　　与其说它是一个转折点，不如说是一个临界点。

　　如物理学家所定义的，临界点是一个开端，是指从某一个点开始，一种物质从一个已建立的平衡转换成一个与之前的存在状态完全不同的新的平衡。临界点是一个临界质量时刻。

　　1944年2月的最后一周就是这个开端，而即将从已建立的平衡发生改变的就是第三帝国的经济和发动战争的能力。而那一周所达到的临界质量就是美国第八航空队战略空军所拥有的重型轰炸机数量。

　　在1944年2月20日至25日之间，美国陆军航空队开始对希特勒的德国经济中心发起大规模的空袭，这是一场发生在一个三维战场上的史无前例的战役。

　　在六天内，驻扎在英国的第八航空队的轰炸机执行了3300多次任务，而驻地为意大利的第十五航空队也出动了500多次，他们一起朝目标投掷了约10000吨炸弹，破坏了德国飞机制造业的90%。大礼拜期间，英国皇家空军轰炸机司令部也执行了2350起夜间任务，对这些目标实施夜间轰炸。

　　"大礼拜"经历了一段漫长的酝酿期。

　　事实上，它源起于第一次世界大战，那时有远见的战略家就已经注意到空中力量，预见到了它的巨大前景，并由此形成了这样的理论：在战争中，空中力量不仅可作为近前线的战术武器,也可作为能对战争结果产生深刻的、决定性影响的战略武器来使用。

战略制空权理论有许多创始人,但没有一个比威廉·伦德拉姆·"比利"·米切尔在美国军事界更敢于直言,更具影响力,他在一战时曾担任美国远征军的航空部指挥官。

"世界已经站在'航空时代'的门槛上,"米切尔在他1925年出版的名为《空中国防论》一书中写道,"在这个新的时代里,整个人类的命运受制于天空。制空权已成定局。但你也许要问,制空权是什么呢?制空权是指能在空中或透过空中进行作战的能力,因为天空是覆盖着全世界的,飞机可以驶入这个星球的任何地方,它们不需要水或者地面来支撑其飞行。山脉、沙漠、海洋、河流和森林都不能成为阻碍。飞机在一瞬间消解了所有关于国界的概念。现在整个国家都成了国界,如果发生战争,此处和彼处一样容易受到攻击。"

虽然米切尔的逝世距离"大礼拜"前夕已经整整八年,一天也不差,但他的言论和思想对于"大礼拜"的策划者们产生了深刻的、重要的影响。

在二战中,空中力量第一次起到了决定性的作用。虽然米切尔死于二战开始的三年前,但他对美国空军军官们产生了深刻的影响,这些军官是最早认为美国陆军航空队能让空中力量发生决定性作用的先驱者,他们追随着哈普·阿诺德上将的领导。阿诺德是二战中美国陆军航空队的总司令,他团结了那些赢得空战的功臣们。

其中最有名的包括卡尔·"图伊"·史帕兹上将,他是一名老牌飞行员,战争开始时,他在阿诺德的空军参谋部担任参谋长,当"大礼拜"来临时,他奔赴前线,任美国陆军航空队驻欧部队最高司令官。这群年轻军官们——战争开始时他们还不是将军——起草了总体规划,将比利·米切尔的愿景变成了一个帮助赢得战争的事实。这些人包括拉里·库特、哈罗德·L."哈尔"·乔治、奥维尔·安德森、霍伊特·范登堡、海伍德·S."珀桑"·汉塞尔。

在图伊·史帕兹的密切督导下,这些前线军官们执行着这一总体规划,在"大礼拜"时达到高潮。这些人曾一度是,或者现在也仍然是,一些家喻户晓的名人，包括伊拉·克拉伦斯·埃克、弗雷德里克·路易斯·安德森、詹姆斯·哈罗德·"吉米"·杜立特以及柯蒂斯·爱默生·勒迈。

还有一些人不眠不休地为制定作战目标提供具体细节，这些目标合在一起拼凑成了一幅巨大的二战战略空战的胜利版图。这些人中有男人，也有少数女人，他们一直默默无闻，其中最重要的要数理查德·多伊利·休斯。

而真正实施规划的则是成千上万飞赴前线的年轻战士们——1944年6月，240万身穿美国陆军航空队制服的战士——历经艰险，投下炸弹，浴血奋战。这些人中有还不到二十岁的年轻航空兵，像阿奇·马蒂斯，比尔·劳利和沃利·特穆培。他们也并不为人熟知，但他们在"大礼拜"中表现出来的英雄主义让他们时至今天在美国空军中也仍然被拥为偶像。

"大礼拜"期间的一切总结起来就是一件事——美国空军为打败德国空军以确保一场史诗般的地面战役取得胜利发挥了巨大的作用。

"在那关键的第一天，我们的部队牢牢抓住至少一个滩头堡，遭到狂轰滥炸的已经不是美军，而是德军。"库特观察道，"德国的空军力量在他们盘踞欧洲的垂死挣扎中已经无足轻重了，已经名存实亡了。"

1944年6月6日，当拉里·库特思考着他上下左右发生的这一切，他意识到战争结束的序幕终于拉开了。战争还没有结束，远远没有，但结果已成定局。

这是一场可怕的战役，是一场在诺曼底长达50英里的海岸线上绵延开来的大规模战役。6月6日，直到太阳下山之时，盟军的伤亡人数已经达到1万，这些年轻人中有四分之一没能见到6月7日的日出。然而，重要的是，他们仍然坚守在诺曼底。可怕的苦战还在前方，可盟军的战士们将不会退回到英吉利海峡。在"霸王行动"的一周年纪念日上，响彻诺曼底海滩上空的将不再是炮火雷鸣，只有汹涌而来的海浪声——阿道夫·希特勒也将彻底消失。

正如比利·米切尔在二十年前写道："现在即使敌人的海陆军联合起来，也无济于事，除非他们能获得空中霸权。"

序言

  一天，两个男孩从学校往家走。这一天和平常并无二致，在我们的记忆中，这更像是普通的一天，而不是什么特别的日子。这也许是春天，或是还没放暑假的初夏，甚至是早秋。也许是他们五年级的最后几个月，但肯定就在那段时间左右。那天，柳树长出了绿叶，不过这并不重要，这只是一个背景，并不是固定的。其中一个男孩随意抓了一把叶子，又随手丢掉，就像乡下的男孩们可能会随意拨起一根长长的草，然后嚼上一会，又随口吐掉一样。

  这只是那些年月里的一天，对于那些亲身经历或者只能在想象中经历那一切的人而言，回忆里的这一天还处在"纯真年代"。那是1929年，虽然很可能是1928年甚或是1920年。对于十一二岁的男孩来说，日子就是日子，并不是历史书上的日期。回想起来，对于并未身处其中而只能依靠想象的我们而言，那些年正是我们称之为美国"最伟大的一代"（汤姆·布罗考提出了这一说法）的成长岁月。

  情况往往是这样的，那些注定伟大的人自己并不知晓。通常是我们这些不在场的，而只是通过历史来认识他们的人，为其冠以伟大之名。

  后来被称为"最伟大的一代"的那些人，在成长时相信他们只是"更年轻的一代"。和所有时代一样，他们也生活在"我们和他们"的世界里，在被称为"年长的一代"的神秘人物的阴影之下长大。

阿奇·马蒂斯和约翰尼·弗瑞尔从二年级开始就是好朋友，他们一起开怀，分享奇闻怪谈和秘密，也一起冒险。一起冒险往往是男孩们会做的事情，而分享秘密则是由来已久的划分两代人的界限之一，"如果我们的母亲知道我们一半的麻烦……"

两人最常聊起的一个故事——虽然他们都不愿意与各自的母亲分享——就是开头提到的这个故事，两个男孩走在放学回家的路上，那是他们五年级的最后几个月。

途中，他们遇到了另外几个男孩，一起继续赶路。他们的家在宾夕法尼亚州"图书馆"镇西边的一排双层公寓楼里。据阿奇描述他的少年时代，这个小镇现在名叫"自由"，这倒还算合理，可当时它有一个更离奇的名字，叫作"图书馆"，因为在20世纪初有人记得一位名叫约翰·摩尔的男子早在1833年就来此郊区建立了一座图书馆。在那之前，这里多年来都被称为"懒人空谷"，这个名字如果安置在你带回家和母亲分享的严肃故事中，就会显得更加另类。

事实上，"图书馆"当时不是一个小镇，现在也仍然不是。它仅仅是阿勒格尼县南方公园镇的一个非自治的小区，距匹兹堡市中心南部约有十几英里的高速路程。在"最伟大的一代"人的词汇中，它只是"一个小城镇"。

而在那前后的许多年，匹兹堡都是一座钢城。事实上，在整个美国，匹兹堡也是一座有名的钢城。钢铁业主要依赖煤和铁矿，而匹兹堡的地下正好蕴藏着丰富的煤炭，人们称之为"煤块"，这些煤块遍布宾州西部。也许你不能常见到"煤块"，但随处可见现存的或废弃的煤矿入口。

这些黑漆漆、脏兮兮、布满尘土的、有些呛人的煤炭成了宾州西部的命脉。在阿奇·马蒂斯和约翰尼·弗瑞尔的成长岁月中，几乎所有人的父亲都在煤矿上班，大都是蒙土尔10号煤矿，而且几乎所有人都住在匹兹堡煤矿公司名下的一栋不错的双层公寓楼里。

阿勒格尼县南部的地形和大部分产煤区一样，是由陡峭的山丘和深谷组成的。"图书馆"就是围绕着山谷建立起来的，这一山谷是很久以前被往来的人流走出来的，名叫"松树叉"。为了从一边走到另一边，你不得不走下去，又爬上来——或者走捷径。

男孩天性使然，在回家路上，他们总不愿意多费不必要的力气来绕弯路，更喜欢走捷径。而看上去最方便，也最常走的日常路线就是蒙土尔铁路上的栈桥，这座栈桥架在距"松树叉"山谷100英尺的上方。过栈桥能省掉爬上爬下的许多麻烦。

笔者本人在十岁或十一岁时也走过这铁路上的栈桥，可以证明，第一次还是有些胆战心惊的，不过多走几次，就越来越轻松了。

另外，回想起来，关于十一二岁这个年纪有一个明显的真理，那就是，这个年纪的男孩还没有见过太多世面。接下来他们经历了一件最刺激的事情。

阿奇、约翰尼和他们的小伙伴们走到栈桥的一半，脚下的铁轨开始战栗和摇晃，运煤车要来了，他们从没有在半路上遇到过这种状况。当他们抬头看的时候，运煤车正疯狂地驶了过来，他们无路可逃，也无处可藏。

由于每辆车都载着50吨煤，司机无法刹车，除了疯狂地吹哨子以外，他也无能为力。

栈桥距离地面安全距离有100英尺高，男孩们眼看无路可逃了，只好爬到栈桥下面，悬在半空中，默默祈祷。

"我见到阿奇高高地悬在我们上方，当运煤车经过栈桥的时候，他倒挂在铁路的轨枕上，只有脚趾着力，"约翰尼后来告诉阿奇的弟弟大卫，"我们拼命抓住横梁。"

据阿奇后来和他弟弟解释，他在两个轨枕间往下滑，然后突然用脚勾住另外一组轨枕。

"他实际上不只是用脚趾倒挂住轨枕，"大卫在位于马克斯韦尔空军基地的空军历史研究部所作的一次录音采访中，这样回忆道，"他是成弓形悬挂在栈桥下方……你可以想象栈桥上的剧烈震动……我曾好几次路过那座栈

3

桥去看，它还在那里。从他们被困的那个点往下看，我估计至少是离地75至100英尺高。也许听上去并不高，但当你像蝙蝠一样悬在空中，如果跌落下来，一定会被摔死的。"

阿奇·马蒂斯曾身处险境，他几乎见到了死神的模样，就在1929年的那一天，他死里逃生。

阿奇注定要成就一番伟业。

阿奇·马蒂斯原名叫阿奇博尔德·汉密尔顿，于1918年6月3日出生于南拉纳克郡的斯通豪斯，这里距苏格兰格拉斯哥东南部20英里。他从没见过他的生父，对苏格兰也没有印象。他最早的记忆产生于宾州威斯特摩兰县的雅各布溪。1921年，他的母亲再婚，嫁给威廉·詹姆斯·马蒂斯，包括马蒂斯的姐姐杰西在内的全家人一起移民到了美国。威廉·马蒂斯在匹兹堡北部的罗斯特瑞瓦镇范米特街上的匹兹堡煤炭公司上班。

在大卫·马蒂斯出生的几年后，1922年，全家搬到了另外一个矿区。阿奇的母亲玛丽·马蒂斯对于离开范米特感到很轻松，因为那里的人们一直沉浸在一起矿难的哀伤之中，那是1907年发生的美国历史上最严重的矿难之一，239人遇难。马蒂斯一家来到了"图书馆"镇，住在这座美国有名的钢城南边，威廉在匹兹堡煤炭公司旗下的另一家蒙土尔10号煤矿上班。

据大卫回忆，在他们来到"图书馆"后不久，阿奇就遭到了同龄的"矿区恶霸"的挑衅，但他马上就让对方感到"一点都不轻松"。

阿奇·马蒂斯迎难而上，恶霸很快退避三舍。

在那些日子，仍然有送奶工人把奶送到家，"图书馆"的送奶工遇到了一个特别的麻烦。那个欺负阿奇的恶霸似乎在偷牛奶，当他停车去挨家挨户的后院送奶时，恶霸就会偷偷溜进他的送奶车里。

送奶工得知阿奇打赢了这个恶霸，于是雇阿奇为他保驾护航，每天结束时付给阿奇50美分还有1夸脱巧克力牛奶。

就在"松树叉"栈桥事件发生时，用大卫的话说，母亲向威廉抱怨，"她已经受够了矿区的生活了"，意思是她已经厌倦了一家人挤在公司的双层公寓了。包括杰西在内的小孩们都变成十几岁的青少年了，此外还有七岁的大卫和刚满两岁的内蒂·梅，一大家子挤在四间房里，只有后院有一个公共厕所。玛丽想要搬出去住，所以她打发威廉·马蒂斯到4英里外的芬利维尔的一个小镇，在那里可以租到房子——有五间房的房子。

阿奇很快适应了芬利维尔的生活。他发现了"巴顿的修理铺"，白天这里是汽车维修铺，晚上则变身成一家拳击俱乐部。拳击很符合阿奇好胜心切的气质，他坚持去打拳击，直到1933年的一个晚上，他的一条胳膊被打伤了。

"够了，"威廉·马蒂斯告诉他这游侠骑士般的儿子，"没有钱给你看病了，而且，你也该上高中了。"

老人言不得不听。

阿奇从莫农加·希拉中学毕业后，就参加工作了。因为生活在产煤区，所以他也去了煤矿上班，具体来说，是在"图书馆"镇上的冠军3号选矿厂，该厂与蒙土尔10号煤矿毗邻，从阿奇小时候起，父亲就一直在蒙土尔10号煤矿工作。阿奇来到选矿厂，负责给煤车装上煤，日薪为五美元。

"如果他去矿井里面工作，薪水会更高，"大卫解释说，"但我父亲不会答应的，因为采煤的工作太过危险了。"

1939年，阿奇21岁，他加入了志愿消防队。"他喜欢这份工作，喜欢坐在消防车的后面奔赴各处田野里的大火——那会几乎很少有住宅起火。"在回忆时大卫笑了笑，"他喜欢那种速度。还有一个额外的福利是，消防志愿者有军乐队，这样我们就能见到所有的美女了，她们在美国最伟大的乐队指挥约翰·菲力浦·苏萨的指挥下演奏着军乐。他那时最喜欢的曲子是《星条旗永不落》，这也是我的最爱。"

大卫继续回忆道，即使在匹兹堡煤炭公司工作时一天只能挣到5美元，但阿奇并不吝啬。"我记得一天我从学校回来，家里摆着两双溜冰鞋，一双是他的，一双是我的。1941年，那是阿奇服役的第一年，他给妈妈买了一件400美元的皮毛大衣。我想知道他是怎么做到的，他抢了银行还是干了别的什么？然后我想起阿奇打牌很厉害，而且也擅长掷骰子。"

1940年12月30日，用大卫的话说，阿奇决定"是时候开始新的冒险了"，他加入了美国陆军航空兵团。

阿奇·马蒂斯后来并没有见到迪克·多伊利·休斯，但他们的生命是交织在一起的。两人都出生在英国，后来都成了美国公民，都在美国陆军航空队服役，两人都成为了"大礼拜"故事中的偶像人物。他们的故事在本书的叙事中交织在了一起。

除此以外，两人也是不同的，就像白天和黑夜是不同的。迪克·休斯比马蒂斯大了整整一辈，他出生在英国一个上流社会的家庭。在他的家庭文化中，服军役是一个神圣的职责。他曾就读于伯克郡的惠灵顿公学，这所学校是国家为了纪念惠灵顿公爵而修建的，这里的教职员工也包括惠灵顿公爵的军团中少尉以上的军官。之后他来到位于桑德赫斯特的皇家陆军军官学校继续求学，这里相当于英国的西点军校，是英国陆军培养军官的地方。之后，休斯参加了第一次世界大战。据1916年12月《伦敦公报》的一则消息，休斯被分配到乔治国王的第一廓尔喀步枪团，也称为马劳军团。这一军团曾在伊普尔与德国人交战，也曾在现在的伊拉克地区与当时的奥斯曼土耳其人大战。

十几年后，迪克·休斯来到印度的西北边境省，就在这里他遇见并爱上了一个美国女人弗朗西丝。他追随她回到了密苏里的圣路易斯，他们结婚并在此处定居下来，组建了自己的家庭。他们的女儿于1929年出生，也取名叫弗朗西丝，双胞胎理查德和盖伊于1934年出生。迪克开始踏足商界，他能很好地理解商业和经济因素之间的细微关联，因此在业界享有盛名。这些经历让他在后来的"大礼拜"的策划和执行中成为当之无愧的关键人物之一。

迪克的兄弟盖伊·多伊利·休斯（迪克和弗朗西丝生下的其中一个双胞胎与之同名）则一路走到了英国皇家海军。当迪克随英国皇家陆军在伊拉克大战土耳其人时，盖伊则作为第一名登上 HMS E11 潜艇的军官，在地中海的波涛之下与土耳其人交战。尤其是在达达尼尔战役中，这艘潜艇取得了击沉80多艘大小不同的船只的战绩。1915年，盖伊通过游泳上岸，炸掉了从君士坦丁堡到巴格达铁路中的一段，因此获得了"金十字英勇勋章"。

在二战中，盖伊担任HMS"光荣号"航空母舰的舰长。1940年6月8日，"光荣号"和两艘护航驱逐舰在挪威附近被德国两艘巡洋战舰截击，也就是臭名昭著的"沙恩霍斯特号"和"格奈森诺号"。在德国海军和英国皇家海军的一次主要的海面战争中，三艘英国船舰全被击沉。在"光荣号"潜入冰冷的海面之前，盖伊被从"沙恩霍斯特号"发射出的一枚炮弹击中，当场牺牲。

20世纪30年代后期，迪克·休斯经营着圣奥尔本斯农场，这里一开始是一家乳制品厂，后来逐渐发展成一个舒适的郊外居住区。从圣奥尔本斯农场可以远眺位于富兰克林县东北部的密苏里河，距离圣路易斯以西约35英里，这家农场曾经为圣路易斯供应了2%的牛奶。后来，圣路易斯2%的上班族也来自这里。

当战争在欧洲打响，尤其是在他的兄弟被德国人杀害以后，迪克·休斯也渴望能以某种方式加入战争。正如他在未出版的回忆录中所阐述的，这种渴望一部分是出于复仇心理，另一部分是向往能加入这场20世纪最大的冒险。

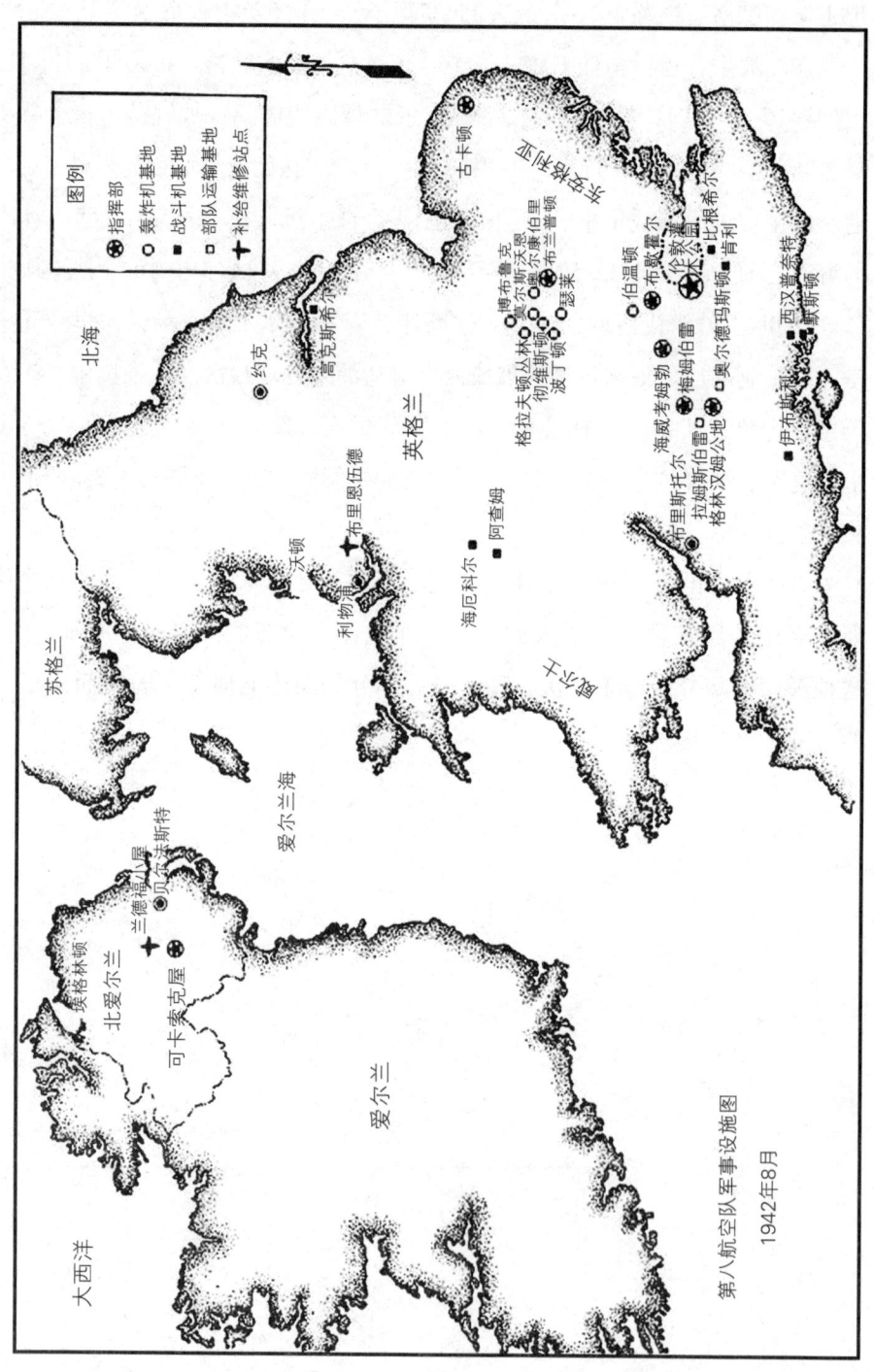

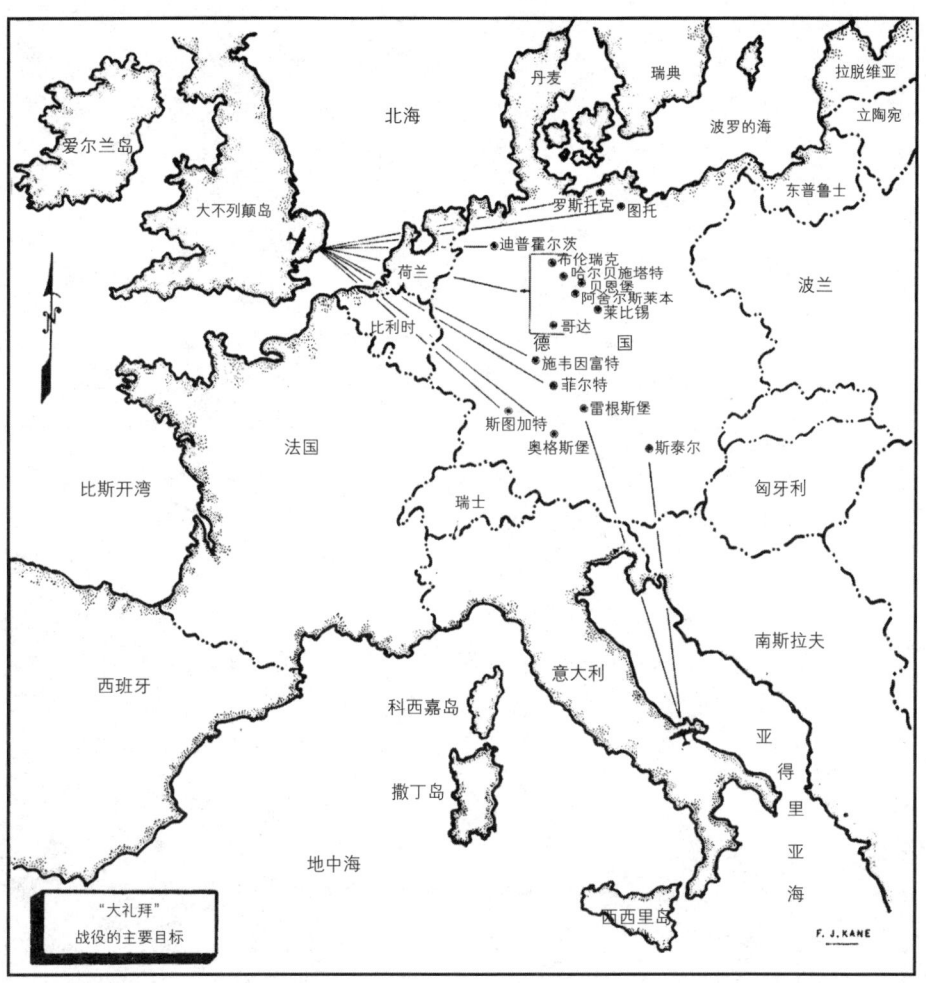

目　录

前言 / 1

序言 / 1

第一章　空战的诞生 / 1

第二章　未来的战争将是一场空战 / 7

第三章　美国为空战做准备 / 12

第四章　参战 / 16

第五章　伯克利广场上的神秘住宅 / 28

第六章　一条陡峭的学习曲线 / 37

第七章　履行承诺 / 51

第八章　明确使命 / 59

第九章　波因特布朗克 / 66

第十章　不惜一切代价深入 / 79

第十一章　黑色一周 / 93

第十二章　抓住转机 / 107

第十三章　"论证行动" / 117

第十四章　周日破晓之前 / 127

第十五章　星期天，2月20日 / 134

第十六章　机翼与希冀 / 149

第十七章　星期一，2月21日 / 157

第十八章　星期二，2月22日 / 164

第十九章　星期三，2月23日 / 176

第二十章　星期四，2月24日 / 183

第二十一章　星期五，2月25日 / 197

第二十二章　条条大路通欧洲 / 206

第二十三章　突破高墙 / 217

第二十四章　全面崩溃 / 224

结语 / 235

第一章 空战的诞生

"我看着它从空中坠落,几秒钟就消失不见。"三十岁的意大利飞行员朱利奥·扎沃迪回忆起自己朝利比亚的目标投下第一枚炸弹的经历时,仍然觉得惊心动魄,"不一会儿,我看到营地中央腾起一小团黑云。我击中目标了!"

2011年,全世界都目睹了北约空军在推翻穆阿迈尔·卡扎菲在利比亚长达42年的统治中所起到的关键作用。不过相比于二战时期那些伟大的战役,2011年的利比亚战争在空战历史上只能算一个脚注。

在整个空战历史中,2011年既不是转折点,也不是临界点,它只是一个百年纪念。

在整整一百年前的1911年,也是在同一片土地的上空,扎沃迪中尉投下了第一枚炸弹,从而开启了整个空战历史。

20世纪初期,随着重于空气的飞行器的出现,全世界的军队都开始采购飞机。不过就如19世纪军队所用的热气球一样,这些飞行器也只是作为静态的观测平台之用。

在20世纪早期欧洲各国的战争中,意大利从奥斯曼土耳其帝国手中夺取了北非的一块殖民地,也就是后来的利比亚地区。当年11月,意大利便成立了一支空军分队，朱利奥·扎沃迪就是其中的一名飞行员。

"今天有满满两箱炸弹运达，"扎沃迪在给那不勒斯的父亲的信中写道，"我们会从飞机上将它们投下去。奇怪的是，事先没人告知我们此事，我们也没有从上级那接到任何指令，所以我们小心翼翼地将炸弹搬上飞机。把这些家伙扔在土耳其人身上应该很有趣。"

余下的故事就是历史了。

三年后，欧洲各大国的军队均已配备了小型的空军部，他们正处在一战开启前的痛苦关头。

然而，主流的技术机构在理解该项设置的战略重要性上还稍显迟钝。1910年10月，《科学美国人》杂志就抨击了将飞机作为战争武器的观点，指出："除了完成侦察任务外，我们认为飞机的实用性相当有限，因为它的运载能力很小，而且如果要避开敌方炮火，就只能在高空操作，而且它朝陆地上的城市、堡垒、敌营或者军队投下的爆炸物的破坏力相当有限，更别提海上的战舰了。总而言之，飞机对战事没有任何实质效果。"

接下来的1914年到1918年间，在一战战场的上空，扎沃迪那一代的年轻飞行员们即将证明这本权威杂志言论的谬误。

的确，在战争初期，飞机仍然只是作为观测平台使用，然而空对空的战争却是空战进化史中的自然步骤。作战双方都拥有飞机和飞行员，他们很快就会在战壕上空狭路相逢，起初的对峙确实比较绅士，或者说很有骑士风范，因为这些空中勇士彼此之间还是有些共通之处的，这是他们在地面上的同胞们都遥不可及的。

然而要不了多久他们就意识到，那些在战壕里握着毛瑟枪瞄准你头颅的敌人，就和这些脖子上绕着丝巾、驾驶着喷漆的信天翁战斗机滑翔而过的敌人一样，向着同一面旗帜致敬。有人在空中拔出手枪，第一架飞机被击落，空战就此打响。

很快，像朱利奥·扎沃迪这样飞过敌军战线的空中观察员就意识到他们可以轻易地投下爆炸物。战术轰炸作为一种学说就此诞生了。用《科学美国人》杂志的话说，空投炸弹真正开始"对战事产生实质效果了"。

与此同时，一些富有远见的空军理论家开始想象，如果空军部署得当的话，很可能不仅只对战场产生"实质效果"，还会直接决定战争的进程和结果，这就是有名的战略制空权理论。

简单地说，战术轰炸就是从空中轰炸敌方目标，比如，军营、机场以及防卫工事等等，作为前线或近前线空对陆整体战争的一部分。总的来说，战术空军与海军和陆军的目标一致，并且相辅相成。

相比之下，战略空军的目标则与前线发生的战事并无特别关联。战略空军主要是一种通过打击敌人后方——比如工厂、发电厂和城市——用来支持战争的手段，最终达到打击敌方作战意志的目标。

战略飞机与战术飞机自然有所不同，前者航程更远，载重更大——当然超过了1914年制造的普通飞机。

一直到第一次世界大战前后，航空技术才发展到将大型飞机投入实用的阶段。伊戈尔·西科斯基是俄国的一名工程师和航空爱好者，也是战略制空权理论的先驱之一，他于1913年制成世界上第一架战略轰炸机，三十年后，他还发明了惊艳世界的首架实用直升机。第一架轰炸机以10世纪的俄国英雄伊利亚·穆罗梅茨（或者穆罗梅茨）命名，该机本来被设计为大型客机，战争开始后改装成轰炸机，由四个引擎驱动。在此之前，除了该机的原型"俄罗斯勇士"以外，还没有过四引擎飞机。

到了1914年至1915年间的冬天，这类大型轰炸机开始大量投入到对德战争中。每架飞机的载弹量超过半吨，航程接近400英里，能准确击中德国边界后方的目标。当时俄国人发动了400多起空袭，而德国人却无反击之力。只是后来随着其他因素的介入，俄国军队经历一开始的几场胜利后，在1917年的陆战中失利，沙皇退位，俄国十月革命很快来临。伊利亚·穆罗梅茨轰炸机的确立下了赫赫战功，但它在这场人类的大戏剧中却只扮演了一个无足轻重的小角色。后来伊戈尔·西科斯基从俄国移民到美国，直到下一场世界大战以后，战略制空权理论几乎一直处于休眠状态。

西线很快就开始效仿东线的战略空战。1915年2月,英国向比利时沿海城市中的德属阵地发起空袭,德国人进行反击,对巴黎和北至纽卡斯市的英国城市发动齐柏林飞艇式进攻。5月31日夜间,也就是一战开始后的第十个月,伦敦第一次感觉走到了穷途末路。大约一周以后,奥地利的飞行员们在南线战场完成了第一次远程战略任务,在威尼斯的圣马可广场及其周围燃起了数场大火。到1917年止,德国人一直使用远程的固定翼哥达轰炸机来对付伦敦。

1918年4月,英国皇家空军独立服役后不久,就对德国鲁尔地区以及南至法兰克福的城市发起了一系列空袭,不过这更多的是一场战略轰炸试验,而非真正的攻势。而英国原计划于1919年春天对德国展开全面战略空中攻势,并将柏林列为打击目标,然而一战在1918年提前结束,这一计划因此未能实施。

一战中,尽管美国的人力增援对协约国取得胜利至关重要,但其空中力量的投入并不广泛,几乎完全停留在战术行动的层面上。然而,战略制空权这一理念却给当时美国远征军(AEF)的指挥官比利·米切尔上校产生了深刻的印象。

米切尔的上级,也就是美国远征军的总司令,绰号为"黑桃杰克"的约翰·J.潘兴上将严格认定空军只能为地面战提供战术支持,这也是当时的传统观点。然而,米切尔却看到了空军广泛应用的潜力。他想见到美国远征军的飞行员们在他的武器供应下狠狠打击敌人,而不是像大炮一样,仅仅被地面指挥官们当作另一种武器。

后来米切尔成为美国战略制空权理论的第一位主要倡导者,但他的思想却从未在战争中得到实践,一部分是因为,尽管当时战略轰炸理论在英国和法国已经成为一种试验性的学说,但在美国军方却还未被接受。

"飞机在极短的时间内能移动数百英里,所以,即使敌国发现其正在越过边界入侵,也无法预测其打击目标是什么,"有先见之明的米切尔写道,他描述了未来多年后的一种战争方式,"飞机能用枪支、炸弹和其他武器来打击从空中可见的任何目标，城镇、铁轨和隧道全都无处遁形。这不仅适用于陆地，在水上更是如此，因为在水面上，任何目标都无法藏匿，除非它能潜入水下。"

一战以后，米切尔晋升为陆军准将，他成了支持战略制空权理论的核心人物。米切尔辩称，建造和操作战略轰炸机的费用要比战舰更低，而且能让美国军队更加快速和便捷地出现在全世界任何需要的场合。

"除非上方的领空得以保全，否则任何陆军和海军都无法存活，"米切尔在1925年写道，"从另一方面来说，空军是当代唯一能独立作战的组织，因为陆军和海军都无法上升到2万英尺的高空来作战。"

1921年，米切尔向国会声称他的轰炸机能击沉海上的任何船舰，这个言论激怒了海军。为了证明他是错误的，美国海军同意米切尔在他们于一战结束时俘虏的、而且正待处置的一些德国战舰上试验他的理论。

交战规则由海军的大西洋舰队总司令制定，炸弹的重量和飞机的数量也由海军规定，而且海军保留在任何时候叫停交战的权利。在1921年7月举行的一系列演习中，米切尔和陆军航空勤务队对停泊在切萨皮克湾的德国船舰发起进攻，先是一架驱逐舰被击沉，接着是"法兰克福号"轻型巡洋舰，最后是重装战舰"东弗里斯兰"。米切尔有力地证明了自己的观点，不过美国陆军和海军的官方并没有心服口服。

"飞机上拥有人类发明的最有力的武器，"米切尔警告说，"它们装载的不仅有枪支大炮，还有重型导弹，导弹利用重力作为推进力，比任何其他武器更具破坏性。如果这样一枚导弹击中一艘战舰，能将其彻底摧毁。可以想见，这对将来的国防系统意味着什么。虽然说战舰相对来说较难摧毁，可是想象一下，要击沉其他船只和商船是多么轻而易举的事情。"

由于米切尔越来越直言不讳，美国陆军将他从弗吉尼亚的兰利机场（距离华盛顿太近）调到德克萨斯州圣安东尼奥附近的凯利机场。1925年，海军的"谢南多厄河"号飞艇坠毁，人员伤亡惨重，米切尔给陆军部和海军部的国防管理扣上了"无能"和"叛国"的帽子。美国陆军也受够了米切尔，他被送上军事法庭，遭到指控，降为上校，并被革职减薪。米切尔于1936年过世，可惜他没看见几年后战略空军在二战中为同盟国取胜起到的关键作用。

不过在比利·米切尔死前，未经检验的战略制空权理论已经拥有一批支持者，而且他们在世界范围内的主要空军队伍中已经晋升到有影响力的位置。在英国和美国，大型的四引擎重型轰炸机正在研发之中，而在德国，制空权已经被完全纳入战争学说之中了。

第二章　未来的战争将是一场空战

当比利·米切尔正在神秘预言空军在未来战争中的应用时，大西洋彼岸风起云涌，推动了欧洲国家和整个世界进入二战的进程。

在一战后签订的《凡尔赛条约》中，协约国向德国征收巨额赔款和强加经济限制，将本就摇摇欲坠的德国经济推向了悬崖，也为酝酿下一场大战创造了环境条件。

20世纪20年代，其他国家正在经历十年的繁荣时期，德国却经历着危机。战前的德国一度是中欧的工业强国，但因为战败和《凡尔赛条约》的种种限制，德国经济陷入崩溃。失业和恶性通货膨胀达到了令人惊愕的程度，即便在现代工业化国家的历史上几乎都找不到可比的时期。而《凡尔赛条约》的限制还包括禁止德国拥有空军甚至航空工业。

雪上加霜的是，《凡尔赛条约》还要求德国接受作为战争的唯一责任人。尽管德国的确是同盟国的主要作战方，但一战双方均有众多国家参与，对于发动战争全都难辞其咎。正因为《凡尔赛条约》明显针对德国，所以它为德国形形色色的极端分子提供了达成共识的基础，也成为不同政治派别的煽动者们发表激烈演说时的众矢之的。

在群龙无首的混乱漩涡中，最终出现了一位强大而又魅力十足的领袖，他对民众许下诸多承诺，被这些渴望重回战前荣耀的民众所拥戴。

阿道夫·希特勒的纳粹党于1934年上台，这让德国一度下滑的经济得到了逆转。希特勒成为元首后，开始违背《凡尔赛条约》，重整德国军备。1936年，他的军队占领了国际联盟控制的莱茵兰，此举再次公然违抗了条约规定。

德国与他战时的对头英法之间的冲突迅速升级，但后者并无意挑衅希特勒而冒险引起又一场战争。苏联方面也是如此，尽管纳粹党和共产党之间的确存在巨大的意识形态分歧。在希特勒1926年发表的宣言《我的奋斗》中，他长篇累牍地阐述了欲将苏联的大片领土并入其第三帝国的野心，但因为这本大部头著作多半是他的自传，所以当时其他国家并不以为意。

随着希特勒入侵他最近的邻国，二战的定时炸弹开始进入倒计时。1938年3月，希特勒吞并奥地利，此举被称为"德奥合并"。这满足了两国日耳曼民族中心主义者们的愿望，他们乐于见到所有说德语的民族统一于一国境内。捷克斯洛伐克也有大量的日耳曼人，所以希特勒随后要求捷克境内讲德语的苏德台地区也并入他的第三帝国。在名义上独立的港口城市但泽，也聚居着很多日耳曼人。几个世纪以来，但泽被波兰和普鲁士轮流占领，直到1920年国际联盟从德国手中夺走但泽，波兰重组，成立了"但泽自由市"。但泽在波兰语中被称为"格但斯克"，被波兰的国土所包围，所以波兰人对它一直垂涎；而德国人对其也觊觎已久，因为他们曾经拥有但泽长达一个多世纪，所以想要收回"失地"。

1938年9月，在臭名昭著的首脑会议上，英国首相内维尔·张伯伦和法国总统爱德华·达拉第飞往纳粹党的母城慕尼黑与阿道夫·希特勒会面。元首告诉这两位先生苏德台应该妥善归于德国，并承诺这将是他最后的领土野心。捷克自然表示抗议，但张伯伦和达拉第对此视而不见，同意了希特勒的要求。张伯伦飞回英国后，还得意地宣称他帮助达成了"我们时代的和平"谈判。

1939年3月，希特勒决定吞并剩余的捷克领土。"我们时代的和平"价码再次上涨。为了避免战争，张伯伦和达拉第几乎不遗余力地安抚希特勒。捷克就像医院病床上的临终病人，已无力回天。这个贫穷的国家最终被瓜分了，斯洛伐克地区成了一个受德国保护的半自治的卫星国家，而余下的部分则成立了波西米亚和摩拉维亚保护国。

两个月后，希特勒与意大利的法西斯"领袖"本尼托·墨索里尼签署了一份名为《钢铁条约》的协定，呼吁德意两国在战时进行合作。该条约的签订似乎令二战进一步逼近，而且取名为"钢铁条约"，听上去并不像是善意的联盟。

8月24日，希特勒派他的外交部部长约阿希姆·冯·里宾特洛甫前往莫斯科，与苏联的铁腕人物约瑟夫·斯大林签订了一项互不侵犯条约。这让常常对这两人大加讽刺和妖魔化的全球媒体大跌眼镜，右翼的恶魔希特勒居然与左翼的魔鬼斯大林为伍了。

一周后，在1939年9月1日早晨，德国军队横跨波兰边境，炸弹开始降落在波兰境内。在伦敦，内维尔·张伯伦提议再次谈判，但当时的希特勒已经拿到了最好的筹码——他表示谈判的时间早已过了。

张伯伦找达拉第协商，他们都意识到谈判的时机的确已经过了。9月3日，英法对外宣称他们与第三帝国已经开战两天，"我们时代的和平"将不复存在。

德国入侵波兰不仅震惊了世界政坛，精确整合的德国战争机器也让世界军事界感到惊叹，这是世界上最训练有素、装备精良、整体优质的军事力量。德国人的闪电战是一种陆军和空军密切协同的攻势，是世界上最为迅速和高效的军事进攻模式。迅速移动的坦克、机动部队、俯冲轰炸机、伞兵部队——通力合作成为一支紧密团结、纪律严明的军事力量——这让全世界尤其是作为防御者的波兰感到震惊。德国仅仅用了三周就征服了波兰，其中德国空军发挥了关键性的作用，这让空军的支持者和怀疑论者同样感到惊讶。

德国征服波兰以后——自然包括吞并大港口城市但泽——英法派遣了少量轰炸机飞到德国上空，不过多半并没有发起进攻。此时的欧洲迎来了二战的短暂平息。1939年至1940年间的整个冬天，盟军和德军分坐在戒备森严的法德边境两边，面面相觑。一切都太风平浪静了，以至于报纸记者称这段期间为"胶着战"或"非实战状态"。

1940年4月9日，德国进攻西线。

很快胶着战又变成闪电战。德国军队迅速占领了丹麦和挪威。5月10日，德国人对西线展开重大攻势，几乎复制了1914年一战开始时他们对比利时和法国的进攻模式。到5月28日止，卢森堡、比利时和荷兰悉数投降，德国军队开始涌入法国。到6月14日，德军控制了巴黎，他们在五周内取得了为期四年的一战持久战都没能达到的战绩。

6月4日，在几乎无法逃脱德国军队的情况下，英法联军将一切军备都弃置法国，从法国海岸的敦刻尔克撤退，靠着只有21英里宽的英吉利海峡将德国的精锐部队阻断开来。6月22日，法国最终也缴械投降了，只留下英国独自对抗德国闪电战的猛攻。

正当希特勒准备横跨英吉利海峡入侵英国之时，英国民众都团结在新首相温斯顿·丘吉尔周围。丘吉尔于5月10日就职，他宣誓说："能奉献的唯有热血、辛劳、泪水和汗水。"他向希特勒叫板说，在英国的海滩、街道和每一个村庄，德军都将遭遇顽强的抵抗。然而，纳粹空军司令、陆军元帅赫尔曼·戈林坚称他的轰炸机可以轻松征服英国，计划中的海上入侵将如履平地。

8月，德国空军对英国的港口、工厂和城市展开了一场惨烈的连续轰炸。很快，进攻转向英国首都，也就是残酷的伦敦闪电战。

唯一阻止德军轻松取胜的就是虽寡不敌众，却无比英勇的英国皇家空军，尽管他们与德军的对抗如同蚍蜉撼树。英国空军人数不足一千，而纳粹空军有其足足四倍之多，但是英国皇家空军每摧毁十二架德国轰炸机，自身仅损失一架。丘吉尔称那是英国皇家空军的"光荣时刻"。

6月，德国空军将荷兰鹿特丹的市中心夷为平地，这彻底浇灭了荷兰人的反抗之心，然而，几个月后，纳粹空军在英国人身上却未能重复这一战绩。不过，伦敦闪电战确实让不列颠猝不及防，也士气大降。

为了支撑闪电战，德国空军采用了整体的战术性空中作战，这为战术空战带来了一场变革。他们研发了成功的作战飞机，掌握了正确的战术，取得了威慑性的卓越战绩。

德国人向世界表明，未来的战争将是一场空战。

第三章 美国为空战做准备

1926年2月，比利·米切尔辞去职务，十年后的1936年2月，他与世长辞。在他人生的最后十年里，他一直在预言下一场世界战争将是一场空中大战，并坚持呼吁美国应该未雨绸缪。美国陆军和海军队伍中有一些年轻军官对米切尔已经有所耳闻，但指挥高层还是一如1921年一样，几乎不愿相信米切尔的立论前提。

虽然米切尔的同胞对他发出的信号充耳不闻，可他的思想却明显在欧洲大陆，尤其是德国，扎下了根基。20世纪30年代，欧洲的空中力量开始不断扩张，而美国军队的领导阶层却没有产生相应的紧迫感并效行欧洲。将近两个世纪以来，宽广的海洋筑成了美国与欧洲之间的物理和心理屏障，让美国与外国的战争隔绝开来，甚至在米切尔已经证明轰炸机能击沉战舰的十八年后，美国海军的防御规划者们还是坚持认为海洋和战舰是美国免于战争的唯一防线。同时，美国陆军也仍然相信其下属的陆军航空兵团的存在只是为了支援地面作战，而无法独立于地面部队深入敌后展开攻势。

然而，自20世纪20年代以来，在陆军航空兵团内部，米切尔关于独立空军有能力开展决策行动的观点已经得到了许多下级军官的共鸣。到30年代时，这群人已不仅是下级军官了。陆军航空兵团中支持空军的主要呼吁者之一——绰号为"哈普"的亨利·哈里·阿诺德上将，1907年毕业于西点军校——于1938年升任陆军航空兵团的总司令。

直到20世纪30年代初期，美国陆军航空兵团引进的飞机仍然以单引擎教练机和战斗机为主。到30年代后期，一些有远见的军官从学校毕业来到军营，并逐渐得到晋升，他们开始添置更多更远程的"多引擎"军用机。

多引擎军用机技术的发展开始于1933年，当时美国陆军航空兵团开展了两个秘密计划，名为A计划和D计划。这意味着比利·米切尔播下的战略制空权学说的种子开始萌芽了。这两个计划是吹向制空权学说改革劲风中的第一缕微风，二者的理念都是为了探索大型远程轰炸机的可行性。

这些计划意义深远，被认为是战略飞机研究的先驱。尽管当时在飞机产量上，美国远不如其他国家，尤其是德国和英国，然而就作战飞机而言，至少在战略空军概念化的问题上，美国陆军航空兵团更有前瞻性。

A计划和D计划孵化出了一系列大型飞机的设计，其中包括独一无二的原型机波音XB-15和道格拉斯XB-19。然而，这些计划的真正价值还在于制造商，尤其是波音公司。波音公司建成了大型轰炸机的技术基地，并在这一基地制造了波音Model299原型机。

波音Model299原型机由波音公司出资建造，由爱德华·柯蒂斯·韦尔斯领导的一个杰出的年轻工程师团队设计，于1935年7月28日首次试飞。《西雅图时报》的记者理查德·威廉将这架首次公开亮相的大型四引擎轰炸机描述成一座"飞行堡垒"，这一说法也被采纳为该原型机的官方名称。1936年1月，经过数月的测试，美国陆军航空兵团订购了第一批指定型号为Y1B-17的"飞行堡垒"。到1938年，他们也开始订购少量的作战型B-17B轰炸机。

1939年间，欧洲开战后，德国空军提取了8295架新飞机，英国皇家空军添置了7940架新机，美国陆军航空兵团也购买了2141架飞机，主要为教练机。8月，他们还订购了38架B-17C"飞行堡垒"，于1940年提货。

1940年7月，德国军队控制了大半个西欧，收服英国的时机似乎已经成熟。此时美国政府和军队正面临着海陆空扩军的问题。然而，四引擎轰炸机在美国的进展仍然非常缓慢。1940年，陆军航空兵团仅订购了80架B-17C和B-17D，其中还包括同年秋天为英国皇家空军购置的20架指定机型为Mk.I的"飞行堡垒"。

由此可以看出，当时各国是如何看待四引擎轰炸机的发展，以及英国的规划者们是如何将战略制空权学说拒之门外的。甚至在二战开始后一年，"飞行堡垒"还是唯一的作战型四引擎轰炸机，而且多数还在生产之中。

直到这时，英国皇家空军才开始觉醒过来。英国空军部下令研发肖特"斯特林"和汉德利·佩奇"哈利法克斯"等类型的飞机，但它们直到1941年才开始用于作战。而被认为是英国最佳战略轰炸机的阿弗罗"兰开斯特"也到1942年才开始服役。

与此同时，美国的第二款四引擎轰炸机于1941年开始投产。联合飞机公司在圣地亚哥的工厂研发了型号为Model32的轰炸机，该机型被陆军航空兵团指定为B-24，名为"解放者"。一些早期生产的"解放者"与"飞行堡垒"于1941年被交付给英国皇家空军。第一批规模生产的"解放者"变体B-24D于第二年首次进入美国的空军中队服役。

虽然德国在飞机和战术上都有着缜密的规划——更别提他们在一流飞机上的数量优势——但德国空军却还没有认真考虑过四引擎战略轰炸机的研发。那些德国人研制的四引擎飞机，比如Fw200，航程远，可作战持久性和载客量却很是不足。

德国空军已经证明了他们是无可争议的战术空战之王，可他们却并未能为战略空战研发出远程飞机或制订长期计划。而此时，美国陆军航空兵团在飞机研发的事业上已迈出了意义重大的一步，他们很快就要开始制订战争规划了。

1941年6月，美国陆军对于空军的概念发生了重大改变。参谋长乔治·马歇尔上将下令成立自治的美国陆军航空队（USAAF），由陆军航空兵团改组而成。这一举动在几年前是不能想象的。

阿诺德上将担任新成立的美国陆军航空队的司令，他成立了空军参谋部，任命卡尔·史帕兹上将为参谋长，并让在伦敦空军参谋部工作过的史帕兹承担起创建空军战争计划部（AWPD）的任务。该组织与美国陆军现存的作战计划部（WPD）协同合作，但独立于其外。空军战争计划部由绰号为"哈尔"的哈罗德·L.乔治中校领导，于1941年7月成立，并着手制订战争计划。一旦美国卷入二战，该计划将马上实施，这被称为AWPD-1号计划。该计划被纳入更加庞大的美国海陆军联合应急计划，也就是"彩虹5号"计划中。

因为AWPD-1号计划而聚在一起的年轻军官们，在哈尔·乔治的领导下，不仅帮助起草了这一计划，在后来的实施过程中也扮演了关键的角色。他们中间有奥维尔·安德森中校、霍伊特·范登堡少校和在一战中弃商从戎的飞行教官马尔科姆·莫斯中校，以及双双毕业于西点军校的劳伦斯·库特少校和海伍德·汉塞尔少校。汉塞尔在后来指挥着欧洲的第一支B-17作战联队，而范登堡在战时统率第九航空队，并在战后担任美国空军的参谋长。

美国国防部不得不开疆辟土，因此这群美国陆军航空队中最优秀、最聪明的军官，卷起衣袖来到位于华盛顿广场的弹药大楼开始工作。

AWPD-1号计划的官方名称为"陆军航空队为打败潜在敌人的军备需求"，它不仅确定了飞机的生产目标，而且就如何部署飞机以赢得战争的战略做了全面的概述。正如罗伯特·弗特勒尔在他的《思想、概念、准则》一书中写道，罗斯福总统本人也由衷地认同空军战争计划部的任务就是起草"为打败我们潜在敌人的必要需求"。

8月初，AWPD-1号计划完工，其中不仅包括欧洲作战战略，还包括从西半球到西太平洋的全球战略。后来的空军战争计划，比如1941年9月的关于飞机生产的AWPD-2号计划，也是基于AWPD-1号计划的大纲而制订的。哈尔·乔治和他的团队一直在展望未来，可没人意识到预料之中的美国加入二战的时刻来临得有多快。

1941年11月末，当一支日本帝国海军的航母舰队向夏威夷群岛逼近时，美国陆军航空队登记在册的作战飞机一共为3305架，其中"飞行堡垒"145架，"解放者"仅有11架。

第四章　参战

一个冷峻的清晨，美国加入二战。

1941年12月8日，美国国会召开联席会议。就在前一天，也就是被富兰克林·罗斯福总统称为"国耻日"的那天，他令国会联席会议对外宣布美国参战。那天，美国人正在珍珠港收拾残局，其中隶属卡姆基地第5轰炸机大队的1架B-24和8架B-17D被炸毁。而且就在同一天，以菲律宾马尼拉附近的克拉克机场为基地的19架"飞行堡垒"大部分也横遭灭顶。

12月21日，英国首相温斯顿·丘吉尔和高级军官们抵达华盛顿，前来参加代号为"阿卡迪亚"（Arcadia）的英美峰会，目的是与罗斯福总统和他的高级军官们——包括哈普·阿诺德和卡尔·史帕兹——坐下来共商战略大计，以对付当时似乎已经无可匹敌的德国和日本。

"阿卡迪亚"会议并非没有先例。尽管美国直到12月11日才正式对德宣战，不过自二战开始以来，英美之间就一直存在或公开或隐秘的合作。英美联盟最有名的一个例子就是1941年3月11日两国签署的《租借法案》。

1939年，一战爆发，英国的军火买家们来到美国采购从"飞行堡垒"到冲锋枪的一切军备，然而到1941年初，英国政府几乎耗光了国库。而彼时罗斯福总统也和英国人一样忌惮希特勒，他知道虽然美国正在加强国防建设，却还没准备好去对抗德国这台战争机器。他想让英国坚持抗德，以挡在希特勒和美国之间。

所以可能罗斯福比较不愿见到的，就是财政拮据的英国无力支付他们在1940年订购的所有军备——因此他提出一个名为"租借"的计划，该计划的内容是，美国将"售卖、转移、交换、租赁、借出或交付"武器和物资予被认为其防御对美国安全至关重要的国家政府。运作方式是美国政府从制造商那购买武器，然后交付给同盟国成员使用。

租借的物资可以等到战后再付款或退还给美国。事实上，历经战争后的物资鲜有返还至美国的，应付的款项也一再拖延。英国最终到2006年末才以一个很低的折扣清算了与美国的这笔账单。

至于隐秘的合作，在1月和3月之间召开的第一次美英加全体会议（"ABC-1"）上，美国军官秘密会见了英国和加拿大的军方领导人，共同商讨"如果"美国加入对德战争将采取何种战略。事实上，ABC-1计划的一些元素已经被纳入了AWPD-1计划，特别是英美联合对德实施战略轰炸行动的部分。

英美两国间战时合作关系的种子在很早就萌芽了。早在1941年8月，罗斯福与丘吉尔在纽芬兰附近的海上会面，发表了一份乐观的战后合作协定，也就是有名的《大西洋宪章》。所以那年冬天在华盛顿召开的"阿卡迪亚"会议既是对之前心照不宣的合作的一种确认，也是为将来的具体合作进行细致的规划部署，讨论下一步该做什么以及能做什么——既然两国已经结为战时联盟。

在12月那些黑暗的日子里，下一步能做的总结起来并不多。下一步的行动取决于英美两国的军官们，他们清楚地知道正面临着一场艰难的攀登。

就在前两周，日本空军在太平洋重创了美军的太平洋舰队，并击沉了两艘最大的英国战舰。他们在菲律宾着陆，前往马尼拉，轻而易举地击溃了美国和菲律宾的防线——凭借空中优势。当"阿卡迪亚"会议的与会者们正在商讨对策之时，日军又一举占领了英国皇室直辖殖民地香港，德国人也正在炮轰莫斯科的大门。

凭着事后聪明，我们知道1941年12月德国没能占领苏联首都，这是历史上的一个分水岭。但在当时，唯一能给战争规划者们提供参考的就是，自德国六个月前入侵苏联以来，就以史上最快的速度攻占了最多的领土。德国几乎征服了整个欧洲大陆，还占领了苏联国土中面积大于德国两倍的一块区域。

在这次历史上有名的会议上，美国和英国的首脑们创建了"英美联合参谋部"（CCS）以指导战争，还通过了一项战略。他们决定先将军事重心放在对德战争上，同时努力遏制日本的攻势。

他们知道总有一天将不得不与德国军队展开一场陆地战，这台战争机器在几周内就打败了法国，而且似乎只用了几个月就攻下了苏联。

会议室里每一个美国人一想到要对付德国的闪电战，无不紧张得如鲠在喉。而英国人也清楚他们的远征军早在1940年就已经在法国经历过闪电战——当时他们几乎是勉强逃命。此时，德国人正在将整个欧洲大陆变成他们的"欧洲堡垒"，他们加强了英国对岸的海岸线防御，欲将欧洲打造成一座坚不可摧的堡垒。

12月，德国没能占领莫斯科，苏联人将此吹捧成一场伟大的胜利，而"阿卡迪亚"的与会者们却认为，对于这支早已被证明攻无不克的德国军队而言，这只是一次小小的挫折。在做战争规划时，他们推测德国人将在1942年春对苏联卷土重来。他们还担心在英美盟军对"欧洲堡垒"发起任何陆地战之前，恐怕苏联已经出局了。

当然苏联人也有同样的恐惧。因此，他们抓住一切机会要求英美尽快开辟对德"第二战场"。然而英美国家的首脑们比任何人都清楚在1942年这是不可能的，不过他们通过了"波莱罗行动"计划，旨在为1943年开辟进击"欧洲堡垒"的第二战场增强必要的兵力。此次经由法国北部打入欧洲的行动一开始定在1943年4月，代号为"围捕行动"。

德国陆军似乎无坚不摧，而纳粹空军也同样令人敬畏。尽管后者曾在

1940年的英国上空败给过英国皇家空军，但他们仍然掌握着欧洲大陆的制空权。

关于德国，人们最关心的问题——可以说是不容忽视的——就是让这一切成为可能的德国工业实力。只要强大的德国工业机器持续炮制大量的坦克和飞机，那么英美盟军就不可能在欧洲的陆地战中打败希特勒强大的战争机器，而迄今为止，这些工业机器已被证明是不可阻挡的。

与会者们都知道唯一能影响强大的德国工业机器的就是战略空军。

"英美联合参谋部"发现他们正面临比利·米切尔所预言的状况。

而谈到战略空军，英国皇家空军无须更多的说服。阿诺德和史帕兹长期以来都很支持米切尔的战略视角，他们在英国皇家空军轰炸机司令部的指挥官中也找到了知音，那就是绰号为"轰炸机"的空军元帅亚瑟·特拉弗斯·哈里斯以及他的上司——轰炸机司令部的前任司令——人称"皮特"的英国皇家空军司令官、空军上将查尔斯·波特尔爵士。所以剩下的只是合作问题。

早些时候的ABC-1会议报告已经做出了这样的论断："美国陆军的空中轰炸部队（将）与英国皇家空军合作，从源头上对德国军事力量进行打击。"AWPD-1计划也对"德国军事力量"进行了再次强调。AWPD-1计划的远见不仅在于它计算出了对战争装备的需求，而且为美国陆军航空队提供了其迫切需要的作战框架。

至于英美战略部队的基地，唯一可行的选择就是英国，因为英国现存和预定的轰炸机主要为"飞行堡垒"和"解放者"，其航程决定了如果要深入德国的工业腹地，只能从英国东南部的基地起飞。

当然在1942年早期，任何持久的空中攻势都只停留在理论层面，因为那时候的重型轰炸机还为数不多。由于本国生产四引擎轰炸机的进展非常缓慢，英国仍然需要继续从美国购买"飞行堡垒"和"解放者"。可当时美国陆军航空队拥有的"飞行堡垒"的存量却比前一年的12月6日还要少。

美国陆军航空队也分身乏术。虽然在"阿卡迪亚"会议上，同盟国决定采取"先德国，后日本"的战略，但美国陆军航空队仍然对太平洋地区负有安全责任。尽管英国人迫切地想要从空中给希特勒沉重一击，但还是对美国陆军航空队表示理解，因为日军的迅速行动也已威胁到了英国的利益——尤其是在澳大利亚和"新加坡堡垒"。实际上，日本人在2月就占领了新加坡，这也强调了一个事实，虽然太平洋战场次重于欧洲战场，但也不容忽视。

的确，美国陆军航空队应该先对付日本，而不是德国。

1942年初，"阿卡迪亚"会议休会后，在美国军方产生了两种相左意见，一方呼吁为打败轴心国，制订一个系统的、全面的行动计划，缓步慢攻；另一方出于鼓舞士气的需求，呼吁尽快行动。

前者的工作已经由空军战争计划部完成，而后者在1942年春夏的两次重要行动中也得到了体现，这两次行动还赶在了美国陆军航空队准备采取真正果断的战略空中行动之前。

第一次行动是堪称英勇典范的"杜立特空袭"。4月18日，人称"吉米"的战前航空先驱、蛮勇的航空特技飞行员、空军中校詹姆斯·哈罗德·杜立特率军空袭日本的数座城市。他指挥的16架从航空母舰上起飞的B-25中型轰炸机，虽然对日本造成的破坏不大，却极大地提振了美国的士气，向外界证明了美国完全有能力轰击日本。

第二次行动是6月12日对罗马尼亚普洛耶什蒂炼油厂的空袭，这无疑击中了第三帝国的致命弱点，因为这是他们在欧洲大陆的石油生产基地和最大的炼油厂。罗马尼亚于1940年11月与轴心国结为同盟，并为德国在1941年6月入侵苏联提供了军队，还为德国的战争机器供应石油和燃料。

"普洛耶什蒂空袭"是由绰号为"急性子"的哈里·霍尔沃森率领一队B-24D"解放者"完成的。"解放者"途经印度来到埃及，他们原计划从中国的基地起飞空袭日军，可考虑到原定机场正遭受日军的威胁，作为交通补给线的缅甸公路也被截断，"霍尔沃森计划"不得不做出改变，他们转而决定从埃及起飞袭击普洛耶什蒂。

和"杜立特空袭"一样，普洛耶什蒂炼油厂空袭的象征意义和宣传价值比实际效果要大得多。

哈普·阿诺德在他的回忆录中提到这次任务："目标并没有遭到很大的破坏，往返两千英里的航程几乎是不大可能完成的，所以这成了敌方目标最好的保护伞，他们的反击也并不强烈。"

直到一年多以后，盟军的轰炸机才再次袭击普洛耶什蒂，两年多以后才二度轰炸东京，但霍尔沃森和杜立特证明了"不大可能"并不等于"不可能"。

重要的是，杜立特和霍尔沃森向美国公众——也向敌人们——证明了美国陆军航空队还是有所作为的。当然，穿着美国陆军航空队制服的战士们自己知道，要取得实质性的战绩，还尚待时日。

然而计划赶不上变化，战争比美国人预估的来得更快，空军参谋部不得不迅速行动。詹姆斯·利·卡特在《二战中的美国陆军航空队》一书中指出："据推测，在二战爆发时，甚至更早，美国就应派遣一大队空军来到大不列颠岛。既然战争已经来临，那么对空军的需求就更紧迫了。英国人自然很欢迎按计划前来增援的轰炸机部队，但也担心这会影响到（通过《租借法案》）分配给英国皇家空军的重型轰炸机数。"

哈里斯和波特尔都想知道"一大队空军"到底要多久才能参与到对德战争中来。

据"阿卡迪亚"会议的记录，阿诺德和史帕兹在1月1日告知波特尔，美国"不久"将派遣两支重型轰炸机大队前往英国，但卡特提醒我们，估计拖到"三月或四月都（只是）瞎猜"。

在2月22日题为《英美空中力量的部署政策》的简报中，"英美联合参谋部"决定，当前主要由英国皇家空军承担空袭德国的任务，而美国陆军航空队将"尽可能最快地"加入进来。

美国陆军航空队成立了第八轰炸机司令部，作为运行组织与英国皇家空军轰炸机司令部一起执行战略空中攻势。第八轰炸机司令部与其他组织一起，都隶属于第八航空队。第八航空队主要负责控制和管理美国陆军航空队在英国的军备。

二战期间,美国陆军航空队最主要的作战成员就是各大编号的航空队。正如"美国陆军航空队"名字中"航空队"(注:英文名字 US Army Air Forces 中的 Forces)的复数形式所暗指的那样,它是由多支编号的航空队组成的。最早的四支航空队分别成立于美国大陆的四个航空军区,第五航空队的前身是西太平洋的菲律宾航空队,第六航空队源自巴拿马运河航空队,而第七航空队改编自夏威夷航空队。战前它们都属于陆军航空兵团。

战争期间,又新增了八支航空队。第九航空队先在北非作战,后作为战术空军被调遣至英国,与战略第八航空队平行。第十和第十四航空队服役于中国—印度—缅甸战区,而第十三航空队则在南太平洋作战。在地中海战区,第十二和第十五航空队的战术战略意义相当于欧洲战区的第九和第八航空队。事实上,第八和第十五航空队最后在对德战略行动中将联合作战。而第十六至十九航空队在二战期间并未参战,第二十航空队在1944年将作为一支战略部队,驾驶着波音B-29"超级堡垒"轰炸机参加抗日战争。

"阿卡迪亚"会议的决议于1942年初开始实施,伊拉·埃克上将担任美国第八轰炸机司令部司令。在即将供他指挥的重型轰炸机抵达英国之前,埃克本人先漂洋过海来到英国观摩了英国皇家空军轰炸机司令部的活动和战术。他得出一个相当简单的,而且明显具有预见性的结论:战略制空权学说是正确的,但英国皇家空军和美国陆军航空队都没有足够的四引擎轰炸机来充分实践这一学说。

"在英国轰炸机司令部当了两个月的替工后,我还是相信最初制订的仅靠空中行动来摧毁德国战事的全盘空战计划是正确可行的,而且要比其他任何可利用的手段更加经济划算,"埃克在4月26日观察道,"然而,阿诺德上将指出,目前还不具备必要的条件,而且也没有足够的时间来完备空中力量,因此目前更明智的做法似乎是,将有限的空中力量与地面部队结合起来,开辟西欧战线。"

事实上,在接下来的两年多都没能开辟这一战线。同时,战略空军将不得不奔赴前线完成他们的使命。

史帕兹被阿诺德任命为第八航空队司令,于6月18日抵达英国,当时的背景是,官方已经声明"当前的目标就是尽早集中盟军最大的战斗力来对付敌人"。

詹姆斯·卡特写道,所有美国"最初驻扎在(英国)的空中部队都将并入第八航空队,作为司令的史帕兹上将将成立自己的指挥部"。

这个指挥部代号为"宽翼",设在伦敦西南郊区的灌木公园。

一周后,德怀特·艾森豪威尔上将抵达伦敦,担任最新划定的美军欧洲战区(ETOUSA)的总司令。作为驻扎欧洲的最高级别的美国军官,他负责指挥欧洲战区不断壮大的美军队伍,而第八航空队是其中的一个重要元素。

第八航空队不断扩编,除了第八轰炸机司令部以外,还成立了第八空军后勤司令部和第八战斗机司令部,前者为维持飞机飞行提供物流和维修服务,后者则为轰炸机提供护航战斗机以对付沿路密布的德国截击机。为了指挥中型战术轰炸机,还成立了第八地面空中支援司令部(后来称为空中支援司令部),但是后来并没有启动,其装备和人员也被转移到在英国参加战术作战的第九航空队。

同时,第八航空队开始动工兴建大量的新机场,这些机场名义上隶属于英国皇家空军,实际将成为第八航空队的基地。据最后的统计,第八航空队一共从一百多个基地起飞过,这些基地主要集中在伦敦东北部的东安格利亚。

在7月21日的纪要中,艾森豪威尔告诉史帕兹,第八航空队的宏观目标是,配合英国皇家空军战斗机司令部和轰炸机司令部取得"西欧大陆的制空权,为横跨英吉利海峡进军欧洲大陆的海陆空联合行动做好准备和提供支援"。

而战略空战将成为这项高级命令中的一个关键元素。

当时,美国陆军航空队拥有的"飞行堡垒"的存货总量已增加到535架,"解放者"309架。虽然这些轰炸机大部分将被分配给第八航空队,不过太平洋战区的需求也不得不满足。在轰炸机的总量中，B-17E型号越来越多。

"飞行堡垒"得名于其机身上突出的几架机枪，战争伊始时，美军手上仅有的几架B-17C和B-17D上几乎没有其他武器装备来对抗德国空军的截击机。由于在极易受到攻击的机尾没有设计炮塔，而且没有设置动力炮塔，所以"飞行堡垒"在德国空军的Fw200面前难以自称为"堡垒"。英国已有前车之鉴，1941年他们使用"飞行堡垒"的早期模型机执行战略任务时，已经发现其防御性武器极其不足。

而B-17E的装备则完全不同，在驾驶舱后面的顶部装有动力炮塔，炸弹舱的尾部设有球形炮塔，机尾重新设计后增加了一处机枪的位置，每一处都配备了一对50口径的机关枪。此外，在机鼻和机腰处都装置了侧面开火的机枪。B-17E是第一种批量生产的"飞行堡垒"——位于西雅图的波音二号厂将生产512架B-17E。B-17E也是第一架参与常规作战的"飞行堡垒"。

进一步改良后的B-17F与B-17E一起于1942年4月被引进，前者有着更强大的引擎和更大的燃料容量，航程也相应增加。早期模型机的多面树脂玻璃机鼻影响了飞机的能见度，所以B-17E的单面式机鼻可以说是一种可喜的改进。整整十五个月，都在生产B-17F，道格拉斯工厂将生产605架，洛克希德—维加工厂将负责另外500架——都位于南加州。同时，波音公司的二号工厂也将生产2300架。

B-24D是第一架大规模生产的"解放者"，该机型于1月被引进。和B-17E、B-17F一样，B-24D在飞机的顶部、底部和尾部都安装有炮塔。在接下来的几个月中，联合飞机公司的圣地亚哥工厂和沃斯堡新工厂分别生产了2415架和303架B-24D。道格拉斯公司的塔尔萨工厂也在生产同类型的飞机。与此同时，美国陆军航空队还将美国福特汽车公司也带到线上来生产"解放者"，其理论是福特公司能将汽车装配线的生产效率带到飞机生产中来——后来事实证明这是对的。福特在密歇根州的威洛鲁恩建立了一个最先进的新工厂，于1942年9月开业，在此生产了490架与B-24D相似的B-24E。到战争结束时，福特公司在威洛鲁恩一共制造了6792架不同型号的"解放者"。

当飞机从美国的工厂飞到"欧洲堡垒"的上空时，他们都是带着自己的作战理念而来的。

第八航空队和英国皇家空军轰炸机司令部谨遵"英美联合参谋部"的指示，承诺他们将在接下来的战略空战中齐心协力。然而，用哈普·阿诺德的话说，双方的作战理念和原则被证明是"完全不同的"，这还只是一种保守的说法。

英国皇家空军选择在夜间发起空袭，这样他们就能利用夜色作为掩护，但这也意味着更难看清目标，同时必须浪费大量的弹药，否则很难击中目标。而美国陆军航空队的理念则不同，他们主张在白天当目标清晰可见时，发起精准的空袭。

詹姆斯·卡特解释说："拥挤的交通中心，四周都是广阔的厂区，对此，（英国皇家空军轰炸机司令部）选择了区域式轰炸，而非精确轰炸，流弹——长长短短的流弹——散落到了附近的居民区。因为目标过于宽泛，更重要的是，德国的防守非常坚固，所以空袭选择在夜间进行，飞机从中、高空发起空袭。轰炸机司令部证明了他们的'斯特林'和'曼彻斯特'（后来被改为'兰开斯特'和'哈利法克斯'）完全能在一个交通—工业综合区的附近投下大量炸弹，而且自身不会遭受过大损失。考虑到夜间轰炸机的建造成本更低，载弹量更大，所需人力也更少，所以比昼间轰炸机更加经济划算，而且决定性的因素在于其作战损失更低。"

尽管区域轰炸——也称为"地毯式轰炸"——存在弊端，英国人还是由衷地相信，在摧毁具体的工业目标时，这种轰炸非常有效。1939年7月，英国空军部制订了一份应急计划，告诫道，区域轰炸战略"并非旨在（一个特定工业区的）全部或个别区域内任意投下炸弹……相反，是在该地区锁定确切的目标，通常包括工业目标……这些工业目标是工业体的重要组成部分"。报告继续讨论了生产设备的分散性，并注意到"交替式的制造工艺，必需品的制造……很容易在许多不同的工厂进行"。所以理论上说，区域轰炸更能击中这些分散的工厂。

英国人还看到了夜间区域空袭在打击德国人士气方面的价值。谈到区域轰炸，英国的军官常常会回想起一战期间，在平民继续抗战的意志被摧毁后，德国也最终同意停战。绰号为"轰炸机"的哈里斯坚持认为只有靠打击德国的城市以及平民的士气才能赢得战争。

在1940年的伦敦闪电战中，面对纳粹空军的狂轰滥炸，哈里斯发誓要对德国人以牙还牙。他借用了《旧约》中的何西亚书第八章第七节中的话，对波特尔说："纳粹发起战争时，抱定天真的幻想，以为他们四处狂轰滥炸不会招致任何回击。"

英国人坚定地相信区域轰炸颇为适用，认为美国人的理论并不实用。7月，哈里斯写信给埃克上将说："无论从官方还是非官方的层面来说，我自己和我手下的士兵与您和您的部队都是盟友关系，到现在为止，我们都很欣赏我们共有的信条。"其实他指的只是最终的共同目标而已。

英国皇家空军司令皮特·波特尔和哈里斯一样对美国的战术持怀疑态度，他抓住一切机会向阿诺德和史帕兹委婉建议，应该要三思。不过到了8月，英国皇家空军和第八航空队都表示愿意求同存异，并继续实行昼夜各自作战的方式——为此还发表了一项联合指令。只要目标是一致的，方式可以不同。

美国人还是坚持认为从高空进行精确轰炸最能摧毁战略目标，而这只能在白天进行。用卡特的话说："让几个关键点陷入瘫痪和全盘摧毁一样有效，而且要更加划算……美国人对射击术怀有一种传统的敬意，这要追溯到拓荒时代使用小口径步枪的日子，弹药的稀缺让准确度变得尤为重要。虽然有时候现实会颠覆传统，但美国民俗中的这一元素完全可以类推到新兴武器上来。对精确度的强调也正好缓解了人们对袭击无辜'平民'的反感。"

说到让美国战略轰炸机的精确轰炸变得可行甚至可能的硬件条件，一个特别的设备是不容忽视的，那就是诺登投弹瞄准器。在二战期间，这就堪比美国战略空军的"小口径步枪"。

历史上第一位发明最为复杂的非电子瞄准器的是一位名叫卡尔·卢卡

斯·诺登的荷兰工程师。在第一次世界大战之前，他在斯佩里陀螺仪公司工作，他被认为是利用陀螺水平稳定舰炮平台领域的先驱。诺登成立了自己的公司，于1921年开始为美国海军研制空中投弹瞄准器，到1935年止，他不断改进设计，最终研制出诺登 Mk.4 代，能在15000英尺的高空中瞄准165英尺以内的目标。到二战时，诺登 M 系列已经能从超过20000英尺的高空中击中50英尺半径范围内的目标。这样的精确程度是当时英国的 Mk.14 代投弹瞄准器的8倍。

期待已久的美国第八航空队对"欧洲堡垒"的第一次昼间轰炸终于在1942年7月4号实现了，目标是位于荷兰的德国空军基地。根据曾经编辑出版过哈普·阿诺德战时日记的约翰·休斯顿上将所说，这次行动的时间源于6月10日呈给丘吉尔的一封纪要，其中阿诺德乐观地宣称，到7月4日，美国陆军航空队都"将与您并肩作战"。考虑到美军在此次行动中的伤亡，战争部长斯廷森在日记里抱怨道，阿诺德信誓旦旦的承诺完全是"半生不熟"的。

不管是不是"半生不熟"，好歹是个开端，但却是一个非常不吉利的开端。此次行动是由美国第15轰炸机中队执行的，轰炸机产自加州的圣塔莫妮卡，此次行动成为历史上的一个里程碑——虽然主要是公关意义上的。然而，这些飞机不是来自补给的第八航空队的重型轰炸机，而是从英国皇家空军租借来的"波士顿"轰炸机，一共只有6架。

的确，到那天为止，在英国的美国第八航空队手上仅有两架"飞行堡垒"。当然，这只是一个开始。

第五章　伯克利广场上的神秘住宅

1942年5月，理查德·多伊利·休斯回到英国。

休斯从美国回来。自英国皇家军队退役后，他就去了美国。今天，在参与美国战略空战的人员名单中，休斯已是一个陌生的名字。然而，在那些被遗忘的默默无闻的人群中，几乎没什么人比迪克·休斯更为重要。

那个时代伟大的飞行员们——哈普·阿诺德、图伊·史帕兹、伊拉·埃克——已经是家喻户晓的名人，因为他们是公众人物，名字频频见诸报端。而像迪克·休斯这样的人群，却活在第八航空队丰功伟绩的阴影之下，直到今天也鲜为人知。艾森豪威尔将军的伦敦司令部，以及第八航空队位于灌木公园的指挥部也常常出现在新闻报道的电头中，但在伯克利广场40号曾发生过什么，却几乎不为人知。

美国陆军航空队的重型轰炸机越来越多，散布在东安格利亚不断落成的新机场。为了实践由比利·米切尔留传下来，并且被阿诺德、史帕兹和埃克等人发展的战略制空权学说，成千上万的战斗英雄们驾驶着它们从这里起飞，奔赴战线。这些人被称为"最伟大的一代"，是历史上最大的战略空军队伍。

然而，当轰炸机的炸弹舱门打开，重达500磅的炸弹倾舱落下前，理查德·多伊利·休斯和伯克利广场其他神秘人物的工作就是弄清楚"何时"、"何地"以及"为何"投弹这三个问题。

沃尔特·惠特曼·罗斯托在伯克利广场工作时，还是休斯的手下，后来他华丽转身，在20世纪60年代成为约翰·F. 肯尼迪和林登·约翰逊两届总统的国家安全顾问。他称休斯正是"那群智力超群、正直诚实、无私奉献的人中的一员，他们在伟大的事业中扮演了重要的角色……但在官方史记中却藉藉无名"。

1941年2月，当时的迪克·休斯正住在圣路易斯附近，经营一家圣奥尔本斯农场，过着舒适的生活，每天浏览头条新闻，期待着自己也能参与到这些全球的大事件中去。

就在当月，当德国人正在重新划分欧洲版图，以实现希特勒打造千秋万代的第三帝国的愿景时，有两人突然造访迪克·休斯。他认识其中的马尔科姆·莫斯，不过他更习惯对方穿着商业套装，而非卡其色的陆军航空兵团的军装。莫斯将他介绍给海伍德·汉塞尔。莫斯和汉塞尔注定是空军战争计划部"梦之队"的明星成员，他们解释说很需要休斯的专业技能。一直以来休斯就喜欢和莫斯漫谈国际事务和军事问题，对此邀请，休斯表示愿闻其详。

于是二人直入主题，询问休斯是否愿意考虑加入美国陆军航空兵团，担任军事参谋。他们解释说，出于"安全原因"，不能告知具体职责包括哪些，但如果他能陪同前往华盛顿，他们将会提供更多细节，并助其快速成长为一名军官。随着二战在欧洲愈演愈烈，这个神秘邀请让休斯跃跃欲试，他很容易就体会到了二人的言外之意。

"这正是我在等待的机会，"在一本未出版的回忆录文稿中，休斯回忆道，"我立刻接受了他们的提议。"

休斯来到华盛顿，见到陆军航空兵团仍然蜗居在一间方寸大小的办公室。对于这个哈普·阿诺德领导下的美国陆军航空队的前身，他这样描述道："一个完全在美国陆军的控制和打压之下的小型组织，几乎难以存活。比如，他们甚至不能成立自己的情报部门，任何必需的情报信息都须奉命从陆军情报局G-2求取。"

不过当他走进办公室，才发现飞行员们对这种家长制统治并非逆来顺受。

"航空兵团中一些有远见的军官正在积极地反抗这种愚蠢的体制，"他回忆道，"汉塞尔和莫斯接到指示，将悄悄成立一个独立的陆军航空兵团情报部门的核心团队，首先就是要谨慎避开陆军充满妒意的视线。而我是最先被邀请加入这个小团队的三人之一。"

新官上任的休斯队长将圣奥尔本斯农场的管理移交给他的会计员，带着妻子弗兰妮和孩子们离开了密苏里，来到东部，他们在弗吉尼亚的福尔斯彻奇市租房安定下来后，休斯就径直上班去了。

当时，美国陆军航空兵团正在进行改革重组，成为独立的美国陆军航空队，以摆脱其在陆军官僚体制中的替补地位。带着徒手建立一个空军情报分支机构的使命，休斯和他的同事踏上了一片处女地。当时的数据收集工作还是一件碰运气的活。美国陆军、海军和国务院都各自维持着相对独立但组织松散的情报机构，彼此之间也从不交流。陆军主要依赖驻外使馆的武官获得情报。据休斯的描述，这些武官"素质良莠不齐，很少是因为其拥有善于分析的大脑而被委派的"。

在二战之前，情报界还没有詹姆斯·邦德这样的人物出现，甚至间谍行为还被认为是有些卑鄙的。美国国务院曾经运作过一个小型的密码破译机构，但是十年前被亨利·L.斯廷森解散了。这位胡佛政府的国务卿还说过这样一句名言："君子不应该拆看别人的信件。"

1940年，退休后的斯廷森重新出山，担任战争部长，同时也是内阁成员，负责管理美国陆军。不过可以推测，此时的他已经意识到希特勒政府和德国战争机器中的那帮人并非他口中所指的君子。

甚至罗斯福总统也认为整个国家的情报活动状况是糟糕又令人恼火的。当他意识到整个松散的情报组织完全是不足的，他放弃了下令整改，而是将纽约一位绰号为"狂野的比尔"的律师和环球旅行者威廉·J.多诺万召来，令其从零开始，建立一个完全独立的情报机构。战争对于多诺万来说并不陌生，一战时他曾是美国第69步兵师中的一名军官，还因为在战火中表现英勇而被授予荣誉勋章。

1941年7月，迪克·休斯开始在他华盛顿的新工作中初试身手。此时，罗斯福为多诺万重新披上了将军服，并任命他为情报协调员（COI），相当于今天的国家情报局总监。一年后，多诺万建立了战略情报局（OSS），也就是中央情报局（CIA）的前身。后来在伯克利广场与休斯共事的许多人，包括罗斯托，都是通过战略情报局来到休斯身边的。

此时的美国陆军航空队还羽翼未丰，他们的情报官需要实用的情报，因为从美国陆军情报局G-2获悉的消息几乎没有任何价值——这些情报仅仅关注地面部队和地面作战。

然而，在大洋彼岸，英国皇家空军的独立情报部门已经开始运作，并且在整个20世纪30年代发掘了许多饶有价值的信息。而现在，眼见即将与"美国佬"们结为战时同盟，他们很乐意与之分享情报。的确，汉塞尔在1941年夏天从英国旅行归来，带回来一提箱文件，堪称整个德国工业的百科全书。

汉塞尔知道，即使是在美国陆军航空队内部，情报工作也仅仅被当成是二等业务。在前面的章节已经提到过，在1941年6月以前，陆军航空兵团的当务之急是从美国陆军脱离出来，购置大量的飞机，然后发展一种战略作战学说——差不多是这样一个优先顺序。像汉塞尔和莫斯这样的人物都懂得，如果要实现最后一项，他们的脑海中必须对何时何地，以及如何部署战略空军有一个清晰的画面。

而这正是理查德·多伊利·休斯在美国陆军航空队的七巧板中所要填充的版块。他刚来美国时，适逢新成立的空军参谋部下令新的战争计划部起草AWPD-1报告，而他的加入也佐证了AWPD-1主要是关于作战部署，而非采购军备。

"在接下的几个月里，我们的目标规划部门慢慢有了规模。"休斯回忆道，"从大量可供支配的英国情报材料中，（我们）努力了解世界最新动态，并在脑海中锤炼出一个符合常识和逻辑的目标选择流程。"休斯和莫斯认真钻研了英国皇家空军提供的原始情报数据，并着手计算进行一场持久高效的战争所需的飞机数量和类型、执行任务的次数，以及炸弹的吨位。然后依此反推出需要多少受训的轰炸机飞行员、训练基地，以及英国的轰炸机基地等等。这一计划甚至还推测出对波音 B-29 "超级堡垒"的需求。当时距离"超级堡垒"在"阿卡迪亚"会议时的飞行首秀还有九个月之久，而这款轰炸机也是二战期间最大的战略轰炸机。

他们的工作是以将近二十年前比利·米切尔留传下来的学说为指导的。米切尔曾经写道："为了在战争中取得永久的胜利，必须要摧毁帝国发动战争的能力——意指他们的工厂、通信手段、食品，甚至是农场、燃料和石油，以及人们居住和赖以维持日常生活的场所。不仅要让这些无法供给于军队，而且要掐灭敌人在日后卷土重来的念想。"

在奉米切尔为指导的同时，他们也注意到了米切尔同时代的意大利将军朱里奥·杜黑。杜黑在其1921年的著作《制空论》中写道："目标的选择、区域的分组以及轰炸顺序的确定是空战中最难也最微妙的任务，这些可能就构成了空战战略。"

1942年4月，第八航空队计划部的亨利·贝利纳上校来到休斯的办公室，他解释说史帕兹上将派他来"了解是否有人熟悉欧洲战区的情况，以及是否有人考虑过等第八航空队抵达欧洲战区时应该如何行动。他辗转于各个办公室，最后一站来到我这。从那时开始，我就着手为第八航空队，一直到后来的第十五航空队制订作战计划，这些计划贯穿了整个战争，直到二战欧洲战场胜利日为止"。

贝利纳算是来对地方了。

据休斯回忆，他认识的美国陆军航空队的军官们都"超级能干"，包括在组织、训练、备战和装备军队方面，以及"将部队运输到目的地"的后勤问题。然而，休斯也注意到，不足的是，大部分陆军航空队的参谋官们几乎都没考虑过当部队到了目的地时到底要做什么。

在与贝利纳长谈以后，第二天，休斯带着文件和初步计划书应邀前往史帕兹上将的办公室。这位第八航空队的司令专心致志地聆听了几个小时，不时点头，很少打断。几天后，休斯又被召唤去向军方最高首领们——乔治·马歇尔和哈普·阿诺德两位上将——汇报他的作战计划。休斯汇报完毕后，立刻被纳为他们的参谋官。

"他们这辈子从来没有制订过作战计划，"休斯回忆道，"也没有机会去研究相关的问题，我几乎没见过比这些人还要紧张胆小的军官。他们全体一致的请求就是'您能帮我们制订这个计划吗'，当然没有什么比这更让我高兴的了。"

休斯向他们承诺五天后出成果。他接着回忆："整整五天五夜，我像条狗一样拼命工作，终于写出我的大作。当然这完全是我凭空臆想的。因为只有真正飞到欧洲上空作战时，我们才能知道我们能做和不能做的。不过凭借我所有的专业知识和信息，我还是完成了一份足够可信的计划书。"

据休斯回忆，他还被问道："德国和日本的哪些工业如果被空军摧毁，会导致两国无法继续作战？"

休斯和莫斯一起列出了三大工业基石，没有这些，"任何国家都无法发动现代战争"。这三大战略目标就是石油工业、铝工业和飞机制造业。回想起来，休斯承认自己当时只是对将来的战略作战做了一个初步的评估。不过，值得注意的是，他将德国的飞机制造业也囊括其中，而这正是两年半以后的"大礼拜"战役的目标。

同时，石油工业入选的理由非常明显。从理论上说，彻底摧毁石油工业有可能让一个经济体陷入停滞，罗斯福总统的战时经济委员会也曾得出过相同的结论。第一次空袭"欧洲堡垒"的行动，也就是"霍尔沃森计划"，就将以第三帝国的石油供给为目标。

不过后来休斯对"霍尔沃森计划"颇为不满，他观察到罗斯福的战时经济委员会曾向阿诺德劝谏将石油业作为战略目标的重要性，但是不管是阿诺德还是委员会都没有"分析和评估过要投入多少努力来建设和维持空军队伍，以及多少损失是值得的……1942年春还不是对庞大的德国石油工业发起进攻的好时机"。

两周后，史帕兹准备将第八航空队的司令部搬迁至英国，他叫阿诺德将休斯调到参谋部。休斯接受的第一道命令就是先于第八航空队前往英国。

休斯搭乘一架 B-24 轰炸机，从缅因州的普雷斯克岛飞抵苏格兰的普雷斯特维克，经历了在大西洋上空的剧烈颠簸，终于回到了他的出生地。6月22日，他来到第八航空队位于伦敦戴维斯街的临时司令部报到应遣。在这里，休斯发现自己来到了战时英国动乱的官僚政治世界中。

据休斯描述，他周围既有英国空军部，也有战争经济部的官员们。罗斯福的战时经济委员会就是效仿英国的战争经济部而来的。虽然史帕兹已经下达文件将休斯提拔为空军中校，但他的级别还是远远低于他打交道的那些英国皇家空军的准将和少将们。好在他曾在英国陆军部队当过14年的军官——更别提他的口音了——这些都让他能很好地融入这个工作体制。

"我最急需的就是一帮能干的人为我检查和评估由英国战争经济部提供的海量经济情报信息。"休斯写道，"第八航空队没有这样的人，所以我向美国在英国的另外一个仅有的人才来源地求助，也就是美国驻伦敦大使馆……他们有一个小型的民间经济组织，这些人马上表示志愿为我提供一切帮助。"

约翰·吉尔伯特·怀南特于1941年接任约瑟夫·P.肯尼迪成为美国驻英大使。他曾在一战中当过美国陆军的飞行员，他对休斯的诉求深表理解。休斯努力说服怀南特大使派遣接受过适当训练的平民经济学家来到伦敦听他差遣。

当怀南特致电国务院请求派遣这类人才来到英国时，还引爆了一场地盘大战。战争部非常愤怒国务院在背后干涉第八航空队选择作战目标。马歇尔上将联系了艾森豪威尔上将。当时艾森豪威尔刚刚来到伦敦，他找史帕兹要一个解释，牵连休斯也被召唤到艾森豪威尔的办公室受训。一向求真务实的艾森豪威尔认真聆听了史帕兹和休斯给出的解释，他认定休斯并没有做错。当然，艾森豪威尔当时还有很多更大的问题需要考虑，其中最重要的要数"火炬计划"了，也就是英美盟军即将进军非洲西北部，当时的北非正由亲德的法国维希政府军队占领。

得到艾森豪威尔和史帕兹的鼓励后,休斯与当时也来到伦敦的亨利·贝利纳一道建立了"美国驻伦敦大使馆经济战办公室敌方目标小组"。因为"敌方目标小组"(EOU)的部分成员是平民分析家,所以它在行政名义上由大使馆归口管理,而非第八航空队司令部。

当史帕兹将他的司令部迁至灌木公园时,休斯和贝利纳仍然选择留在伦敦。他们在位于伦敦时尚的梅菲尔区的伯克利广场40号选了一处不起眼的建筑物作为"敌方目标小组"的总部,这里离海德公园不远,距使馆也就一小段路程。虽然在官方来说,这一组织隶属于大使馆,可事实上却与大使馆分开办公,并且秘密运作。除了在这个小组工作的平民之外,怀南特大使是极少数知道其存在的非军方人员之一。他和几名第八航空队的人员是唯一能出入该小组的外来者。

"敌方目标小组"是一个陌生又神秘的机构。其组织打破先例,不屑于常规程序。谁能想到在巨大的轰炸机攻势背后,在位于伦敦上流社区的一栋属于美国国务院的毫不起眼的建筑物里,有一群陆军航空队和战略情报局的中层官员和学者们在一起运筹帷幄?

"要不是因为两方人员的素质都很高,这样的军民杂合的机构根本是行不通的。"休斯承认,"然而,也正因为他们的高素质,这个小组比其他任何正式合理的机构都要运作良好。"

在"敌方目标小组"中被休斯排在前两位的"高素质人才"就是神童经济学家:被简称为"查理"的查尔斯·普尔·金德尔伯格和沃尔特·罗斯托。在调入该小组之前,两人都在比尔·多诺万手下的战略情报局工作。金德尔伯格1937年从哥伦比亚大学获得博士学位,而罗斯托于1940年获得耶鲁大学博士学位——他19岁时就从这里本科毕业。和罗斯托一样,金德尔伯格也取得了极高的成就,他在20多岁时就被任命为纽约的联邦储备银行董事会成员,30岁时成为美国联邦储备委员会成员。

罗斯托于9月加入休斯的团队,与他一同调任的还有其他两名同样来自战略情报局和任职于美联储的经济学者：罗莎琳·霍纳坎普和钱德勒·莫尔斯。金德尔伯格一开始被分配到战略情报局的军需部，在1943年2月的最后一天他取代莫尔斯加入了"敌方目标小组"。

罗斯托写过一篇题为《从伦敦发动经济战》的论文，并在1991年美国战略情报局的历史研讨会上发表，他在文中写道："作为在惠灵顿和桑德赫斯特接受过专业训练的人，（休斯）很早就学会了一些作战原理，比如集中兵力打击敌人弱点，取得突破时必须迅速全力追击。而'敌方目标小组'的成员接受的训练主要是有关经济学的，他们认为战略轰炸攻势的宏远目标就是要削弱德国的战时经济。我们的任务是要发展和实施一套战略目标选择标准，如何在不同的目标系统或在同一系统的不同目标间做出选择，或者要精确轰炸庞大的目标时，如何选择瞄准点……'敌方目标小组'就像陆军航空兵团的理查德·多伊利·休斯上校的孩子。"

罗斯托接着描述"敌方目标小组"的起步阶段，他解释说："休斯花了一点时间来评估这个规模虽小但却非常活跃的年轻团队，这些人都是他从千里之外的华盛顿引进的——有点像在前线的上校努力审视总部派遣来的一群中尉。一开始他叫小组完成一个小型但却很艰苦的任务：轰炸瞄准点报告。对一些特定的德国工业厂房和设施进行分析，然后找出最为脆弱的攻击点。这个任务给大家上了宝贵的一课。其中有一点，就是为了完成报告，他们必须去参观英国最近的类似的工厂。小组也要求伦敦方面提供所有关于这一德国工厂的最真实的情报信息，包括它在经济领域中所扮演的角色以及该经济领域为德国的备战发挥了什么作用。"

在梅菲尔区这处隐秘的住宅中，这个还不到十几人的团队推算出来的深奥结论将指导历史上最大规模的空战，指导数以万计人的行动。

长达32个月之久，没有人知道他们的存在，没有人知道从伯克利广场40号流传出来的消息源自何处。尽管秘密的外衣揭开已久，但是伯克利广场上这座神秘住宅位于何处直到今天依然成谜。

第六章　一条陡峭的学习曲线

　　富兰克林·罗斯福总统经常一边吃早餐一边浏览简报。简报通常在前夜送达，由他的贴身顾问和特别助理哈里·霍普金斯呈阅。1942年9月6日早晨，也就是沃尔特·罗斯托和钱德勒·莫尔斯加入休斯在伯克利广场40号的"敌方目标小组"的前一周，罗斯福收到一份题为《发展空中优势的需求，1942年》的文件，也就是后来的AWPD-42计划，其本质上是1941年拟定的AWPD-1和AWPD-2计划的续篇，这份报告的起草是11天前在总统的亲自指导下进行的。整个1942年春夏——除了美军出其不意赢来的中途岛战役以外——战争的轨迹仍然是倾向德国和日本的。罗斯福曾询问阿诺德他的空军怎样才能取得对敌人绝对的空中优势。

　　总统阅读完这份报告，小抿了一口咖啡，然后拿起电话打给战争部长亨利·斯廷森，告知对方他已经批准了。斯廷森有些吃惊，因为他还没见过这份报告，当他致电参谋长乔治·马歇尔上将时，马歇尔也不知情，而马歇尔在参谋长联席会议的同事们也都不知晓——包括两位海军上将欧内斯特·金（美国海军作战部长）和威廉·莱希（罗斯福总统的参谋长，自1942年担任参谋长联席会议主席）——不过几个小时后这些人悉数拿到了一份报告的副本。

既然罗斯福已经批准了，所以接下来就要进行下一步的行动了。

另一名参谋长联席会议的成员哈普·阿诺德上将比其他人更早得到报告的副本，因为寄信的地址上就写着阿诺德的名字。

当总统命阿诺德汇编这份报告时，他将博萨姆·汉塞尔和马尔科姆·莫斯从英国召回，让他们与哈尔·乔治、拉里·库特以及其他早期制订空战计划的老将们一起合作完成。

AWPD-42重申了早些时候所达成的共识，呼吁美国陆军航空队"在昼间通过精确轰炸对精心筛选的、重要的德国军事和工业机械目标进行有系统的破坏"。与此同时，英国皇家空军也将遵循他们先前所声明的作战理念，"在夜间对工业区发起大规模的空袭，摧毁他们的士气，（因为士气）对工业生产有非常显著的影响"。

一个有名的例子就是，1942年5月30日至31日的夜间，英国皇家空军发起了气势恢宏的"千机大轰炸"。据估计，这次行动毁掉了科隆市约12%的主要工业区和居民区。

更重要的是，为了实现作战目标，AWPD-42对作战资源的数目和分配都进行了精确的规定，它要求美国陆军航空队在16个月内在欧洲战场部署近3000架四引擎轰炸机。而美国海军却不赞成在他们正需要四引擎轰炸机作为远程巡航机时，将资源分配的重点倾向于陆军航空队，但是无奈罗斯福总统已经发话。事实上，总统后来也坚持应逐渐提高美国的飞机生产产能，这样就能按需分配了。

和之前的作战计划一样，AWPD-42仍然只是一张路线图，一种据理推测，不过它比AWPD-1和AWPD-2更为科学合理，虽然当时第八航空队的重型轰炸机攻势才刚刚开始。

当AWPD-42报告到达罗斯福手上时，第八航空队中作战型的四引擎轰炸机还不足百架，他们却在报告中信誓旦旦地承诺，如果计划中的空中力量能在1944年1月1日前就位，那么进军"欧洲堡垒"的计划在夏天就可以启动。也许AWPD-42只是一张路线图，却是一张能引领陆军航空队进入"大礼拜"

战役，甚至是引领其走向最终胜利的路线图。

1942年8月17日，也是第八航空队驾驶着借来的轻型轰炸机发起"七四空袭"的六周后，重型轰炸机终于闪亮登场了。这一天，第97轰炸机大队的十几架"飞行堡垒"从东安格利亚的博布鲁克空军基地起飞，这是第八航空队的重型轰炸机执行的第一次任务。在第八航空队的重型轰炸机大队中，只有第97大队是作战型的。

在第八轰炸机司令部司令埃克上将的亲自率领下，他们对休斯选中的一个目标展开进攻——诺曼底鲁昂市附近的索特维尔·鲁昂地区的一个铁路集装箱编组场。理论上说，此举能够通过破坏一些相交线上的货车交叉道来影响交通运输网络。

B-17最终成功地轰炸了它们的第一个目标，这极大地提振了第八航空队的士气。而且，没有伤亡，精准度也超过了人们对毫无经验的新航空兵的期待。

在华盛顿，美国陆军航空队参谋部也趁机重申，此次任务证明了之前关于昼间精确轰炸的理论学说是正确的。在一份待阿诺德签字的纪要中，马歇尔上将也宣称这次行动的结果"再次证明了我们决策的正确性，对战略目标的精确轰炸要优于（英国皇家空军）对大面积的市区进行大规模的（闪电）轰炸。美国陆军航空队在很早就认识到，要想在世界范围内有效地利用空中力量，必须具备从高空打击微小目标的能力"。

不过包括伊拉·埃克在内的许多美国陆军航空队的军官们后来评论说，与英国进行对比是不公平也"很不幸"的，要考虑到前线的战士们都希望与英国皇家空军保持和谐的合作关系。

在鲁昂轰炸后两天，22架B-17轰炸机空袭了德国第26战斗机联队在阿布维尔附近的空军基地，这支联队是德国空军最受推崇的战斗机联队之一。此次空袭的目的是为了分散德国的战斗机力量，因为此时盟军正在突袭法国沿海城市迪耶普。空军中将特拉福德·利·马洛里爵士，也是迪耶普战役的指挥官，据他所说，"阿布维尔空袭无疑在整个战争的关键时刻给了德国的战斗机联队以沉重的一击，而这对改变战争的进程也有着非常实质的影响"。

在8月27日给哈普·阿诺德的纪要中，伊拉·埃克对于利·马洛里的这番评论无疑流露出了满意之情，他说英国人"心甘情愿地承认了我们轰炸策略的正确性，以及我们轰炸机惊人的勇气和空军的技能和韧性"。

一直到8月底，第八航空队又发起了五次空袭，打击目标范围很广，从造船厂到飞机场，从法国北部跨越一条弧线到荷兰的鹿特丹。

据迪克·休斯观察，"在早期，我们轰炸什么目标并不重要"，重要的是，我们的航空兵在飞到防御森严的德国领空之前需要积累经验。

在8月1日的纪要中，伊拉·埃克上将写道，他的第八轰炸机司令部的任务是"摧毁精心挑选的战略目标，此外还有一个补充目的是，（确认）通过昼间精确轰炸来破坏小面积目标的能力以及击退战斗机防御和逃避防空防御的能力"。

换句话说，第二任务是为了佐证第一任务的可行性。

杜克大学的空军历史学家阿瑟·B.弗格森在《二战中的美国陆军航空队》第二卷中《联盟轰炸机攻势的起源》一文中写道："这些早期任务对于盟军战事的直接作用还不如对于间接测验和证明战略昼间轰炸学说的作用大，不过这两种作用都很难立竿见影，所以那些观察者，尤其是与前线战争相隔一定距离的观察者，开始失去耐心。"自7月4日开始的这几次行动为战略攻势展开了一个低调的开端，但很快就被"火炬行动"打断了。

盟军正在策划于短期内对德国发起"火炬行动"，这是美国人参与的唯一的一场大规模地面战，也是1942年下半年盟军对德行动的核心计划。事实已经证明，埃尔温·隆美尔将军指挥的德国非洲兵团和1940年在欧洲发起闪电战的德国空军一样战无不胜，他们控制了突尼斯和利比亚——屡战屡胜——并将英国逐回埃及境内。与此同时，后方的摩洛哥和阿尔及利亚在德国的盟友"维希法国"的统治下也稳稳当当。"火炬行动"计划于11月初启动，届时盟军将登陆摩洛哥和阿尔及利亚，以破坏隆美尔稳定的后方。

艾森豪威尔上将是"火炬行动"的总指挥，也是驻欧洲的最高级别的美国军官，他希望集中最大的火力来支持此次行动，包括调遣第八航空队的轰炸机。他还表示正在认真考虑暂停第八航空队刚刚开始的战略行动，将其所有的轰炸机集中到地中海战区，供第十二航空队指挥。

认识到"火炬行动"的战略目标以后，史帕兹自然更支持继续他的战略行动。从第八航空队分散掉任何一点兵力都意味着史帕兹和他的空军指挥官们所热衷的战略构想将推迟得到验证。阿瑟·弗格森回忆道："这样的推迟是很恼火的，因为在战争规划的初始阶段，轰炸机对德战争被认为是美军展开的第一场攻势。"

史帕兹和艾森豪威尔关于空军的调用之争更多是实践层面，而非理论层面的。也许艾森豪威尔出身于地面部队，但他却十分清楚空军的潜力。这也是他极力想让空军参与"火炬行动"的原因。而飞行员出身的史帕兹却希望继续展示空军的战略潜力，不想就此中断。当然这个分歧是因为在1942年秋，美国陆军航空队还没有足够多的飞机能让双方皆大欢喜。

1942年9月，史帕兹的战略空战并没有遭到无限期暂停，这仅仅是因为艾森豪威尔个人非常欣赏史帕兹。"从他（1942年）7月抵达伦敦开始，直到我们在欧洲打响最后的胜利的一枪，他从来没有长时间离开过我的身边。"艾森豪威尔在他的战时回忆录《远征欧陆》中写道，"在为期近三年的激烈战争中，每一天我都能找到新的理由来感谢战争之神和国家战争部赐给我图伊·史帕兹。他处事低调，谦逊而不善交际，也许公众从来都没有充分认识到他的价值。"

史帕兹也的确有能力让人们对战略空战感到信服。9月5日，艾森豪威尔同意他继续行动——但仅允许其继续第八航空队的重型轰炸机攻势。艾森豪威尔将部分人力、第八航空队的战斗机、小型战术轰炸机和两个重型轰炸机大队调派至"火炬行动"。甚至第八空军后勤司令部也受命对分配至"火炬行动"的飞机进行支援。

史帕兹勉强赢来的结果几乎是付出了巨大代价的，虽然他得以继续作战，却只剩下少量的轰炸机可供调遣，这让他的战略攻势更像是一场表面功夫。而且之前分配到第八战斗机司令部的战斗机也被调走一半，这让第八轰炸机司令部在战斗机护航的问题上不得不更加依赖英国皇家空军的战斗机司令部。

而且此时的英国皇家空军轰炸机司令部对德发起战略空战的能力正在稳步上升，几乎已经超越了第八航空队。英国皇家空军轰炸机司令部已经能够召集百余架轰炸机在夜间对德发起空袭，这将第八航空队远远甩在了后面。阿瑟·弗格森提醒我们："联盟轰炸机攻势的概念设定的是，英国皇家空军的夜间轰炸机与美国陆军航空队的昼间轰炸机在战争中互为补充，相辅相成。"

然而，双方的力量远远达不到互为补充的地步。8月，在大部分的行动中，第八航空队仅仅派出了十几架甚至更少的"飞行堡垒"。直到9月中期，史帕兹在给哈普·阿诺德的参谋长乔治·史崔特梅尔上将的纪要中写道：在轰炸行动中，英国人才是权威，英国皇家空军才是盟军中唯一能"将德国打得屁滚尿流"的部队。

9月，随着第91和301轰炸机大队加入作战，并开始执行首次任务，史帕兹和埃克在一些行动中已经能召集到至少30架飞机，尽管还不能满足需求。到8月底，虽然已经有328架"飞行堡垒"和105架"解放者"被送来海外，可为了备战"火炬行动"，也为了满足太平洋战场的需求，这些史帕兹盼着能来到第八航空队的轰炸机，大部分被各战区分而享之。

10月9日，第八航空队终于能够在一天内发动上百架轰炸机。包括新参战的第93轰炸机大队的24架"解放者"在内，第八航空队一共发动了108架重型轰炸机，其中69架击中了主要目标——法国里尔市附近的大工业中心。

阿瑟·弗格森称"里尔行动"是一次"小高潮"，他激动地写道，这是"第一次真正装备充足的行动，可以说，它标志着美国轰炸机正式进入战略轰炸的大联盟。而且这也是德国最高指挥部第一次觉得应该向公众提及'飞行堡垒'的行动了，尽管它们之前已经在德国领土上方露面达十三次之多。而里尔的重工业对德国的军备和交通都是至关重要的"。

然而，弗格森给轰炸的精准度却打了低分，他写道，这"甚至还没有展示出在之前一些次要战役中所取得的精确度"，不过他继续说道："虽然采取的是散弹模式，还有许多哑弹，但落在目标区的一些炸弹——无论如何都足够造成严重的破坏了。"他向史帕兹汇报说："如果不根据任何绝对标准，只是参照欧洲（英国皇家空军）标准来说，此次轰炸已经算是精准了。"

然而，提及第八轰炸机司令部写的《第一批被派遣的1100架轰炸机》一文，弗格森写道："到10月初，前十四次行动在整体上都很振奋人心。尤其是在前三周，进攻频率合理，准确度也较高。在前九次行动中，德国人很明显并不把昼间轰炸当回事，因为美国只派出了少量的轰炸机，只是战斗机护航机较多，所以德国人也只出动了几架战斗机，似乎宁愿承担小型空袭的后果也不愿冒险损失珍贵的飞机。当德国战斗机在空中飞行时，他们明显表现出不愿意靠近轰炸机编队。"

弗格森引用埃克写给史帕兹和哈普·阿诺德的纪要，继续说道："此次轰炸的精确度比任何观察家所预估的都要高。在第九次轰炸行动后，敌方战斗机的反击突然增强了，事实上，这是对美国人精确轰炸的一种敬畏。陆军航空队的指挥官们也非常满意B-17和B-24的表现，似乎它们已经完全有能力与敌方战斗机分庭抗礼。"

英国皇家空军轰炸机司令部的规划者们之前一直对美国陆军航空队的昼间精确轰炸学说持怀疑态度，不过这会也愿意给这些美国佬们一点信任了。用阿瑟·弗格森的话说："到9月和10月，英国的观察员们至少愿意承认美国陆军航空队的昼间轰炸机和昼间轰炸政策展现出了惊人的潜力。"彼得·梅斯菲尔德是一名著名的航空记者，也是《星期日泰晤士报》的空军记者，在8月的报道中，他曾笃定地写道："毫无疑问，昼间远程轰炸是不可能成为常规战的，除非敌方的战斗机已经提前被击溃或者我们的速度快到战斗机无法拦截。"

10月18日，"里尔行动"之后，梅斯菲尔德的立场稍微有所改变，他向《星期日泰晤士报》提问："我们能对德国进行昼间空战吗？"——在此之前这个问题得到的一直是绝对的否定回答，而现在却得到了新的评估："美国人教了我们很多,不过我们还有很多需要学习的——而且也有很多可以分享的。"

一开始,史帕兹和艾森豪威尔都认为将第八航空队的资源借调给"火炬行动"并不会对第八航空队轰炸机司令部执行任务造成很大影响,但是到了10月,司令部接到命令,还要外调两个重型轰炸机大队,包括飞行员和领航员在内的1098名军官,以及7101名士兵。

据11月1日的一次会议记录记载,在一次第八航空队的指挥官会议上,史帕兹这样讽刺道:"都去了'火炬行动',第八航空队还剩下什么?"

对此人们也许会问:"如果没有第八航空队的支援,'火炬行动'会怎么样呢?"

不论对这些假设性问题的回答是什么,事实是,"火炬行动"成功了。的确,1942年11月为北非的盟国军队带来了可喜的转机。11月4月,英军在距离埃及亚历山大60英里处取得了阿拉曼战役的胜利,最终遏制了隆美尔的势头。11月8日,"火炬行动"部署了十万地面部队(主要是美军)在阿尔及利亚和摩洛哥登陆,敌方很快就放弃了抵抗。北非登陆行动对美国国内和海外部队的士气都是一个极大的鼓舞。

不过,对于第八航空队而言,11月只带来了坏天气,所以他们不得不重新调整战略优先顺序。10月末,艾森豪威尔再一次调整了作战方针。第八航空队不必让出所有的重型轰炸机来直接支援"火炬行动",而只是利用它们的航程和载弹量来间接增援。

艾森豪威尔深谙战略空战之道,他知道其中一个关键原则就是,将威胁在源头掐灭,而不能等其成为战场上的威胁。此刻他正有一个需要在源头被消灭的威胁。

对于盟国的规划者而言,在整个战争中最伤脑筋的要数德国的U型潜艇战了。虽然英国皇家海军在与德国海军的水上舰队作战中得胜了,可大量的潜艇像"狼群"一样潜伏在大西洋的水面之下。自战争一开始,德国的潜艇就是让英国人最为困扰的海上利器,之前它们长期掠夺英国从海外殖民地运输物资的护航船队，现在已经对从美国运送人力物力至英国的护航船舰造成了严重的威胁。

提摩西·鲁尼恩和简·科佩斯在《大西洋海战》一书中写道，1942年5月，U型潜艇击沉了607247吨盟军船舰，当时正是迪克·休斯回到英国之时，这也是他选择搭乘飞机的部分原因。6月，盟军损失的总吨位达到700235。10月，德国潜艇再次击沉619417吨船舰。

艾森豪威尔意识到"火炬行动"的成败取决于美国的运兵船必经的海上安全通道，于是命令史帕兹调动第八航空队来摧毁U型潜艇修藏坞。德国海军在法国的大西洋沿岸，比如圣纳泽尔、洛里昂、波尔多、布雷斯特和拉帕利斯等地，都修建了潜艇修藏坞。因为对于用钢筋混凝土建成的潜艇修藏坞而言，夜间区域轰炸几乎是无效的，必须要进行精确打击，而这是英国皇家空军轰炸机司令部无法完成的任务。

艾森豪威尔向史帕兹尖锐地指出，他认为解除U型潜艇的威胁"将是赢得战争的基本要求之一"。

第八航空队来到伯克利广场进行战争规划时，迪克·休斯曾悲观地向将军们汇报说："以我们目前拥有的兵力和炸弹的类型，我们对这些大型的建筑几乎无法造成破坏。我怀疑第八航空队的进攻可能不会明显改变潜艇战的结果。而且我还必须指出来，这些潜艇基地周围的防空防御非常森严，在这样的目标身上做试验很可能会付出沉重的代价。"

休斯是对的。与这些钢筋混凝土的对抗最终是徒劳的，第八航空队遭受了惨重的损失。

"航空兵很快意识到他们造成的破坏极其微小……根本就无法改变战争的结果，"休斯写道，"我们在向英国人证明，如果有战斗机护航，我们就可以在白天飞上敌人的领空实施轰炸，而且可以将伤亡控制在可接受的范围内，可遗憾的是，不像将军们那样，士兵们对于用自己的生命来证明这一点并不感兴趣，因此士气开始成为一个严重的问题。"

休斯试图请求史帕兹和埃克上将"放弃这些无用的进攻"。然而，U型潜艇的威胁太大,所以对之发起的进攻一直持续到"火炬行动"胜利以后。直到1943年6月,更有效的海军护航很好地抑制了潜艇的威胁,此时对潜艇修藏坞的攻击才最终中断。

9月和10月初,第八航空队过早地尝到了甜头后,冬天的到来却让他们陷入了困境。出于天气原因,一些任务不得不被取消,在接下来的三个月里,40%的任务被迫流产。主要体现在打击一些被云层遮蔽的目标时,气象预报小组无法准确预报云量,而且恶劣天气也会导致一些机械故障。在大雨和泥泞中起飞的飞机常常会发现其冷冻舱和驾驶舱的窗户被霜冻住了。据第八航空队的战争调研部(ORS)形成的昼间空袭报告,炸弹舱门经常失灵,一些机组习惯干脆将舱门移除。

天气恶劣,加上飞行员们经验不足,常常导致领航误差,轰炸的精准度也因此受到影响。有时,炸弹会错过瞄准的目标,比如潜艇修藏坞,而是击中了法国的平民居住区,就会造成灾难性的后果;有时,还会发生一些滑稽的失误。比如,11月18日,一个轰炸机编队原本打算轰击圣纳泽尔的潜艇修藏坞,结果由于失误,却击中了一百英里以外的拉帕利斯的船坞。

战争调研部还指出,飞机在战争中受损的频率越来越高,这给原本就不足的飞机维修设施造成了很大的压力,越来越多的轰炸机无法待命。9月,13%的飞机在执行任务时折损而返,有待修复。10月,这个数字上升到38%;到了12月,甚至超过了42%。可事实是,飞机维修还只是一说,由于缺乏专业修理人才和零件,修理站还非常落后,一半的零部件还在商铺。

轰炸对目标造成多少破坏比其他任何问题都更加紧要,战争调研部花费了大量的时间对此进行研究。到1942年,理论家之前所承诺的轰炸精确度还并未实现。事实上,战争调研部的"弹坑计数器"对轰炸后的摄影侦察图像进行分析后,他们发现投掷的炸弹只有一半有落点,另外一半要么是哑弹,要么偏离目标太远以至于在航拍照片中未能显示。这明显让人们对炸弹误伤法国平民的问题更为担忧。

当然,在1942年,炸后分析技术还处在初始阶段。一直到1943年初,一套系统的分析程序才开始启用。因为一切都与尚未验证的战略空战学说有关，所以这是一条陡峭的学习曲线。

对于第八航空队的规划者们而言，除了轰炸精确度以外，最令人担忧的就是敌方截击机的进攻了。轰炸机上的防御性武器构成了部分威慑，使得敌方调整了战术，比如快速闪过，而非持久进攻。举例来说，一架没有机尾机枪的重型轰炸机在战争中可能劫数难逃。也许一架小型飞机还能运用策略巧胜一架战斗机，可一架重型轰炸机却很容易被战斗机追击并轻易被其炸成碎片。

同时，机枪手们声称击落的战斗机中也有他们的一份功劳。10月9日，参与"里尔行动"的69架轰炸机上的机枪手们一共毁掉21架、击坠21架、破坏15架德国截击机。一开始，这些机枪手还宣称他们击落了102架德国战斗机，据估计，这几乎是德国空军在西欧的战斗机力量的15%。不过通过进一步的核查，结果发现多架轰炸机的机枪手都曾射击过同一架战斗机。

这些表明，除了在听取机枪手的任务报告时需要更加仔细外，多架飞机上的机枪手要重视对交织火力带的划定，以便创造一个互利互惠的防御区。

第八航空队战争分析部的研究表明，以编队形式出动的大量轰炸机能有效地保护彼此对付敌方的战斗机。尽管这样密集的轰炸机编队更容易受到防空炮火的袭击，可防空火力主要集中在目标附近，因此它的持续时间要比战斗机的进攻短，后者更为持久。

11月23日，第八航空队的重型轰炸机与他们后来的致命克星展开首次交锋。

欧根·梅耶中尉是一名飞行员，25岁，在一战的倒数第二年出生于康斯坦茨湖畔。他于1937年加入德国空军，1940年6月首次随第2战斗机联队一起参与法兰西之战。后来他在英国南部上空与英国皇家空军交战，到1941年8月，他已四次成为王牌飞行员，一共击坠了20架飞机，其对手都是驾驶着英国皇家空军最好的"喷火"战斗机的飞行员。因此，他被授予"铁十字勋章"。第二年，这名年轻的德国王牌飞行员将他的击坠数目提升到了50架，并且在8月19日，也就是他25岁生日的时候，再添两机——均为"喷火"战斗机。

11月，梅耶被任命为德国第2战斗机联队第3大队指挥官。同时，他研究了美国第八航空队的防御战术，并观察到"飞行堡垒"和"解放者"的一个关键弱点。

11月23日，欧根·梅耶带着自己的观察成果第一次与第八航空队的重型轰炸机交锋。轰炸机正面迎击欧根·梅耶，因为枪炮筒安置在机身的顶部、底部、尾部和侧面，所以正面成了它的致命弱点。一些B-17E和B-17F只有一挺30口径的手持机枪，通过偏离机鼻中心的四个孔眼之一来开火，而B-24D也只有一挺50口径的机鼻机枪，并且只能朝下开火。所以尽管这两种类型的轰炸机都装有50口径、侧面开火的机鼻机枪，但它们的正面都是一片防御盲区。

那天，当轰炸机朝圣纳泽尔逼近，梅耶率领他的第3大队迎击。他新研发的"迎头攻击"领队机的战术非常有效，仅他个人在当天就击落了第八轰炸机司令部的两架"飞行堡垒"和一架"解放者"。

由于在"迎头攻击"时，接近速度非常快，因此对战斗机飞行员的技术要求很高，但是一旦操作娴熟——比如像欧根·梅耶这样的飞行员——这种战术将是致命的。很快，在整个欧洲的德国飞行员都开始追随梅耶的步伐。美国的波音公司和联合航空公司的工程师们为了应对这种战术，在轰炸机机鼻上安装了带有双50口径机枪的动力炮塔。这也成为后来的B-17G、B-24G、B-24H和B-24J的生产标准，不过这些飞机一直到1943年末才被第八航空队大量引进。

欧根·梅耶灵机一动想出的"迎头攻击"战术一直困扰着第八航空队，直到二战结束。可梅耶本人却没能等到那一天。1944年3月2日，沃尔特·格雷沙姆中尉驾驶着美国陆军航空队的P-47战斗机为第八航空队的轰炸机护航，在双方交战时，梅耶被击毙。此时的梅耶一共击坠了102架盟军的飞机，其中26架为第八航空队的四引擎轰炸机。

1942年11月，美国驻欧洲的军队高层经历了较大的组织变动。北非战略格局发生了剧烈的变化后，艾森豪威尔从英国南迁，成为美军北非战场（NATOUSA）的总指挥，后来又被任命为英美盟军总部（AFHQ）司令和地中海战区（MTO）作战司令部司令。

艾森豪威尔调动时令史帕兹随调。这位曾经拒绝将重型轰炸机借调至第十二航空队的第八航空队司令于1942年12月被任命为第十二航空队的司令。四个月后，当艾森豪威尔成为地中海战区的最高盟军司令时，史帕兹也被任命为盟军西北非空军（NAAF）司令，第十二航空队也隶属其中。盟军西北非空军后来归属于英国皇家空军亚瑟·特德中将领导的地中海空军司令部。

"我本来让史帕兹上将留在了英国，但现在我把他叫来执行一个特殊的任务，"艾森豪威尔在《远征欧陆》一书中写道，"我们只是临时组建了一个机构，给史帕兹上将一个'空军代理副总司令'的头衔。一开始，驻北非的美国（第十二）航空队的司令是因领导东京空袭而一战成名的詹姆斯·杜立特少将。杜立特性格活跃，精力充沛，花了好些时间才让自己放弃去前线与敌人火拼的机会，接受作为一名美国高级空军司令的任命。不过他有着从经验中学习的宝贵品质，他是我们中真正优秀的司令官之一。"

1943年，美国陆军航空队第十五航空队成立，其战略作用就相当于地中海战区的第八航空队，杜立特担任首任司令。

艾森豪威尔和史帕兹原计划在"火炬行动"后回到英国，期待能横跨英吉利海峡，进军"欧洲堡垒"。然而，地中海战区在1943年另有计划——确切地说是攻打西西里岛和意大利——这需要他们的部署，所以回英计划暂被推迟。

此时在英国，"火炬行动"后，军方指挥层重新洗牌，第八轰炸机司令部司令伊拉·埃克晋升为第八航空队的总司令，而小弗雷德里克·路易斯·安德森少将，之前在美国陆军航空队总部担任轰炸部副主任，也是哈普·阿诺德在欧洲战区"关于轰炸事宜"的代表，此番被任命为第八轰炸机司令部司令。迪克·休斯的直接上司亨利·贝利纳由于患上脊膜炎而丧失了行为能力，所以休斯被升为四星上校，负责管理第八航空的G5部门（战争规划部），并且担任埃克的助理。

然而休斯和埃克之间并非天作之合。

"埃克上将的个性特点与史帕兹上将迥然不同，"休斯回忆道，"史帕兹上将的全部兴趣都与指导战争紧密相关，他会将每天的行政问题大致分配给其他人。而埃克上将则会包揽一切甚至是最琐碎的行政事务，似乎几乎没有时间和兴趣来讨论战争规划。所以在接下来的一年半里，很多决定都落到了我肩上，比如决定战略轰炸机的打击目标。在没有主管上将的理解同情和智力支持的情况下，这对于我来说是一个困难的、沉重的负担。"

另一方面，休斯对第八轰炸机司令部的新任主帅给出了高度的评价。

"弗雷德·安德森完全理解我所遇到的问题，每次我几近崩溃的时候，都会开车去往轰炸机司令部，这个真诚的、了不起的家伙，总会为我排忧减负，当我再次回到第八航空队司令部的时候，我又变得足够强大了，继续指挥（年轻的美国飞行员们），奔赴殊死之战。"

第七章　履行承诺

1942年全年，"英美联合参谋部"坚持贯彻双方在"阿卡迪亚"会议上达成一致的战略空战原则。在对德战略行动中，英国皇家空军将继续夜间区域空袭，而美国陆军航空队则尽力对需要精确轰炸的目标进行昼间空袭。

然而，接近年末，第八航空队的重型轰炸机仍然战绩平平，尽管他们早在八月就开始行动。虽然有几次针对工业目标的空袭取得了可喜的结果，但对潜艇修藏坞的轰炸却令人失望，而后者才是自十月以后美国轰炸机的主要使命。

在英国皇家空军轰炸机司令部，人称"皮特"的查尔斯·波特尔上将和绰号为"轰炸机"的亚瑟·哈里斯中将虽然勉强接受了美国的昼间精确轰炸学说，可还是深存疑虑。10月，一些英国军官承认美国人的方式展现了"惊人的潜力"，可到了12月，他们就注意到这种潜力将无法充分发挥，英国皇家空军也开始认为是时候中止美国人的"试验"了。

1942年12月，空军少将约翰·斯莱塞在给英国空军大臣阿奇博尔德·辛克莱的纪要中写道，美国人和其他人一样，"宁愿从自己的经验中学习，如果他们自己证明昼间轰炸政策是失败的或者代价过分高昂的，才会自动放弃，转投夜间行动，他们只会吸取自己的经验教训。虽然存在一些公认的缺陷——包括经验不足——但他们的领导高度有序,空军队伍素质过硬。如果,在这次战争中,他们最终不得不放弃昼间轰炸政策,只能说明这确实是不可行的"。

这个问题的抉择在新年里得以解决。1月14日,温斯顿·丘吉尔首相和富兰克林·罗斯福总统自一年前华盛顿"阿卡迪亚"会议后首次会晤。会议地点定在摩洛哥的卡萨布兰卡市,这也是具有高度象征意义的,因为这座城市两月前刚刚落入盟军之手——这得直接归因于"火炬行动"的成功,而"火炬行动"正是"英美联合参谋部"共同策划的第一次大型作战。

两人的会晤是基于大量有待解决的战略问题之上的。尽管美国已经展现了很大的潜力,可英国人对他们的盟友已经失去了耐心。美国人不仅在对德空战中没有取得实质性的战果,而且也没有在大型陆地战中与德军正面交锋过。

当然此次会晤也是在巨大的战略分歧背景下进行的,战略空战只是其中的一个焦点问题。由于"火炬行动"的成功,英国人有意对隆美尔的北非军团发起进攻,而罗斯福和美国陆军总司令乔治·马歇尔则倾向于回到英国整顿军队以尽快横跨英吉利海峡进军北法。

可另一方面,丘吉尔却主张进攻他所谓的"欧洲柔软的下腹部"。换句话说,他想见到盟军下一步在地中海战区的行动是进军南欧,而非北欧。在为期十天的代号为"象征"的卡萨布兰卡会议中,丘吉尔成功说服了罗斯福,在1943年盟军应该先攻打西西里岛和意大利,而这实质上将横跨海峡的登陆行动推迟到了1944年。

战略空战也是一个关键的议题。哈普·阿诺德早就料到丘吉尔将进一步说服第八航空队加入夜间空袭,于是命令伊拉·埃克前往卡萨布兰卡阻止这项决定。

1月18日,埃克与丘吉尔本人进行了一次历时半小时的历史性的座谈。

"为什么?"丘吉尔问道,"为什么美国陆军航空队只完成了这么几个作战任务,而那么多任务都取消了呢?"

埃克解释说，他们的航空兵经验尚浅，还处在学习曲线的基础阶段。他还提醒丘吉尔，第八航空队的资源——包括后勤部门——曾被分散借调至"火炬行动"和U型潜艇战中。最后，他还解释说天气也不利于精确空袭的开展。

最后，丘吉尔提了一个关键的问题："为什么美国的轰炸机还没有进军德国本土呢？"

这个问题早在埃克和他上司的预料之中。阿诺德曾告诉过他，唯一能抚慰英国人的途径就是尽快开始进击德国本土。

埃克直入正题，他告诉丘吉尔第八航空队准备常规性地派遣一百架重型轰炸机，由一百架战斗机护航，飞入德国，一直到本月末。眼见"火炬行动"已完美收官，埃克逮住机会再度进言，表示希望能让之前第八航空队外借的资源回归到英国。

"埃克开始为美国的战术辩护，他说夜间轰炸优于昼间轰炸的唯一论据就是，前者比后者更安全。"阿瑟·弗格森写道，"可事实上，第八航空队在昼间空袭的损失率要比英国皇家空军的夜间行动低多了，这可以从以下两点得到佐证，一来德国加强了夜间战斗机战术，二来美国轰炸机也投入了巨大的火力。"

弗格森继续说道，埃克还估算出昼间袭击的准确率五倍于"夜间空袭的最佳成绩，这要归功于他们飞机上先进的（诺登）投弹瞄准器。因此昼间轰炸要比夜间轰炸更加经济划算，前者只需五分之一的兵力就可以摧毁一个既定目标。当然埃克也承认夜间轰炸并非主要为了破坏工业目标，而是为了摧毁重要区域，所以不能就准确率将其与精确轰炸进行对比"。

丘吉尔承认埃克的论据很有说服力，表示不会再反对继续实践当前的"昼夜不停的"战略轰炸学说，而且他认为埃克将会履行承诺，在一个月内对德国本土发起进攻。

三天后，1月21日，"英美联合参谋部"通过了一份名为《卡萨布兰卡训令》的文件，训令决定将继续实践昼夜不停的轰炸理念，规定了战略空战的优先顺序，这在后来被正式命名为"联盟轰炸机攻势"。《卡萨布兰卡训令》从本质上认识到了之前实践中存在的问题，并呼吁成立一个新的组织机构，以协调第八航空队和英国皇家空军轰炸机司令部之间的行动。

用训令里的话来说，"联盟轰炸机攻势"的主要目标是"逐步摧毁和打乱德国的军事、工业和经济体系，削弱德国平民的抵抗意志，最终摧毁德国武装力量的抵抗能力"。

后面的说法正好呼应了亚瑟·哈里斯在各个场合都反复强调的理论，那就是德国平民的意志和任何工厂大楼一样，都是重要打击目标。

同时，迪克·休斯和他的"敌方目标小组"团队已经在隐秘地开展工作，对德国经济进行科学分析，并向埃克秘密提供具体的精确打击目标。

"接近1942年年末，在'敌方目标小组'完成了285份瞄准点报告后，休斯终于将我们从目标选择的工作中解放出来了。"沃尔特·罗斯托回忆道，"在我们形成的学说中，我们寻求的目标系统要求以破坏最少的目标来实现对前线的最大、最快以及最持久的直接军事影响。这里的每一处修饰语都是很有分量的。在评估一次进攻的成果时，你必须提出几点疑问：它对该区域的经济和军事系统造成了多大的影响？这种影响多久能辐射到战争前线？这个影响能持续多久？以及相对于经济后果而言，它的直接军事后果是什么？"

"这些标准的应用是非常严肃而又严格的智力活动。在某种程度上，它需要充分考虑一次进攻的军事影响能被德国人缓解多少，他们主要通过将民用产品和后勤资源转移到军事前线，或者通过减少运输成品的时间来争取修复的时间，来缓解这种影响。在整个过程中，我们拥有作为经济学家所熟知的关于生产结构的知识，辅以我们从瞄准点报告中得来的结论，并与休斯以及其他最优秀的高级军官们所带来的经典军事原则相结合。因此，'敌方目标小组'得出的观点是一种战争学说，而非经济学说或政治学说。"

虽然正式的"联盟轰炸机攻势"计划直到6月才出台，2月4日，各作战部门就已收到了指令，指令包括对大致目标的层级分类，目标的划定主要

"受制于天气状况和可行性战术"。

按照优先顺序来排列，目标依次是德国的潜艇制造基地、飞机制造工业、交通系统和炼油厂，再加上"敌方军事工业内的其他目标等"，目标清单就齐全了。

除了这个大致目标的清单以外，"联盟轰炸机攻势"还将继续进击法国西海岸的U型潜艇基地和柏林市。轰炸柏林"是为了取得有利的战绩，既能打击敌人的士气，又能鼓舞俄国人的斗志"。

具体到第八航空队和目标清单中的第二项而言，《卡萨布兰卡训令》这样表述，美国轰炸机应该"抓住一切机会在昼间向德国进攻，以摧毁不宜夜间空袭的目标，持续压制德国人的士气，重创德国的昼间战斗机力量从而牵制其战斗机火力以远离俄国和地中海战区"。

当盟军的空战规划者们正在争论在德国经济圈内划定不同层次的目标优先顺序有何利弊时，德国经济却并非停滞不前。如果说欧根·梅耶是盟军航空兵的克星，那么对于在伯克利广场和灌木公园的空战规划者们而言，其劲敌则是阿尔伯特·斯佩尔。斯佩尔是一名37岁的建筑师，也是一位天才技术专家。他是阿道夫·希特勒核心集团人物之一，1942年2月被希特勒任命为第三帝国的军备部长，因为前任部长弗里茨·托特在一场空难中丧生。这个职务赋予了斯佩尔巨大的权力，他负责组织德国经济，尤其是工业生产。照此，可以说他的工作就是大搞建设，而迪克·休斯和他的同事们则致力于大搞破坏。

"我们根据不同类型的武器系统创立了'指导委员会'，还成立了'企业联合组织'进行物资分配，"斯佩尔在他的回忆录里解释说，"最终成立了13个这样的委员会，每一个委员会对应指导一种军备项目，还成立了13个'企业联合组织'将二者联系起来。此外，我还设立了研发委员会，在这里，军官们能见到最好的工业设计师。委员会的职责是监督新产品的开发，从设计阶段起为制造技术提出改进意见，以及叫停任何不必要的工程。而'指导委员会'和'企业联合组织'则是为了确保——这对于整个程序都很重要——

每个指定的工厂只集中生产一种产品，但要保证最大值的产能。"

斯佩尔吹嘘道："在我上台后半年内，我们国家各个地区的生产力都得到了很大的提高。据《德国军备制成品指数》统计，与1942年2月相比，8月份的枪支生产增长了27%，坦克增长了25%，而弹药生产几乎翻了一番，增长了97%，整个军备生产上涨了59.6%。显然，我们激活了那些荒废至今的资源储备。"

在经济学家约翰·肯尼斯·加尔布雷思撰写的战后美国战略轰炸调研报告中，他这样总结道："斯佩尔用一种新的组织（'联合组织'和'委员会'）取代了现存的管理机制，从行业生产经理和技术员中选拔出人才进行管理。该组织的使命是通过优化德国战争工业来提高产能，包括简化设计、零部件标准化生产、在最合适的工厂集中生产、减少同一公司生产不同军备的订单、交流专利和秘密工艺以及在整个工业生产中采取最高效的生产流程。这些政策帮助德国的军火生产增长了三倍多。"

这些对"敌方目标小组"和"联盟轰炸机攻势"都造成了很大的挑战。他们的目标并非一个停滞不前的德国，而是一个在不断扩张，并且具有巨大的扩张潜能的经济体。

同时，当经济学家正在对目标系统进行分析时，作战部门还在协调不同的作战方式。

"英美联合参谋部"认为在"联盟轰炸机攻势"指导下进行的昼夜轰炸行动正好互为补充，然而，从严格意义上来说，二者并未真正地协调配合。

阿瑟·弗格森解释道："我们原以为英国皇家空军的'区域'轰炸与昼间轰炸会相互补充，然而，由于双方在战术上的分歧和作战潜能上的差异，实际上两支力量几乎没有做到彼此协调。因此'联盟轰炸机攻势'只是一个联合攻势，而非一个紧密结合的攻势。"

远在伯克利广场40号的迪克·休斯听到卡萨布兰卡传来的消息非常高兴，他注意到埃克对作战细节并无兴趣，而这给了"敌方目标小组"一个独一无二的机会。

休斯在他的回忆录里写道，《卡萨布兰卡训令》"给我们提供了一个目标优先顺序的清单，但是文中措辞如此宽松，所以实际上，在作战实践中，我们完全有自由来选择我们认为合适的目标。睿智的空军中将查尔斯·波特尔也完全放权，从不试图指导或者控制第八航空队的行动，所有的决定最终都由我来做主，当然还有来自第八轰炸机司令部的（弗雷德·）安德森上将的配合与支持"。

阿瑟·弗格森对休斯的评论做出了回应，他写道："卡萨布兰卡会议在很大程度上帮助消除了战略作战中出现的误会，尤其是关于空中力量的使用。从这以后，盟军的战略家们才有可能重新充满信心地制订规划，清晰地思考。但会议的成果还只是停留在总体政策的层面上，尽管它制定了指导原则，却并没有包括具体的计划。"

安德森和休斯，一个是飞行员，一个是分析家，但两人间却建立了一种独特而高效的工作关系，这对于一个组织来说是难能可贵的，并且通常是很难达到的。正如休斯写道，"弗雷德·安德森完全理解我所遇到的问题"，而休斯也能懂得安德森所面临的状况。

当休斯前往桑德赫斯特上学时，安德森于1928年从美国的西点军校毕业，并于一年后拿到了飞行章，他在陆军航空兵团一步一步爬到了阿诺德上将的参谋一职，并担任轰炸部的副主任，直至后来他被派遣到海外担当阿诺德个人代表，代表其处理北非和英国战区的轰炸事务。

查尔斯·格伦·威廉姆森是安德森在第八轰炸机司令部中的得力助手，他还是安德森在西点军校1929届的校友。西点军校的年刊《榴弹炮》曾这样描述威廉姆森："他毕生的抱负就是要做前人从未想象过的事情，制造一架飞机，或者创造更好的美术作品，愿他两者都能成功，也希望他的军官生涯卓有成就。"

威廉姆森没能制造飞机，但他和安德森现在却指挥着很多飞机，他们也确实是在做前人无法想象的事情——至少在比利·米切尔之前是无法想象的。

正如他与休斯的关系一样，安德森和格伦·威廉姆森也相处融洽，虽然很多与他们打过交道的人都称两人为古怪的一对。比如，查尔斯·J.V.墨菲，一位出身名门的哈佛辍学生，后来转做自由记者——后来还为温斯顿·丘吉尔和温莎公爵夫妇撰写过传记——在《生活》杂志1944年的一篇文章中曾生动地描述了两人之间的对比。

"安德森高挑削瘦、柔和、性情稳定、善于交谈、能轻松融入，"墨菲写道，"很少有陌生人能在他亲和的表面之下捕捉到他的意图。而威廉姆森个子矮小、喜怒无常、逻辑性强、专业博学、意志坚定，他是美国陆军航空队中最优秀的理论思想家之一。"

这样古怪的两人却是一对好搭档，尤其是在与伯克利广场的工作互动中，他们都是公元前6世纪的中国军事家孙子的忠实信徒。作为有着巨大影响力的《孙子兵法》一书的作者，孙子在今天的军事界和商业领导界比在中世纪要更加流行。

孙子的一句有名的格言告诉他的读者："知己知彼，百战不殆；不知彼而知己，一胜一负；不知彼，不知己，每战必殆。"

正是为了了解敌人，所以弗雷德·安德森才有意与迪克·休斯及其"敌方目标小组"建立一个亲密的工作关系。

第八章　明确使命

伊拉·埃克上将曾向温斯顿·丘吉尔首相承诺，美国将于1月末对德国本土目标展开行动，迪克·休斯负责整体规划，弗雷德·安德森和格伦·威廉姆森负责调遣轰炸机，而第八航空队的航空兵们则负责投掷炸弹。

1月27日，第八航空队第一次进击德国本土，尽管没能如埃克所承诺的那样，出动上百架轰炸机。此次行动的主要目标是优先次序中的一级目标，威廉港的海军造船厂，一共出动53架重型轰炸机，还有2架前往袭击埃姆登港。

对U型潜艇修藏坞的进攻一直毫无成效，休斯和其他人对此早已失去了耐心，而攻打德国本土的造船厂则意味着在更加薄弱的源头对隐匿之中的潜艇进行打击。第八航空队原计划于2月2日对德国发起第二次进攻，但由于天气原因取消了，不过他们于2月26日再次返回威廉港，开始对多家造船厂发起断断续续的进攻，一直持续到1943年。

德国的造船工业正在加大投入，扩大U型潜艇的生产，这远比由钢筋混凝土建成的修藏坞脆弱得多。侦察照片表明，对造船厂的进攻成效显著，这也是"联盟轰炸机攻势"的搭档们默契合作的成功范例之一，在英国皇家空军展开地毯式轰炸的同时，第八航空队对同一区域进行昼间精确轰炸。

正当美国的轰炸机开始接近德国本土目标之时,他们遭遇了纳粹空军更加顽强的抵抗。负责德属比利时和法国的防空防御的德国第3航空舰队,拥有不到两百架截击机,对比之下,进击德国本土的第八航空队遭遇了"德国空军指挥中心",该组织为后来的"帝国保卫战"提供了充足的空军力量。德国本土防御森严,所以第八航空队屡屡损失惨重。

在接下来的几周和几个月里,"德国空军指挥中心"动用了多种武器和战术来迎击轰炸机。德国空军标准的单引擎战斗机,比如,梅塞施密特Bf109和较新的福克-沃尔夫Fw190,也开始闪亮登场,还有双引擎梅塞施密特Bf110,后者更常用于对抗英国皇家空军轰炸机司令部的夜间空袭。

这些截击机采用了欧根·梅耶的"迎头攻击"战术,以及海因茨·诺克中尉在1943年3月首创的战术,即:当美国轰炸机编队在轰炸地面目标时,从其上方投递炸弹。德国空军第11战斗机联队成立于1943年,是"帝国保卫战"中的一个防空防御部队,他们习惯使用250kg的炸弹进行空对空轰炸。同时,更大型的Ju88轰炸机也开始在美国轰炸机防御机枪的火力范围之外通过Werfer-Granate 21火箭弹发射器(42式Nebelwerfer的空用版本)对其发射21厘米的空对空火箭弹。

德国空军有一招最简单有效的战术,就是联合起来对付个别轰炸机。他们常常会选取可轻易得手的目标,比如从轰炸机编队掉队的飞机,也经常集结十几架战斗机来对付领队机,以达到分化轰炸机编队的目的。这招有时奏效,不过美国的飞行员们训练有素,无论怎样都能很好地保持编队的完整性。

被德国空军围攻的经历简直如同炼狱。一位"飞行堡垒"的飞行员在一次任务报告中描述道:"德国的战斗机对着'堡垒'的腹部扫射,那感觉就像坐在一口热水锅里,被推着滚下一座陡峭的山。飞机的右翼被打得稀烂,已经千疮百孔,大都是20毫米的弹孔,其中一个甚至大到可以塞进一只绵羊,整个飞机右翼全是要命的弹孔。"

与此同时,法国和德国的目标区域附近也加强了防空防御火力,大大提高了88毫米远程高射炮的精准度和有效度,这让在轰炸航路中严格采取"箱式"队形的轰炸机编队遭受了巨大的损失，因为密集的编队让轰炸机更容易成为高射炮的目标，而他们本意是想让轰炸机上的机枪手们利用连锁防御火力来保护彼此对抗德国的截击机。轰炸机飞行员常常说炮弹爆炸后的黑烟像一张"厚得可以在上面行走的"地毯。

3月，盟军对威廉港和弗格萨克发起进一步的空袭。弗格萨克位于威悉河畔，地处不莱梅港的北郊，与南部相距40英里。威廉港和弗格萨克都是U型潜艇的生产基地。

此外，盟军还交替对法国U型潜艇修藏坞开火。在切断水电供应后，他们主要通过破坏周遭的城市，以扰乱在修藏坞工作的法国平民和工人的生活，而并不直接轰炸修藏坞。

德国海军中负责指挥U型潜艇战的高级海军上将卡尔·邓尼茨在5月4日"军工生产中央计划办公室"的一次会议上指出："英国佬们试图使尽浑身解数来摧毁潜艇战。我们都知道圣纳泽尔和洛里昂已经不再是主要的潜艇基地了，这两地已空无一人，只有几处潜艇洞库（搬迁了一些关键设施）得以保留。"

1943年的前5个月间，美国轰炸机在U型潜艇战中的火力有70%投入到了对船厂而非船坞的攻击中。在12次进攻中有7次给船厂造成了严重的破坏。对空袭效果的炸后分析报告表明，他们让德国U型潜艇的月产量从16架减少到不足8架，而且船厂很可能在相片识别器觉察之前已经修复了部分损害。

当U型潜艇厂被云层遮蔽时，第八航空队就会转而袭击法国北部和德国西北部的铁路网。这样的行动倒为数不多，并没有出动大量轰炸机对铁路网进行持久的破坏，不过的确一度令铁路交通短暂中断。尽管铁路建设工人几天内就能修复受损铁路使之恢复通车，不过这项工作的确耗费了一定的人力，而这些人力就无法投入别的用途。自然，替换火车头或者轨道车皮需要调用制造坦克和其他交通工具的资源。

虽然第八航空队取得了优异的战绩，可还是没能达到埃克在卡萨布兰卡会议上所承诺的标准。到了2月或3月，他们还是不能在任意一天内出动上百架轰炸机，待命的飞机数量也没能按照预期的速度增加。在整个4月，第八航空队出动了六个重型轰炸机大队，其中四个为"飞行堡垒"，两个为"解放者"。同时，还有两个"飞行堡垒"大队，第2大队和第99大队，原本是划拨给第八航空队的，后被调剂给第十二航空队，而第308轰炸机大队的"解放者"也被分配给第十四航空队，也没能来到第八航空队。

2月，欧洲战区能列入待命席的"飞行堡垒"和"解放者"的数目分别为186架和69架。1942年10月，由于战争损失和其他损害，能使用的B-17实际上还不足234架。同时，第八航空队的日均战斗力只能达到74个"作战组合"（航空兵加飞机的组合）。

当然，航空兵的数量与飞机数同等重要，可即使是隆冬季节，作战受限，还是存在人员伤亡。整个1月，只有20名航空兵前来替补67名的缺口。同时，按"联盟轰炸机攻势"的要求，第八航空队进击德国本土，一些重型轰炸机大队汇报说他们的航空兵已经折损过半，这对于整个战争——以及其他航空兵的士气——造成了很大的负面影响。

安德森上将在3月2日给美国陆军航空队总部的史崔特梅尔上将的纪要中写道，在重型轰炸机和航空兵的总数达到600之前，第八轰炸机司令部能做的只能是"一点一点蚕食德军"。

作为"轰炸机联盟攻势"的合伙人，英国皇家空军对美国重型轰炸机的龟速增幅，看在眼里，急在心里。在写给哈普·阿诺德以及空军上将波特尔的一系列纪要中，他们先是巧妙地奉承道，第八航空队的作战"非常成功"，却委婉地抱怨说："不过我担心他们可能会因为兵力不足而受挫，甚至停滞。"

波特尔和大部分东安格利亚的前线作战人员并不知道其实一大批飞机正在从美国到英国的运输途中。此时美国的飞机制造业正在成指数增长，新造飞机突然如井喷潮涌。1942年，波音、联合、道格拉斯航空公司一共生产了1412架"飞行堡垒"和1164架"解放者"。1943年，这两种重型轰炸机的计划产量分别为4179架和5214架。这些飞机将在初夏流入东安格利亚，到年底更会如潮涌而来。

阿瑟·弗格森指出："直到5月，第八航空队才拥有与其作战任务相匹配的实力。"到5月底，第八航空队中能参战的重型轰炸机大队从原来的6个翻了一倍，新加入的第94、95、96、351和379轰炸机大队——以及从训练阶段进阶而来的第92轰炸机大队——大大加强了第八航空队的实力，使之拥有足够的飞机来轰炸敌方目标。这样，欧洲战区的重型轰炸机总数就从2月的255架上升到了5月底的705架。

同时，护航战斗机的数量也增加了。几乎整个四月，都只有驾驶着共和航空的P-47"雷霆"战斗机的第4战斗机大队能够执行护航任务。月底，新增了两个战斗机大队，足以完成常规的护航任务了。

4月17日，第八航空队终于能出动100多架重型轰炸机了，目标是不莱梅港，这次行动具有另外一种里程碑的意义。5月，战略方向发生了重大转移，具体来说，"联盟轰炸机攻势"逐渐将重心从U型潜艇战转向了德国的飞机制造业。

3月，查理·金德尔伯格回到伯克利广场的"敌方目标小组"，他的主要职责就是研究德国的飞机制造业并制订进攻计划。4月17日的"不莱梅港行动"以生产福克-沃尔夫的飞机制造厂为目标，此次行动意义重大，这是迄今为止第八航空队对飞机制造业发起的最大规模的进攻。

然而有些讽刺的是，这次的目标福克-沃尔夫Fw190战斗机正是在此次行动中重创美国轰炸机的德国战斗机。尽管第八航空队让敌方的飞机制造厂一半被毁，但他们自身也损失了16架飞机，还有46架遭到破坏。

在4月17日的行动中，美国遭受重创的原因是敌方已经预估到美国将再次进攻不莱梅港，因此加强了地面空中力量的协调配合，加大了防御的力度。"德国空军指挥中心"一开始就出动了150架截击机，飞过他们自己的防空炮火区，迎头攻击美国的领队机，试图在对方进入目标区域前破坏其编队队列。

在对付重型轰炸机时，德国空军对分裂敌机编队的战斗机飞行员实施"积分制"。击落一架敌机将计入一个王牌飞行员的胜利积分榜中，破坏一个敌机编队或者彻底摧毁一架受损的敌机也将获得奖励和奖章。比如，一个飞行员击坠一架战斗机记一分，击坠一架四引擎轰炸机记三分，积到三分将被授予"一级铁十字勋章"，积到四十分将被授予"骑士铁十字勋章"。虽然这一制度后来渐渐被淘汰了，但1943年在现行制度下，破坏一个四引擎轰炸机编队能记上两分。

德国的战斗机试图在轰炸航路的终点上破坏轰炸机编队，往往难以得手，于是他们重新部署，待轰炸机从目标区返回英国途中再次出击。他们通常会从编队边缘挑选掉队的轰炸机下手。截击机一路上反复袭击轰炸机编队，一直到北海。

一个月后，第八航空队的战斗机大队出动了大量的P-47"雷霆"战斗机，成功地护卫了轰炸机编队。轰炸机航空兵非常感激、依赖并且称赞了他们的"小伙伴们"（他们这样称呼护航战斗机）。不过唯一的限制因素就是战斗机的航程，即使依靠备用油箱，"雷霆"战斗机也只能为轰炸机护航至距基地不超过475英里处的德国北部的目标区，但是他们在去程和返程的后段总能很好地掩护轰炸机。

5月，一大批美国陆军航空队的新航空兵和飞机涌入欧洲战区，这改变了"联盟轰炸机攻势"的局面。面对英国皇家空军的责难，第八航空队逐渐补充了兵力。从第一次任务到能发动百机大战，第八航空队一共用了八个月，而从能够单日发动百架飞机上升到两百，却只经历了不到一月。在写给哈普·阿诺德的纪要中，埃克称："那是第八航空队历史上伟大的一天。我们的有效兵力从100架轰炸机直线上升到215架……如果说新增的队伍比之前的要更加优秀，那么将来的战争将很难说是一场公平的较量！"

人们可能会以为阿诺德也许会将埃克的话理解为反讽。

此时还有一件事情值得划上另一个惊叹号，那就是轰炸精确度也得到了提高，对此第八航空队承诺已久，却一直进步缓慢。从3月开始，他们就一直使用飞行自动控制装置（AFCE）来提高精确度，其原理是在轰炸航路中通过使用自动驾驶仪来控制飞机。

阿瑟·弗格森指出："投弹手投下炸弹前的几秒钟显然是整个任务中最关键的时刻，因为投弹手要做好最后的瞄准动作，所以非常有必要尽可能地保持飞机的平稳，不能突然下降或减速，或者改变高度，而且领航也必须要尽可能灵活地躲避高射炮或者战斗机的袭击。可即使是最优秀的飞行员也无法达到这样完美的操作，而陆军航空队那些被硬塞到训练班速成出来的飞行员就更无法达标了。"

1942年，飞行自动控制装置在多种审查中被反复测试。到1943年春，故障得到修复。在3月18日对弗格萨克发起的进攻中，一名领队的投弹手利用该装置成功地带领第305轰炸机大队在以瞄准点为中心，以1000英尺为半径的区域投下了飞机上76%的炮弹。

同时，虽然决策者们终于考虑要听从迪克·休斯和其他人的游说，暂停对U型潜艇修藏坞的进攻，但在5月，它们还是沦为百机空袭大战的打击目标。5月17日，118架重型轰炸机目标直指洛里昂，5月29日，第八航空队发动147架轰炸机进击圣纳泽尔，这也是5月份的收官之战。

5月17日的行动对于第八航空队来说具有里程碑式的意义。其中一架B-17"飞行堡垒"在那天执行完任务后成为第八航空队中第一架满额完成25次任务，然后获得返回美国资格的轰炸机。这架飞机就是由罗伯特·摩根机长驾驶的，被称为"孟菲斯美女"号的有名的B-17F轰炸机。该机被分配到第91轰炸机大队的第324轰炸机中队，它也是一部名为《孟菲斯美女号：飞行堡垒的故事》的纪录片的主角，这部纪录片是关于美国陆军航空队的，由威廉·惠勒导演。惠勒曾在1942年因为导演电影《忠勇之家》而刚刚获得奥斯卡电影节最佳导演奖。在导演这部纪录片时，惠勒还登上过"孟菲斯美女号"和其他飞机，参加过几次飞行实战任务。在一场战争中，一架"飞行堡垒"被击落，他的摄影技师也因此而丧生。

摩根和他的队友们最终驾驶着"孟菲斯美女号"平安返回了美国，回国后，他们巡访各个城市，以募得战争债券。而惠勒的纪录片——1944年由派拉蒙电影公司发行——极大地宣扬了第八航空队的队员们冒险作战的精神。

第九章　波因特布朗克

自1943年1月起，威廉·惠勒开始为他的纪录片收集素材，而此时第八航空队正在加强兵力，试水进击德国本土。这是在《卡萨布兰卡训令》中"联盟轰炸机攻势"的初步目标规划大纲的指导下进行的。同时，"英美联合参谋部"正在拟定一个更为正式的计划，以接替《卡萨布兰卡训令》。这一计划将于6月10日开始实施，标志着"联盟轰炸机攻势"正式开始。

这一正式计划的起源还要追溯到1942年12月9日，哈普·阿诺德令其办公室的工作人员在AWPD-42计划的基础上起草一份关于战略目标的义件，对目标进行科学系统的定位。

阿诺德令拜伦·盖茨上校选任"一批作战分析家，在你的监管下，完成并向我提交一份报告，对德国国情随着空战的加剧而逐步恶化的速度进行分析，我们要据此来对付他们的剩余力量。这一研究必须是迄今能达到的最精准的估量，等到这种恶化进阶到一定程度，我们就能成功地进军西欧了"。

这个组织一开始命名为"轰炸咨询委员会"，后来被改为更加含蓄的"战争分析家委员会"（COA）。其形式和功能与休斯、金德尔伯格、罗斯托等人的"敌方目标小组"是相似的——甚至可以说是重复的，只是后者设在伦敦一个隐蔽的住所，而前者就在阿诺德的陆军航空队总部附近。"敌方目标小组"负责持续制定作战要求,而理论上说,"战争分析家委员会"将为阿诺德提供一个一次性的美国陆军航空队的作战计划,而该计划将被纳入一个联合训令,以取代临时性的《卡萨布兰卡训令》。

"战争分析家委员会"与"敌方目标小组"功能相似,但在本质上更为宏观,是为了确定"德国的工业打击目标,以在最短的时间内,最果断地削弱敌国实力"。

"战争分析家委员会"的形式是效仿"敌方目标小组"而来,委员会主要包括像银行家、实业家在内的平民分析家,致力于研究对德战略空战的目标。其中最有名的有来自普林斯顿高级研究所的爱德华·厄尔、J.P.摩根公司的托马斯·拉蒙特、鲁特-克拉克-巴克纳-巴兰坦纽约公司的投资银行家小伊莱休·鲁特,以及前西奥多·罗斯福政府参议员和国务卿之子,等等。此外,还有战时经济委员会的福勒·汉密尔顿、战略情报局的爱德华·梅森,以及来自波士顿的律师吉多·佩雷拉。马尔科姆·莫斯担任"战争分析家委员会"的代表。

"战争分析家委员会"也结合了来自战略情报局、战争经济局、国务院和财政部——以及相当于阿尔伯特·斯佩尔的德国军备部的战时生产委员会的专家意见。1943年1月末,"战争分析家委员会"的成员甚至还飞到英国拜访了英国战争经济部,以及伯克利广场40号。

1942年3月8日,也就是卡萨布兰卡会议六周后,"战争分析家委员会"向阿诺德上将提交了报告。"与其对多个工业部门造成微小的破坏,不如加大力度摧毁少数重点工业和后勤机构。""战争分析家委员会"这样总结道(这与休斯之前的论断很是相符),"战绩是积少成多的,计划一旦采纳,就要以坚定的决心坚持到底。"

1945年11月,爱德华·厄尔告诉阿瑟·弗格森,委员会"考虑到安全因素……并没有对目标系统排列出一份正式的优先顺序……但是从所给的参数来看,可以很清楚地看到目标系统是按照优先级降序排列的"。

按照这个理解,"战争分析家委员会"给出的清单中第一个目标"系统"

就是德国的飞机和飞机引擎制造业，这在AWPD-1的顺序清单中排在第三位，在《卡萨布兰卡训令》中排在第二位，而且自从3月以来，"敌方目标小组"中的查理·金德尔伯格就开始研究该系统了。炼油厂在所有这些清单中也位列第四。

飞机生产——尤其是单引擎战斗机的生产——在顺序清单中位置有所上升，自然是因为第八航空队的行动已经受到德国空军阻击的严重影响。而大家都很清楚要进攻清单中的其他目标，首先必须削弱德国空军的战斗力。

"联盟轰炸机攻势"的理念是要集中力量打击德国空军，这是一切目标之首，"联合作战计划委员会"（COPC）也强调这一理念。在4月9日的纪要中，英国的战争规划者们总结并宣称："如今，敌人对付我们的轰炸机攻势的最强大的武器就是他们的战斗机——他们昼夜交替出动的单引擎战斗机和双引擎战斗机——如果能摧毁或者严重耗损这支力量，对于促进英国皇家空军和美国陆军航空队的重型轰炸机联合攻势将是最大的贡献。"

有了这一共识以后，埃克委托第八轰炸机司令部的安德森上将和汉塞尔上将制定作战细节，二人将与英国皇家空军的空军准将西德尼·O.巴夫顿一起拟定一份目标清单。在"敌方目标小组"，沃尔特·罗斯托被指派为与英国空军部的联络员，以确保英美双方都能及时知晓对方在打击飞机制造业的任务中有何行动。

在"战争分析家委员会"制定的目标顺序中，排在飞机制造业之后的是在一定程度上与之相关的滚珠轴承业。像滚珠轴承和其他耐摩擦轴承这样的简单组件，不仅对战斗机生产、飞机引擎生产是必不可少的，对于其他广泛的工业生产，从军用车辆到工厂机床，都是非常必要的。事实上，包括滚柱轴承和滚珠轴承在内的耐摩擦轴承业被看作是一种"瓶颈产业"，如果从供应链中移除，许多产业都会受到负面影响。

排在第三位的是炼油工业，这在AWPD-1计划和《卡萨布兰卡训令》中分别排在第一和第四位。很多人认为这一产业也属于"瓶颈产业"，不过也有其他分析家对此不屑一顾，他们认为德国拥有充足的炼油储备。然而，据估测，第三帝国的精炼油60%来自于罗马尼亚普洛耶什蒂炼油厂，该炼油厂后来成为盟军轰炸机（从地中海战区的基地起飞）的重要目标。

战后展开的《战略轰炸调查》表明，"战争分析家委员会"曾经错失良机，因为他们低估了德国的合成石油和橡胶工业的重要性——但在1943年春，这些看上去并没有实际上那么重要。凭着后见之明，弗格森观察到"战争分析家委员会""对德国化工业的不当理解造成了判断失误。合成橡胶、合成油、氮、甲醇以及其他重要的化工产品都是一个工业联合体中相互依存的组成部分。比如，氮和甲醇对爆炸物的制造极其重要，而且是在合成油厂经过高度浓缩得来的产物。所以对合成油厂的进攻，实际上能产生一个意外收获，那就是能极大减少氮的生产，进而造成爆炸物的短缺。在战争接近尾声时，纳粹国防军曾有过这样的遭遇"。

"战争分析家委员会"的报告于3月23日被送到英国当局手中，得到了好评。英国空军部、经济战争部、英国皇家空军三个部门的代表都赞同报告中的主要意见，都同意主要目标应该与飞机制造、耐摩擦轴承和炼油产业等相关。

争论焦点落到了U型潜艇战上。美方认为其重要性已经大打折扣，而英方由于完全依赖着一条安全的海上通道将英国与外部世界相连结，所以仍然坚持认为U型潜艇造船厂应该被列入"联盟轰炸机攻势"的作战目标。

虽然U型潜艇战仍被列入"联盟轰炸机攻势"之中，不过计划赶不上变化，海军的反潜战武器和战术开始成为一条更有效的解决途径。1943年5月，盟军在北大西洋赢得了几场战争以后，很明显感觉到在海上侦察和击沉U型潜艇要比从空中轰炸潜艇修藏坞更为有效。不过，折中来看，由于U型潜艇造船厂比强固的钢筋混凝土修藏坞要脆弱得多，所以前者仍然被列在空战的优先打击目标之中。

1943年5月12日至27日，"三叉会议"在华盛顿召开，这是罗斯福和丘吉尔在战时的第三次会晤，会上讨论了"联盟轰炸机攻势"，不过此时该议题已不像在卡萨布兰卡会议上那样具有争议性，而是一个已知的定论，其基本前提早已得到证明。在"三叉会议"上，罗斯福、丘吉尔和"英美联合参谋部"达成共识，认为"联盟轰炸机攻势"是横跨英吉利海峡进军"欧洲堡垒"整体战略计划中不可或缺的重要一部分。这一代号为"霸王行动"的大规模作战暂定于1944年5月启动。

5月18日，经过大量的讨论以后，"英美联合参谋部"通过了英方提交的《英国关于联盟轰炸机攻势的计划》，在此基础上进而形成了更为详细的《波因特布朗克训令》，于6月10日发布。

该训令的目标清单保留了U型船艇制造业和炼油工业（迪克·休斯在1941年夏天曾将后者排在目标优先顺序中的首位），尤其是合成燃料和合成橡胶。值得一提的是，铝工业和飞机制造业一起排在了前三甲。目标规划者也同样重视耐摩擦轴承业，因为这也是一项其他很多工业都赖以依存的"瓶颈工业"。

沃尔特·罗斯托曾为战略情报局研究分析处出版的《战争日记》撰稿称："为了冲击整个德国军工生产结构，空袭滚珠轴承工业似乎是最为经济划算和最具可行性的途径。"

然而，《联盟轰炸机攻势计划》中最有意义的一句话可能是：来自德国空军战斗机的威胁是"首要的、迫在眉睫的"，"如果对德国战斗机力量的涨势不进行及时的遏制，几乎不可能实施原定的作战计划，也不可能为盟军在欧洲大陆上最终决战（'霸王行动'）创造必要的条件"。

考虑到这一点，也为了推进《联盟轰炸机攻势计划》，"联合作战计划委员会"制定了《波因特布朗克训令》。在该训令的指导下，盟军发动了针对德国空军和飞机制造业的同名战役，即"波因特布朗克行动"，这一战役在八个月后的"大礼拜"中达到高潮。

罗斯托补充道："在战争期间，关于德国空军的情报比其他任何方面都更广泛、更持久，也更集中，尤其是关于德国的飞机制造。盟军很早就意识到与其他形式的军备生产相比，飞机生产与前线的战争有着更为直接和密切的关系。"

罗斯托表扬迪克·休斯"在高层展示了高明的推销技巧，让他们接受"了《波因特布朗克训令》中的建议。

"波因特布朗克行动"决定继续战略空战，这一决策的重要性几乎立刻就显现出来了——讽刺的是，正是在对造船厂的空袭中体现出来的。

6月11日，在《波因特布朗克训令》被正式采纳以后，恰好在这个时候，几周以来笼罩欧洲大陆的恶劣天气终于消散了。在"首发日"那天，第八航空队对不莱梅港发动了252架重型轰炸机。由于云层遮蔽了主要目标，168架轰炸机转而进攻威廉港，而另外30架则前往轰炸库克斯港。

由于这些目标超过了第八航空队的P-47或英国皇家空军的"喷火"战斗机的航程，所以无法为轰炸机护航。基于过往的经验，果不出所料，德国空军的截击机在轰炸航路的起点就对编队发起进攻，在编队前方进行"迎头攻击"，这在很大程度上干扰了主投弹手准确瞄准目标，所以大部分炸弹都错失了目标。

两天后，第八航空队再次出动102架重型轰炸机袭击两天前未能得手的不莱梅港，还有60架则飞往基尔的造船厂。德国空军在北海沿岸上空对前往基尔的轰炸机进行截击，一路上穷追猛打，直到轰炸航路的终点。在这次行动中，德国空军出动了压倒性的兵力，这一策略奏效了。第八航空队后来汇报说这是他们迄今为止遇到的最强劲的反击。除了常规的Bf109和Fw 190外，美国的航空兵还见到了被涂成全黑的夜间战斗机。

不过6月13日才是真正的黑色一天。在两天前的交战中，第八航空队仅仅损失了8架飞机，而这一天，他们一共有26架重型轰炸机被击落，其中22架坠毁于基尔上空。

为了尽力粉饰这个难堪的结果，第八航空队的媒体公关试图转移焦点，宣称美国的机枪手击落了将近40架德国战斗机。对此，阿瑟·弗格森写道："尽管'基尔之战'被英国和美国的空军兵团（在《第62号战术任务报告》上）誉为一场伟大的胜利，但这仅仅只能形容他们的英勇和决心，的确，被击落的轰炸机曾勇敢坚决地抵达目标区域并投下炸弹。但从最终判定空战胜败的冰冷的数据来看，这只是一场发人深省的失败。"

"基尔之战"给出了一个残酷的解释，为何德国空军的威胁是"首要的"，以及为什么"波因特布朗克行动"对于"联盟轰炸机攻势"的成功至关重要。

不过，就在基尔这场"发人深省的失败"后仅一周，盟军就赢得了一场小小的胜利，也因此产生了一个有趣的悖论。6月22日，183架轰炸机深入鲁尔工业区内部，这是第八航空队最深入敌方的一次行动，目标是位于赫斯市的一家合成橡胶公司，德国赫斯化学有限公司。该公司由I.G.法尔本经营，占地面积横跨541英亩，是世界上最大的、最现代化的、最高效的工厂之一，满足了德国30%的苯乙烯和合成橡胶的需求。

在这次行动中，轰炸机对德国人发起突袭，成功地破坏了赫斯工厂，导致其停产一月——这让德国合成橡胶的总储备减少到只能维持六周的需求。事实上，工厂的全面生产等到年底才得以恢复。而值得一提的是，取得这场胜利，发起突袭的轰炸机编队只损失了一架飞机，与之前折损三分之一兵力的基尔之战形成了鲜明的对比，因为在基尔，德国空军对盟军轰炸机的出现太过习以为常了。

这个故事中的悖论是，尽管这场胜利已经说明了赫斯工厂是一个薄弱的目标，可第八航空队却没有再次行动。"战争分析家委员会"和"敌方目标小组"都没能充分地认识到合成橡胶对德国战争机器的重要性。阿瑟·弗格森写道，后来战后展开的《战略轰炸调查》断定"再来三到五次猛烈进攻，就能彻底摧毁赫斯工厂。可让德国军官惊讶的是，自从1943年6月22日以后，盟军就再没有发起较大规模的袭击。1944年3月，该工厂的产量达到峰值"。

而另外一个例子是，7月24日，第八航空队再次打破常规的目标范围，跋涉很长一段距离，前往袭击位于挪威哈略的一家德国铝业厂。这家名为"挪威铝业股份公司"的企业主要生产铝和镁，是德国人在1940年占领挪威后建立的，与挪威主营铝业和水电的挪威海德罗公司联合运营，是德国空军的合作伙伴，所以该厂也成为"波因特布朗克行动"的一个主要目标。

赫斯工厂遭到袭击后尚能修复，可对比而言，哈略的工厂大楼被毁得过于严重，德国人只能将其打上封条后离开了。这让德国的飞机制造业损失了一家最为先进的供应商。不过当时盟军的摄影侦察判读仪误以为德国人将要对其修复，并没有意识到该工厂已经被遗弃。然而，和赫斯工厂一样，盟军也没有对其发起后续的攻击。战后的调查表明，轰炸机的直接命中数达到了151，这是摄影侦察影像所观察到的三倍之多。

第八航空队一直孜孜以求的精确轰炸最终开始施行，英国皇家空军轰炸机司令部的空军中将亚瑟·哈里斯也加大了夜间区域空袭的力度。因为区域空袭并不精确，所以其范围和火力也不断扩大，这样就不可避免地殃及大面积的居民区。这也成为"联盟轰炸攻势"遗留下来的最有争议的问题，尤其是后来轰炸机的数量不断增多。

在今天，关于此类进攻援引最多的例子也许是1945年2月的德累斯顿大轰炸，而事实上1943年对汉堡的袭击更加持久，也造成了更多人员的伤亡。在7月24日至8月3日对汉堡的五次夜间空袭中，几乎每次都出动了700多架四引擎轰炸机。英国皇家空军摧毁了这个德国最大的港口和第二大城市。在1961年英国政府出版的《对德战略轰炸攻势，1939-1945年》，诺贝尔·弗兰克兰和查尔斯·韦伯斯特写道：那一周，汉堡有42600平民因此而丧生，相比而言，在1945年的德累斯顿轰炸中牺牲的平民为25000人。

"这样轻率的行动给我们带来了灾难性的后果，"阿尔伯特·斯佩尔在后来观察道，"轰炸一开始，我们的供水管道就被切断了，因此在后来的轰炸中，消防部门无法灭火。熊熊大火很快就形成了火焰风暴，柏油街道也开始燃烧，躲在地窖中的人们窒息而死，而在街上的人则被活活烧死。这一系列的空袭造成的破坏堪比一场大地震。地方长官考夫曼不断给希特勒发送电传，乞求他能来看看这座遭殃的城市，这些乞求被证明是徒劳的。之后他又请求希特勒至少派遣一支更加英勇的救援队伍前来，但希特勒连这个也拒绝了。"

斯佩尔继续讽刺道："汉堡所遭遇的厄运，正是戈林和希特勒之前幻想加诸伦敦的。"

1940年5月，希特勒将鹿特丹方圆一平方英里夷为平地，试图让荷兰人民屈膝投降。希特勒也曾想过以同样的方式征服英国的首都，而从某种程度上来说，他在1940年的闪电战中也确实做到了。

"你们可曾研究过伦敦地图？"1940年，在希特勒总理府上的一次晚宴上，他志得意满地发问，"伦敦城如此紧凑，只要一把大火就足以毁掉整个城市，这在两百年前（事实上是1666年）曾有过先例。戈林想用一种新型的燃烧弹在伦敦各处制造火源，然后朝这些地方开火，这样成千上万的燃烧弹就会连结成一片巨大的汪洋火海。戈林的想法是对的。炸弹并不奏效，但燃烧弹可以——毁掉整个伦敦。大火一旦燃烧起来，他们的消防部门又有何用！"

正如哈里斯曾经指出，希特勒"抱定天真的幻想，以为他们四处狂轰滥炸不会招致任何回击"。哈里斯引用了圣经中的比喻，表示他的英国皇家空军轰炸机司令部刚刚才让汉堡"收获了飓风"（reap the whirlwind，种风得飓风，意思是恶有恶报，出自《何西亚书》）。

据斯佩尔观察，希特勒对英国的计划和哈里斯的"飓风"如今都被报复在第三帝国最大的港口汉堡身上了。不过他们庆幸的是，希特勒终于下令德国空军统帅赫尔曼·戈林逐步建立一支四引擎轰炸机队伍。

在7月25日以及次日，第八航空队曾两次穿过汉堡闷火弥漫的废墟上空的浓烟，来到U型潜艇造船厂执行昼间精确轰炸任务，包括对基尔市展开又一轮的空袭。在"波因特布朗克行动"的早期，美国人的精力主要用于对付德国的飞机制造厂，包括位于瓦尔讷明德的亨克尔和福克–沃尔夫，以及在卡塞尔附近的菲勒泽和福克–沃尔夫飞机制造厂。

6月和7月，天气好转，第八航空队投入了大量时间对德国和法国境内与飞机制造相关的目标展开交替空袭。德国空军对于后者的护卫要比前者松懈得多，这让美国的航空兵们也有个喘息的间歇，也侧面说明了战斗机护航的重要性。

在"波因特布朗克行动"中，第八航空队的目标是德国的飞机制造业，而值得提醒的是，自从1942年10月，30架"飞行堡垒"第一次袭击了位于北法皮卡第大区摩尔特的皮泰飞机制造厂以来，法国的飞机制造厂就断断续续地出现在第八航空队的目标清单上。

在二战中，法国的飞机制造业是德国获取飞机的一个重要来源，而这也是最常被忽略的一个来源之一。1941年7月，德法签订了一份协议，法国的飞机制造商们获准继续经营，条件是他们生产的三分之二的飞机必须供应给德国。

朱利安·杰克逊在《法国：那些黑暗岁月》中写道："法国飞机制造业对德国所做的贡献是不可小觑的：1942年德国运输机的27%、1943的42%，以及1944年的49%都来自于法国。法国生产的飞机曾在1942年供应于隆美尔的非洲兵团，以及1943年参加斯大林格勒战役的德国军队。如果维希政府拒绝合作，德国人很有可能已将法国的飞机厂拆分后回到德国重新装配。不过德法合作也有着更为积极的意义，德国的订单让法国的飞机制造厂得以维持运营，也让法国开始憧憬重建空军队伍，停战后被解雇的飞机厂工人也能重新就业。法国失业工人的数量从1940年5月的250000降到了6月的40000，而到了1942年，这个数据重新上涨到了80000，1944年达到100000。总的来说，飞机制造业对于法国工业来说体现了一个悖论：德国人对法国的经济造成了威胁，但也是唯一能让法国看到（战后）复苏前景的国家。"

盟军对法国飞机厂的进攻贯穿了整个1943年并一直持续到1944年，虽然对飞机制造业的打击自然主要是针对作战机——主要在德国生产——而非制造运输机的工厂。

7月的最后一周，第八航空队集中兵力对德国本土目标发起进攻，但德国空军的截击让美国轰炸机损失了将近8.5%。虽然当时美国的战斗机已经能为轰炸机护航至北法的任何目标区域，但是直到7月末P-47才加挂上可拆卸的副油箱，才足以飞行更远的航程，为进击德国某些目标的轰炸机护航。

此时有名的北美P-51"野马"远程战斗机尚未问世，还远在美国的研发实验室中，后来它们大批量涌入欧洲战场，成了游戏规则最大的颠覆者。不过这一切到接近年末才发生。

虽然"野马"的加入有可能会完全打破欧洲战场空对空战争的力量平衡，但德国人对 P-47 也诚惶诚恐，因为这意味着战局即将改变。美国人的四引擎轰炸机才刚开始深入第三帝国的腹地，他们就勇敢地将战斗机也派往了德国上空。P-47 的航程虽然还不足以抵达亚琛或埃姆登，但至少已经能飞到德国境内了。

德国空军的战斗机兵种总监阿道夫·加兰德将军对此深感忧虑，而且他知道这还只是开始。加兰德本身就是一名战斗机飞行员，1940年至1941年间担任第26战斗机联队队长，1941年11月升任战斗机总监，在此之前，他在与英国皇家空军交手的过程中，已经击坠了近一百架飞机。当他意识到美国的战斗机已经飞到德国上空时，立刻向他的上司赫尔曼·戈林和希特勒本人汇报。

戈林的反应不是怀疑，而是根本就拒绝相信！阿尔伯特·斯佩尔也参加过一次戈林与加兰德关于这个话题的会议，他描绘了一幅几乎是超现实的两人的对话场面。

"去告诉元首美国的战斗机已经飞到我们的地盘上了？这是个什么馊主意！"戈林近乎咆哮地责问着加兰德。

"元帅大人，"加兰德从容地回答，"他们很快将更加深入。"

"那是瞎扯，加兰德，你为什么会有这样的幻想？"戈林斩钉截铁地说，"那纯粹就是虚张声势！"

"这是事实，元帅大人！"加兰德解释道，"在亚琛，已经有美国的战斗机被击落了。这是毋庸质疑的！"

"那简直是不可能的，加兰德，"戈林坚持道，"那不可能。"

"也许您应该亲自去考察一下，大人，被击落的飞机就在亚琛。"

"过来，加兰德，让我告诉你。本人就是一名经验丰富的战斗机飞行员。"戈林说道（虽然那已经是四分之一个世纪以前的事情了，还是在一战期间），"我知道什么事情可能，什么不可能。承认你搞错了吧。它们一定是在西部以外的很远处被击落的。我的意思是，如果当时它们飞得很高，被击落时，很可能会在坠地之前滑行一段较远的距离。"

"往东滑行吗，大人？"加兰德有些不以为意，"如果我的飞机被击落……"

戈林强压住火气："行了，加兰德先生，我正式宣布美国的战斗机并没有到达亚琛。"

"但是，大人，他们已经到那儿了！"

"我在这里正式下令，他们没有到达！"戈林这样盖棺定论，"你懂吗？美国战斗机没有来！没有到那里！我会这样向元首汇报。你收到我的命令了吗？"

"军令如山，大人！"加兰德苦笑道。

自欺欺人的戈林半年后不得不发布一项指示，意思是"野马"确实已经到来了。在那半年里，轰炸机在没有"小伙伴"护航的情况下仍然飞到了埃姆登和亚琛，本来他们没必要如此冒险，可是"波因特布朗克行动"的目标超过了美国陆军航空队的战斗机护航机的航程，而且他们无法再等下去了。位于目标清单首位的自然是《波因特布朗克训令》中规定的德国飞机制造业。

到此时为止，进攻主要集中针对福克－沃尔夫飞机制造厂，这些厂区位于德国北部，与盟军的基地接近，所以在大部分任务中，战斗机都可以完成护航的使命。

然而，生产Bf109的梅塞施密特大型飞机制造厂却还没有遭到过精确空袭。两栋工厂大楼分别位于巴伐利亚的雷根斯堡和维也纳附近的维也纳新城，当时它们为德国空军生产了48%的单引擎战斗机。不过雷根斯堡比第八航空队之前的目标更深入德国内部，而对于以地中海为基地的轰炸机来说，飞到维也纳新城也无异于是一场精疲力竭的远足。而位于巴伐利亚奥格斯堡的梅塞施密特的工厂总部则更加遥远，无论是从英国还是从地中海起飞，所以梅塞施密特一直到年末都没有被列为陆军航空队的打击目标。

《联盟轰炸机攻势计划》刚刚出台约一个月，第八航空队就准备对德国的耐摩擦轴承工业发起首次进攻。对于对这一产业进行过理论研究的"战争分析家委员会"成员来说，这是一个非常直接明了的目标，因为德国的大部分滚珠轴承工厂都在施韦因富特市内或者附近，该地区两栋最大的耐摩擦轴承工厂大楼都属于库格菲舍尔公司和联合轴承制造公司，后者是瑞典轴承公司的一个子公司。

作为"瓶颈产业"的滚珠轴承业，不管表面看上去有多直接明了，却远不是一个简单的目标。和雷根斯堡一样，施韦因富特位于巴伐利亚，与第八航空队在英国的基地相距400多英里。这两座城市几乎都处在美国载弹飞机的航程极限之上，而且大大超过了战斗机护航机的航程。这就好像将诱人的果子挂在悬崖以外的枝干上，看得见，却够不着，不冒险就摸不到。进攻雷根斯堡和施韦因富特的危险对于第八航空队来说是前所未有的。

可是，日复一日，越来越多的滚珠轴承从施韦因富特流向雷根斯堡，然后进入第三帝国的工厂，雷根斯堡也生产出越来越多的单引擎战斗机，来对抗盟军的轰炸机。而且，随着轴承的增产，德国战斗机造成的威胁也越来越大，盟军已经无法坐视不理。

到1943年8月初，"战争分析家委员会"的成员已经卷起衣袖回家了。但是在伯克利广场40号，"敌方目标小组"的艰难决策却正在展开。

"几乎要绝望了，"迪克·休斯痛苦地回忆道，"我和安德森上将决定'孤注一掷'，我们要尝试去摧毁在施韦因富特的轴承工厂——不计任何伤亡代价。这是最可怕的决定之一。从我们当时手上的信息来看，如果我们这么做，肯定是死路一条；但如果我们不这么做，只会死得更惨。"

第十章　不惜一切代价深入

于是，目标地图上出现了四堆图钉。1943年8月将成为陆军航空队战略行动中的一个重要月份。在统筹规划中，这是"大礼拜"的一个重要先导。盟军计划在"波因特布朗克行动"的名义下展开一系列快速的大规模进攻，其中就包含对这四堆图钉所代表的四个目标群发起行动。

这四个目标群与之前的目标不同的是，前者主要在靠近希特勒第三帝国中心的位置，而且此前从未被列入目标范围。

理查德·休斯和他的"敌方目标小组"忙得不可开交。根据计划，8月，第八航空队从英国的基地起飞，第九航空队的轰炸机从地中海地区起飞，两支队伍将联合起来对第三帝国的经济发起猛攻，前者往南飞往施韦因富特和雷根斯堡，而后者则往北飞往维也纳新城和普洛耶什蒂。14个月前，这家有名的罗马尼亚炼油厂才被美国陆军航空队轰炸过一番。

这四堆图钉所代表的四个目标分别是轴承业、石油业和梅塞施密特的两家工厂。

迪克·休斯在办公室的地板上铺满了各地的地图，从北方的东安格利亚到南方的利比亚班加西。他一边沉思，一边改进策略。

"我正在随意研究（地图），突然灵机一动，"他回忆道，"为什么不派我们新成立的备有远程油箱的第3轰炸师从英国起飞去袭击雷根斯堡？这样在返程时，可以避免遭到重型轰炸机从德国到英国一路的截击，而是直接从雷根斯堡飞跃阿尔卑斯山，跨过意大利的西北角和地中海，然后在非洲的机场着陆。"

休斯接着为第八航空队空军师进攻施韦因富特也推演了同样的策略，这样一来，德国空军的截击机不得不为保护这两个目标而分化为两股力量。他在地图上匆匆勾勒出这一计划，立刻拿去埃克上将的办公室。

"埃克上将完全不感兴趣，"休斯回忆道，"我沮丧地回到办公室，将地图存档在保险柜里。"

四天后，第八航空队收到消息，战争部长亨利·斯廷森将于次日抵达伦敦，不过伯克利广场和第八航空队司令部都没有任何人知道。斯廷森和科研发展办公室主任万尼瓦尔·布什于1943年7月来访伦敦，是为了与温斯顿·丘吉尔首相签订一项合作协议，拟定未来原子弹项目的合作条款。这才是斯廷森突然来访的主要任务，而去第八航空队司令部只是顺便造访。

在启程之前，斯廷森已经预先告知埃克，将与其商讨对策，以解决第八航空队在德国境内作战时的高伤亡率。埃克决定向斯廷森透露关于"波因特布朗克行动"的大胆计划，他记起了休斯前几日的提议，于是令其为战争部长准备一次汇报会。休斯照做了。

斯廷森离开后，埃克令休斯驱车前往第八轰炸机司令部，向弗雷德·安德森上将概述这一计划。当休斯抵达时，安德森正在与第4轰炸翼（后来属于第3轰炸师，由勒迈指挥）的指挥官柯蒂斯·勒迈上校商议事务。

"我正好能向他们两人同时汇报（计划）。一贯冷静的勒迈听后也为此热血沸腾，他和安德森上将立刻意识到这一计划具有巨大的可能性。"休斯写道，他和勒迈一起乘坐一架"飞行堡垒"飞到北非向图伊·史帕兹上将和亚瑟·特德中将"兜售他们的主意"，当时特德在艾森豪威尔下面担任地中海战区的空军指挥官。历史学家阿瑟·弗格森的理解更为深刻，他在陆军航空队的官方历史上这样记录道，他们的任务实际上为一场"已经兜售成功"的战役"准备好必要的维修设备和着陆基地"。

休斯汇报说史帕兹和特德"同意全方位地进行配合"。他们派人去请来了路易斯·布里尔顿上将，他在史帕兹的领导下，统率着美国陆军航空队中东空军部。史帕兹和特德"叫他做好全面的准备，在第八航空队袭击雷根斯堡和施韦因富特时，同时进击维亚纳新城"。布里尔顿对这样一次深入行动将造成的伤亡表示忧虑。

"当着史帕兹上将和特德中将的面，他问我可能会损失多少飞机，"休斯回忆道，"我告诉他，据我们获取的信息来看，德国在奥地利的战斗机防御并不森严，所以反击不会很强烈，在我看来，我们的损失将不会超过两架轰炸机。"

随后，休斯和勒迈飞到各个空军基地，尤其是阿尔及利亚东北部靠近突尼斯边境的特勒格玛基地，史帕兹已经应允该基地供他们使用，以接纳从雷根斯堡任务中归来的轰炸机。他们通知基地的指挥官们秘密贮存足够的燃料以供应轰炸机返回英国。

在回英国的路上，飞机在大西洋上空飞行，休斯一路都在思考布里尔顿那个有点尖锐的问题，陷入了内心的深刻反省。

"这个计划是冒险的，是我个人想出来的点子，"他反思道，"在过去的几个月里，我舒舒服服地坐在办公室里，却让将近两三千年轻的战士葬送了生命。日复一日，我的内心饱受折磨，我似乎很有必要做点什么来赎罪了。"

当他回到英国，休斯去见了埃克，主动请命陪同轰炸机部队参加雷根斯堡轰炸。

"埃克冷冷地拒绝了我，他告诉我，我要负责制订未来的作战计划，他决不允许我飞到敌人的领空上去。那会完蛋的。"

然后，休斯向埃克征询，"敌方目标小组"是否应该起草一份计划，列出轰炸机从北非返回英国时可以沿途轰炸的目标。埃克给出了否定回答，轰炸机只须从大西洋上空直接飞回英国即可。

休斯暗示说这是哈普·阿诺德的主意，"但是埃克上将并不赞同"。

此次普洛耶什蒂行动代号为"浪潮行动",是八月份的四大纵深行动的第一波,于8月1日启动。艾森豪威尔和史帕兹上将以及空军上将波特尔更支持在"浪潮行动"之前先攻打维也纳新城,但来自华盛顿总部的乔治·马歇尔和哈普·阿诺德都坚持要求普洛耶什蒂行动必须排在首位。

参加"浪潮行动"的队伍包括第九航空队名为"金字塔"的第98轰炸机大队和名为"解放者"的第376轰炸机大队,以及从第八航空队借调而来的三个轰炸机大队(第44、93和389大队)。一共177架"解放者"从利比亚班加西起飞,横跨地中海,向第三帝国精炼油的最大来源地发起进攻。

在此次行动中,陆军航空队遭受了令人惊愕的损失,因此这一天也被称为"黑色星期天"。53架飞机被击落,300多航空兵丧命,还有100多人被俘虏。牺牲人员名单中还包括第93轰炸机大队的指挥官、空军中校艾迪生·贝克,由于他在这场地狱之战中表现出来的英勇领袖精神,在死后被授予了荣誉勋章。

值得一提的是,在第93轰炸机大队失去指挥官后,1941年毕业于西点军校的乔治·斯克拉特利·布朗少校接过指挥棒,带领整个大队飞过目标区,并因此获得铜十字英勇勋章,战后他继续担任美国空军的参谋长,在20世纪70年代任美国参谋长联席会议的主席。

如果说,从结果来看,在8月1日的普洛耶什蒂大轰炸中付出的巨大代价是值得的,这多少是为了聊表安慰,事实是那里的多家炼油厂几乎没有受损,几周内就修复了。

"黑色星期天"让地图上的另外三个目标任务也蒙受了阴影,伯克利广场的工作人员倍感绝望。然而在这场孤注一掷的游戏里,深入第三帝国执行其他任务的部队只能继续前进,他们深知,正如迪克·休斯所言,如果他们继续,一定是死路一条,而如果放弃,则死得更惨。

对其他三个目标的进攻计划于8月7日启动,中间休息一周是为了让参加"浪潮行动"的航空兵们在飞往维也纳新城之前有一个喘息的时间。然而,英国突然降临的恶劣天气,导致第八航空队无法起飞,因此他们前往配合这三个任务的计划也泡汤了。

8月13日至14日，第九航空队继续对维也纳新城发起了"连环进攻"，参战的主要是"浪潮行动"中幸存下来的"解放者"，第一天是他们自己的61架，第二天加上从第八航空队借来的另外61架。这次行动让梅塞施密特的分包商"维也纳新城飞机制造厂"减产达到三分之一，不过远没能让其彻底歇业。

同时，第八航空队正在改进战争计划，欲深度进击德国内部。

8月16日，第八航空队的队员们接受了次日的任务发布，第二天正是他们的第一架重型轰炸机登陆欧洲大陆作战的一周年纪念日。进攻雷根斯堡的部队由第4轰炸翼的指挥官勒迈亲自统率，包括7个轰炸机大队，146架"飞行堡垒"。他们将于清晨5：45起飞，飞行430英里到达"欧洲堡垒"，然后对目标发起轰炸，完成任务后飞跃阿尔卑斯山，来到北非的基地着陆。

同时前往施韦因富特的是第1轰炸翼——之前由劳伦斯·库特和海伍德·汉塞尔担任指挥官，现在由罗伯特·B.威廉姆斯领导和指挥——拥有230架"飞行堡垒"。他们将在勒迈的部队出发后马上起飞，向着320英里以外的欧洲大陆的目标进发，然后返回英国。

据休斯回忆："根据预报，德国的天气非常令人满意，可英国却不怎么样。但是安德森上将还是决定发起进攻，事情很快就陷入了一个糟糕的开端。"

整个东安格利亚都笼罩在厚厚的低雾之中，导致勒迈分队的起飞延误了90分钟。勒迈知道如果继续延误，那么他们飞到阿尔及利亚上空时就是夜晚了，所以他下令启动仪表起飞。威廉姆斯的部队却没有接受过这样的训练，所以他们的轰炸机延误了五个小时还没能起飞，而这时勒迈实际上已经到达了雷根斯堡。

这个延误意味着原计划中的两个元素无法实现了。第一，威廉姆斯本来计划在上午从东往西飞，这样就能避免逆光飞行，但当他们到达时，已经是下午三点，他不得不改变方向，这造成了一定程度的混乱。

第二，两支力量同时围攻德国截击机的计划显然也行不通了。德国空军战斗机在上午迎战完勒迈的部队后，还有机会降落并补给燃料，甚至还可以在威廉姆斯到达之前吃个午餐。

除此以外，在施韦因富特迎击威廉姆斯的300架截击机中有德国空军的第11战斗机联队，该联队的Bf109G-6战斗机正巧装备了Werfer-Granate 21空对空火箭弹发射器。

"敌方的战斗机群接踵而至，"阿瑟·弗格森写道，"德国空军使尽了浑身解数……有时整个空军分队都组成'标枪'编队，这让轰炸机非常难以躲闪；有时，三四架敌机会齐头并进，同时出击；偶尔，他们会从上至下形成垂直攻势，向轰炸机径直俯冲而去，集中火力打击顶部炮塔周围，这一招屡试不爽。"

正如托马斯·科菲在他的《施韦因富特大决策》一书中写道，很多的"飞行堡垒"被迅速击坠，有些美国航空兵甚至认为在整个轰炸翼还没达到目标前可能就已经横遭没顶。

施韦因富特战役中的损失虽然没有这么严重，但至少可以说是发人深省的。勒迈的部队损失了24架飞机，其中15架还没能飞达目标，威廉姆斯损失了36架，其中22架没能飞至目标。整个行动一共损失了60架飞机，500多航空兵，这也是目前为止第八航空队单天损失的最大数目。第100和381轰炸机大队各损失9架"飞行堡垒"，占他们补充数目的将近一半。

"我的计划的本质是要减少损失，但这一初衷在很大程度上被机场的大雾给毁掉了，"迪克·休斯遗憾地说，"在这样的情况下，我想整个作战计划本来应该要推迟才好，不过这不是我能决定的。事实上，几小时以后，我才知道在第八轰炸机司令部，一切都没有按照计划进行。"

不过，雷根斯堡轰炸倒是让第八航空队稍感安慰，六个主要的飞机厂悉数被摧毁或遭到严重破坏。

在施韦因富特，虽然由于方向的调整导致了混乱，结果也还是不错的。托马斯·科菲汇报说，两家最大的工厂，库格菲舍尔公司和联合轴承制造公司，被直接命中80次，380000平方英尺的工厂面积被摧毁。

德国的军备部长阿尔伯特·斯佩尔估算轴承的生产损失了34%，这让德国的战争机器不得不依赖各种类型的耐摩擦轴承储备。轴承的产量从7月的140吨下降到8月的69吨，到9月更是降到了50吨。

斯佩尔从战术角度对雷根斯堡－施韦因富特这两次行动做出点评，他非常不屑——但也庆幸——第八航空队没有像他所预估的那样，短期后对施韦因富特发起后续进攻，如果那样，德国的轴承生产将遭到摧毁性的打击。

"8月17日，我们勉强逃过又一次灾难性的打击，"军备部长在他的回忆录中写道，"美国空军发起了第一次战略空袭，目标直指施韦因富特，这里，大型滚珠轴承厂密集。不管怎样，滚珠轴承已经成了我们扩大军备生产的一个瓶颈。但是在第一次进攻中，敌方犯了一个致命的错误。他们没有集中火力轰炸滚珠轴承厂，而是将由376架'飞行堡垒'组成的强大兵力给分散了——其中146架飞机（据德国估计）成功地袭击了雷根斯堡的一家飞机装配厂，不过造成的破坏很小。同时，英国空军继续朝我们的城市肆意开火。在这次空袭以后，滚珠轴承的生产下降了38%……我们不得不依赖之前的滚珠轴承的存货，那是部队贮存起来以作维修配件之用的。但是这些存货以及工厂当前所生产的所有轴承也很快就被消耗完了。"

正当英美双方为区域轰炸和精确轰炸争辩不下之时，一个统计数据应景而生。据信，在三周前英国皇家空军对汉堡的区域空袭中，有42600名平民丧生，相比之下，美军对施韦因富特的精确轰炸仅造成203名平民死亡。

雷根斯堡轰炸过后，迪克·休斯被证明是对的，他之前揣测阿诺德上将有意要勒迈的部队在返回英国途中也执行一些轰炸任务，而休斯也曾向埃克转达过这个意思。埃克将休斯召来，有些惭愧地叫他挑选出一个目标，然后带着地图和任务简报飞到南部的特勒格玛基地。

"我尽可能地选择了最容易的位于法国的一个目标——而且看上去也像一个军事目标。"休斯回忆道（他意识到这是最后一刻才列入计划的，而阿尔及利亚并没有为一次大行动储备那么多炸弹），"目标是波尔多以外的一个Fw200机场（飞机从这里起飞前往大西洋袭击海上护航船队）。这就意味着我们的部队必须飞跃地中海，抄近路通过法国西南部和比利牛斯山以东的狭窄颈口，轰炸这个机场，然后尽可能远地飞过比斯开湾，这样在返回英国的一路上可以远离德国战斗机的干扰。在12小时的飞行中，德国的战斗机可能会出现一小时左右。还有消息表明，在波尔多地区，几乎没有什么德国战斗机基地。"

休斯收集好此次南行需要的地图，请求埃克允许他与执行任务的部队同行。这次，这位第八航空队的总司令勉强同意了。

休斯带着波尔多的任务抵达特勒格玛机场后，勒迈叫他在史帕兹驻突尼斯的司令部待命，等待目标区域的天气好转。休斯向勒迈转达了阿诺德的意愿，叫第八航空队多承担一些像这样的"往返程"轰炸任务，而此时的勒迈正站在特勒格玛机场看着飞机燃油被手动泵入轰炸机，他并不赞同。

8月29日，勒迈写给弗雷德·安德森一封纪要，并且经由各级指挥官往上呈阅，勒迈解释道："重型轰炸机很难在没有地勤人员的情况下操作，尤其是维修设备和基础设施都不足，就像在非洲这样，作战计划不断改变，要求物资和设备也跟着不断搬迁。此外，在基地以外的地方降落会给战机空勤员们增加压力，反而会影响他们的效率。"

然而，任务还是得继续，因为这是哈普·阿诺德下的命令。8月24日，天气终于好转，轰炸机起飞前往波尔多。一共84架"飞行堡垒"，都是从雷根斯堡空战中幸存下来的，其他被损坏的则留在北非等待维修，所以要迟些返回。在英国，第八航空队拥有一个日渐完善的飞机补给维修网络，而在非洲，补给维修站点的建设非常寒碜。

"飞机跑道是由干燥的泥土铺就的，飞机飞到2000英尺的高度就会扬起厚厚的尘土，"休斯解释道，"当我们空中盘旋着等待其他轰炸机起飞并且找到自己的编队各就各位时，几乎无法在尘雾中看清地面机场的状况。飞机一架接着一架从尘土中蹿出来，出于某种奇迹，居然全部都安全起飞了。"

部队飞跃地中海，来到23000英尺高的波尔多的上空，翼下就是比利牛斯山，一路上遭遇的小型防空火力不断，不过他们注意到上空有德国战斗机留下的凝结尾[1]。果然，这些战斗机攻击了编队的尾部，击落了四架"飞行堡垒"。所以，事实证明，"最容易的位于法国的目标"对于这四架飞机上的航空兵来说并不容易。

当他们飞跃比斯开湾时，勒迈命令轰炸机降到500英尺的高度，这样他们可以在德国的雷达之下飞行，躲避来自战斗机的再次截击。

他们到达英国时已经很晚了，所以勒迈邀请休斯留在位于布雷尼营的司令部过夜。"我们两人还在大力吸氧（主要是白天在高纬度使用的），发现很难入睡。"休斯写道，"这个冷酷沉默的家伙突然开始聊天，我觉得他好像一直说了两三个小时。所有在雷根斯堡那场可怕的空袭以及他所指挥的一切艰难任务中压抑的情感一下喷涌而出。我怀疑这世上除了他的妻子以外还有没有任何人听到过这位伟大的勒迈中将，这位现任（约20世纪50年代）战略空军指挥部的司令官，如此尽情地表达自己。"

直到9月，第八航空队才发起了第二次类似8月17日这般规模的行动。9月6日，他们一共发动了407架轰炸机，这是迄今为止出动轰炸机最多的一次。和8月17日一样，这次行动也是兵分两路，69架"解放者"掠过北海，而主力部队则飞往南边轰炸斯图加特。这是戴姆勒—奔驰公司的所在地，这家公司生产的名目众多，从军用车辆到梅塞施密特Bf109使用的DB601飞机引擎。当他们发现斯图加特被云层遮蔽后，解散了编队，262架轰炸机转而轰炸"临时目标"。

和8月17日一样，事实上，和迄今为止每一次德国境内作战一样，这次德国空军又让第八航空队付出了惨重的损失。一共45架轰炸机被击落，损失率为投弹飞机的17%。

这次行动加上8月17日的损失，让第八航空队的实力遭受了重创——更别提对士气的打击了。

这一天，轰炸机的劲敌正是德国空军的老牌队伍第27战斗机联队第2大

---

[1] 又称飞机云或航迹云。是飞机排放废气里的水蒸气在空中遇冷所凝结的小冰晶。

队,他们8月从地中海回来后就进行重新部署,以备战"帝国保卫战",其基地位于威斯巴登的埃本海姆机场。9月6日,队长威纳·施瑙尔击坠了四架轰炸机,这位王牌飞行员的总击坠数也因此上升到了88架,在他的职业生涯里,一共击坠26架四引擎轰炸机。

这些强调了一个事实,比起在太平洋前线残酷海战中搏击的海军陆战队员,进击德国本土的轰炸机航空兵可能更容易阵亡。

9月6日的行动过后,第八航空队进入了"波因特布朗克行动"中为期三周的停战休整,之后针对北法发起了两次行动——北法在战斗机护航机的航程之内。其中"斯塔基行动"是"联盟轰炸机攻势"长期计划的一部分,而"十字弓行动"只是一次紧急行动。

"斯塔基行动"是针对北法的公路和铁路交通网络发起的一系列进攻,主要目的有:其一,在盟军跨过海峡登陆北法的"霸王行动"之前,第八航空队将要展开类似的袭击,所以这是一次练兵,尽管"霸王行动"直到1944年5月才启动;其二,"斯塔基行动"是在暗示德国人"霸王行动"已经迫在眉睫了。

如果敌人被迷惑而误信了这一消息,他们就会将资源从别处调动到北法地区。这样一来,德国地面部队将被分散,有利于苏联人在对德地面战中取胜。同时,德国空军部队也将从德国本土的防空防御中转移出来,参与对抗"波因特布朗克行动"中第八航空队轰炸机的战斗机也就相应减少了。

"斯塔基行动"开始于8月,持续到9月,第八轰炸机司令部的重型轰炸机和第八航空支援司令部的重型轰炸机联合起来对北法的交通、码头设施、工业目标和德国空军基地展开了广泛的空袭。阿瑟·弗格森写道:"不遗余力地发起了一次火力凶猛的空袭,给敌人制造了一个幻觉,一场大型的两栖突击即将来临。"

"十字弓行动"则是为了应对一个完全意外的威胁。盟军的空中摄影侦察机发现德国人正在北法建设V-1巡航导弹和V-2弹道导弹固定发射基地。他们知道这是用来对付英国的,所以发起"十字弓行动"试图炸毁这些发射基地。8月27日，187架B-17执行了首次任务，目标是位于瓦唐的一处发射堡，因为盟军对于"V武器"的消息仍然是对外保密的，所以该目标的官方说法是"航空设施站"。

对这些发射基地的轰炸被证明是无效的，因为和U型潜艇修藏坞一样，V-1基地外有厚厚的钢筋混凝土作为保护，而大多数的V-2弹道导弹是由无法定位的移动发射装置发射的。事实上，出于某种与"十字弓行动"并不相干的原因，德国人直到十个月以后才开始对英国发射V-1导弹，至于发射第一枚V-2导弹更是一年多以后的事情了。

9月27日和10月2日，第八航空队恢复对德行动，发起两次空袭，各出动246架和339架重型轰炸机。这两次行动并不像8月份那样深入，目标是港口城市埃姆登，这是距离第八航空队英国基地最近的德国目标，而且也正好处在护航战斗机的航程之内。

在这两次行动中，第八航空队第一次在作战中使用H2S机载地面扫描雷达，这是英国人为英国皇家空军的夜间空袭研发的。H2S的雷达显示器上提供了城市和市区的粗糙图像——说粗糙，当然是参照今天的标准而言——这样，投弹手在投弹时就可以看到实际的目标。1943年1月，英国皇家空军第一次在作战中使用H2S系统，该系统被安装在一到两架探路机上，探路机负责在每个轰炸机编队前面领路。

同时，H2S的概念很有可能能解决第八航空队昼间轰炸战中的最大限制因素——天气。当目标被云层遮蔽时——事实上这也常常发生——精确轰炸是不可能实施的，所以轰炸机不得不放弃对主要目标的进攻，转而轰炸临时目标。H2S设备一被投入生产，英国皇家空军就立刻采用了，可第八航空队才刚刚引进几套并安装在轰炸机上。因此装备了H2S装置的"飞行堡垒"成了驻奥尔康伯里基地的第482轰炸机大队的核心武器，而且被指定为"探路机大队"。

在此期间，由于H2S装置的供应有限，美国陆军航空队决定寻求国产的H2S模拟装置的研发。正巧麻省理工学院的"辐射实验室"已经做了大量关于此种技术的研究，他们研发出一套 H2S 装置的升级版，并命名为 H2X，后来美国陆军航空队将此改名为 AN/APS–15。H2X 使用了比 H2S 更短波的频率，因此成像更加清晰。

1943 年 9 月的第三周，"辐射实验室"给十几架"飞行堡垒"安装了 H2X 装置。这些轰炸机返回英国后，加入了第 482 轰炸机大队，该大队的一些轰炸机已经装有 H2S 装置。埃克上将正在策划将装有 H2S 的轰炸机和两架装有 H2X 系统的轰炸机组成一个小分队。

除了在 8 月一架装有 H2S 系统的轰炸机试飞过一次以外，在 9 月 27 日的任务中，轰炸机编队第一次使用探路机。目标选定埃姆登，一部分是因为这是一个港口城市，地面扫描雷达能够显示出海面和陆地之间的鲜明对照。

第 1 轰炸师和第 2 轰炸师的 300 多架"飞行堡垒"参与了此次空袭，两架探路机各带领一个师。通常，编队的投弹手会跟随主投弹手的行动，除了在某种情况下，主投弹手只能从雷达显示器上"见到"他的目标。

10 月 2 日，第八轰炸机司令部对埃姆登发起了又一次进攻，这次行动中，探路机带领着 339 架轰炸机朝着目标进发。

"尽管最初两次雷达轰炸的尝试不尽如人意，但是这让我们对于新技术还是报以谨慎的乐观态度。"阿瑟·弗格森写道，他在关于埃姆登行动的战争调研部报告中总结了"盲目轰炸"行动，"从 H2S 飞机上投弹的四个作战联队中有三个的平均圆误差相当小，只有半英里到一英里间的误差。第四个联队由于瞄准困难，所以造成了两到三英里的粗大误差。而从领路机上依靠照明弹投掷炸弹的轰炸机联队取得的成绩却远没有这般理想。第一次行动中的混乱（在轰炸航路的起点）和第二次行动中将标记目标区的烟雾迅速吹散的疾风，导致平均误差超过了五英里。其中一个领队的作战联队的确对目标造成了较大的破坏……而比轰炸本身更鼓舞人心的是，敌方战斗机必须穿过密布的阴云来进行截击，所以在战争中表现出很大的劣势。所以云上轰炸明显要比可视轰炸更为安全。"

虽然由探路机直接带领的轰炸机编队取得了令人满意的战绩，但事实却证明，一架探路机率领的轰炸机越少，轰炸的模式就越精简也越准确。

人们对于提高航空军备的技术持相当的乐观态度。1943年秋，第八航空队开始引进新式的"解放者"和"飞行堡垒"。这批飞机终于装上了期待已久的动力机鼻炮塔以及一对50口径的机枪，用以对付德国空军截击机难缠而又可怕的"迎头攻击"战术。

第一代B-24C和B-24D"解放者"在1942年和1943年初期服役于美国陆军航空队，在世界各地执行任务，经过改良后的第二代装备了动力机鼻炮塔，于1942年秋来到前线战场。大部分的"解放者"机鼻炮塔是基于机尾炮塔的设计而来的，而机尾炮塔是由爱默生电气公司为"解放者"研发的。

第二代"解放者"轰炸机有三种主要的型号，由于极其相似难以从视觉上进行区分。主要有：由达拉斯的北美航空公司生产的B-24G、伊普西兰蒂的福特公司、沃斯堡的联合航空公司或塔尔萨的道格拉斯航空公司使用福特的组件生产的B-24H，以及一开始由沃斯堡和圣地亚哥的联合航空公司生产，后来由其他生产商制造的B-24J。"解放者"的总产量为18000多架，其中B-24J就占了6678架。

同时，新型的B-17G"飞行堡垒"保留了之前的B-17型号的树脂玻璃机鼻，而且在机鼻之下新增了本迪克斯公司生产的动力"机头"炮塔。B-17G的机鼻还保留了"正脸"机枪，这是生产B-17F时在机鼻的两侧增加的。除了机头炮塔，B-17F和B-17G非常相似，两者都使用了改进后的普惠发动机公司的R1820-97引擎，而且两种机型都属于波音299P。所有的"飞行堡垒"中，70%都是B-17G型号，其中2250架是由美国洛克希德马丁公司生产的，2395架是由道格拉斯公司生产的，4035架由波音公司生产。

1943年8月和9月，B-17G开始抵达英国，被分配给第八航空队，而且第二代"解放者"也在随后几个月来到前线。很多新型的"解放者"被分配给第十五航空队，这一航空队于11月成立于地中海战区。

随着"盲目轰炸"的技术奇迹得以实现，更多更好的飞机涌入东安格利亚的基地，那些曾经创立和预言了昼间战略学说的人变得更加乐观。如果敌人在技术革新上毫无建树，那么很快就会迎来一个决定性的转折点。

然而，1943年的德国在技术上也并不是那么墨守成规，虽然他们在雷达技术的发展上步伐较慢，但他们当时拥有越发高效的雷达预警系统，能够追踪入侵的第八航空队和英国皇家空军的轰炸机。德国空军还从一架被击坠的轰炸机上获得了英国的H2S装置，他们正在研究如何通过雷达的导航引导截击机去进攻盟军的探路机。

盟军轰炸机的装备越来越先进，与此同时，德国空军也在通过改进他们自己的其他武器和战术步步紧追盟军。

如果说第八航空队的扩编强兵是1943年秋乐观主义的源头，那么在得知纳粹空军仍然控制着德国的领空，而机鼻炮塔也无济于事时，这种情绪降温了许多。德国的截击机飞行员们一直是驰骋在第三帝国中心的空中王者，一直到美国的战斗机飞行员以挑衅的姿态出现在同一片天空时，直到P-51"野马"的到来，在此之前没有任何美国战斗机的飞行员可以驰骋于德国领空。

第十一章　黑色一周

8月1日，德国空军制造了"黑色星期天"，8月17日也被抹上了同样的阴影。

不管第八航空队如何部署策划，只要轰炸机继续在没有战斗机护航的条件下深入第三帝国，这样的日子就还会持续。关于这一点，伊拉·埃克知道，弗雷德·安德森知道，迪克·休斯也知道，这也是为什么他一直为"让年轻士兵去送死"而内心饱受折磨。

然而，到底是中止"联盟轰炸机攻势"，还是只是轻取一些法国的目标，第八航空队其实别无选择。"霸王行动"迫在眉睫，在诺曼底登陆之前这些障碍都必须要扫清。如果"联盟轰炸机攻势"和"波因特布朗克行动"失败的话，或者说如果这些行动的策划者就此放弃认输的话，那么成千上万的年轻士兵将在"霸王行动"中丧命。如果"霸王行动"失败了，所有这些生命就白白牺牲了，而且要再次等到英吉利海峡的气候和海洋条件适宜，以及盟军从失败的"霸王行动"中重整旗鼓，下一次尝试将要推迟到1945年了。

所以除了继续前进别无选择。

在通往"大礼拜"和"霸王行动"的道路上，还会有许多个像"黑色星期天"这样的日子。从10月8日开始，将有整整一周被称为"黑色一周"。在战争规划书上,这一周是"大礼拜"的小型试验。换句话说,按计划,这周将展开一系列持续的大规模行动。

距离上次出动300架飞机的里程碑式的空袭并没有多久,据计划,这次将展开一系列连续的进攻,甚至将出动超过300架飞机。一般来说,一个航空队在执行完这样一次大型任务后将会暂时退出作战,可到了10月,第八航空队又补充了足够的兵力得以继续作战——尽管之前损失巨大。而"损失"这个词组包含了接下来这一周最为黑暗的含义。

周五,也就是10月8日,第八航空队破纪录地出动了将近400架重型轰炸机,从东安格利亚起飞。还是熟悉的目标,福克-沃尔夫工厂、不莱梅港的船坞以及位于不莱梅北郊弗格萨克的不莱梅·沃尔肯造船厂。在起飞的飞机中,有357架成功抵达并轰炸了他们的预定目标。

德国空军和地面高射炮监视到轰炸机正在靠近,虽然并不是那么清晰。正如"美国佬"从英国人那里借用了H2S雷达轰炸技术,他们也偷学了干扰雷达的技术,英国人称之为"窗口",而今天我们称之为"金属箔条"。1943年,第八航空队第一次使用这一技术,并称之为"地毯"。

这个概念非常出色,而且很简单。因为金属箔条能反射光,也能反射雷达,制造虚假回波。自1937年以来,英国皇家空军就开始研究这一概念,但是直到1943年夏才将此应用于战争中,他们担心德国人先用这一招来对付自己。到此时为止,英国的防空雷达已经有了很大的改进,使用"窗口"的积极效果已经超过了其潜在的负面作用。

"窗口"是由金属涂层的纸板制成的,在夜间能成功地骗过德国空军,因为夜间战斗机依靠雷达来定位轰炸机。而第八航空队的"地毯"是由窄条的铝箔建造而成的,虽然无法在德国截击机发现它们时发挥作用,但是地面的高射炮却因此很难瞄准它们。

然而,在主要目标的周围,比如不莱梅港,高射炮的分布量大而且集中,88毫米炮弹爆炸后产生的肮脏的黑色浓烟能布满整个天空,巧合的是,轰炸机上的航空兵们也将浓烟比喻成一张厚得可以行走其上的"地毯"。

10月8日，高射炮让第八航空队损失惨重，尽管主力部队第3轰炸师的两个轰炸机大队都使用了"地毯"。那天一共有30架轰炸机被击落，26架在遭到重创后艰难地返回了英国，很多不得不报废，这两个数字占了抵达目标的轰炸机的16%。即使新型的飞机正从美国的民主兵工厂大批涌入东安格利亚基地，但各级指挥官和规划者，从埃克到安德森、休斯等，都在担忧这样的损失还要持续多久。

高射炮夺走了部分年轻美国士兵的生命，但德国空军也是元凶之一，不过年轻的美国机枪手们也让第三帝国的防卫者付出了代价，他们声称击坠了167架德国战斗机，这倒是提振了低迷的士气，尽管大家都知道这个数据是层层虚报得来的。战后有人翻阅了德国空军自己的记录，据载，10月8日，"敌人的行动"让德国一共损失33架战斗机，15架遭到破坏。不过这仍然证明了年轻的美国航空兵们都是精准的射手，他们穿过拥挤的天空，以每小时200英里的速度追击敌机，最多只需几秒就能瞄准目标。

第二天，又是一场大规模的行动，第八航空队将进击有史以来最远距离的目标。这天是星期六——尽管星期五损失巨大——378架轰炸机起飞，往东开进，其中一些甚至飞行了780英里的单程直线距离，而在雷根斯堡行动中，这个数据还只达到570英里。任务分为两个，一是"波因特布朗克行动"中规定的对德国飞机制造业的打击，二是继续轰炸U型潜艇修藏坞。

航空队掠过北海，越过丹麦狭长的颈部，在波罗的海上空分为三组队伍，第一组的106架轰炸机飞往位于波罗的海海岸安克拉姆的阿拉多飞机制造厂，这家工厂主要为福克-沃尔夫Fw190生产组件。

其余的队伍继续往东飞行了200英里。之后，其中96架轰炸机飞往东普鲁士（现在为波兰的马尔堡），这里距离英国将近800英里，福克-沃尔夫公司在这里建立了一个装配厂，他们设想这里应该处在盟军的"联盟轰炸机攻势"的火力之外，因此是相当安全的。

同时，另外150架轰炸机则飞往汉堡以东，这里有德国最大的港口和造船厂。和马尔堡的飞机制造厂商一样，但泽的造船厂商也以为他们距离英国将近800英里,应该比在汉堡或不莱梅的同胞们安全得多。

1980年,但泽——用丹麦语说是"格但斯克"——的造船厂是波兰团结工会运动的发源地,这一运动加速了共产主义统治的终结。但是在1943年,这个造船厂还隶属于第三帝国,它为德国海军生产U型潜艇。这一天,第八航空队对但泽造船厂及其北部十几英里以外的格丁尼亚的造船厂发起进攻。

由于路途遥远,第八战斗机司令部自然无法为任何一支队伍一路护航,不过这个距离也麻痹了德国的防御者,他们之前从没有在这些城市上空见到过美国陆军航空队的轰炸机。虽然进攻安克拉姆的那组队伍损失了18架轰炸机,但他们给了远东的防御者们一个措手不及。在安克拉姆的空袭中,由于德国的Bf109和Fw190截击机使用了空对空的火箭炮,美国轰炸机的折损率为17%,相比之下,在但泽和马尔堡的行动中,折损率却只有4%。

德国空军倾巢而出,不过这里的防御兵力远比不上远西,他们还是遭受了很大的损失。根据德国人自己的记录,他们有14架战斗机被毁,9架受损。

除了第2轰炸师在但泽和格丁尼亚的表现不佳以外,整个行动还是取得了非凡的战绩。考虑到可能出现的意外因素,轰炸机选择在10000到14000英尺之间的高度飞行,这要低于在防御更森严的目标区的飞行高度,因此极大地提高了轰炸的精确度。他们几乎击中了安克拉姆工厂的每一栋建筑,在但泽和格丁尼亚,轰炸机也给造船厂造成了严重的破坏。

"在马尔堡的轰炸行动最为精彩,"阿瑟·弗格森写道,"在那里,福克-沃尔夫的工厂几乎完全被毁,高爆炸弹和燃烧弹投掷的准确度达到了前所未有的地步。"

迪克·休斯和其他人研究后来的摄影侦察影像,他们见到投掷到马尔堡的598个500磅的普通航空炸弹中,有286个击中了工厂大楼,其中35个直接命中。到了7月,轰炸机上12.7%的炸弹是在距离瞄准点1000英尺的上空投掷的,36.7%投掷于2000英尺的上空。10月,两者的精确度分别上升到了27.2%和53.8%。

在写给亨利·斯廷森的助理战争部部长(后来的国防部部长)罗伯

特·A.洛维特的信中,埃克称马尔堡和安克拉姆是"精确轰炸的经典范例"。

在阿瑟·弗格森本人对第八航空队的作战分析中,他将这些进步归因于他们丰富的经验和扎实的训练,当然也提到了战术的改变。弗格森引用了第八航空队的月度报告,他注意到在早期的实践中,在目标上空,后面的编队只能追随领航编队的行动,这导致后方编队的精确度迅速下降。他还注意到将这一战术改变后,第三、第四编队的精确度分别提高了58%和105%,而且"更后面的编队甚至提高到了178%。取得这样的进步是因为,在接近目标时,轰炸编队谨慎地分散开来了,这比任何调整都更能提高平均精确度"。

当然,在10月9日的行动中,在没有德国空军挡道的情况下,精确度更是极大地提高了。

确实,那也是那一周唯一的一天,人们发现空中除了云朵中的黑色里衬以外,别无他物。

第三天,"大行动"出动的轰炸机较前两天要少,一共236架抵达了目标,即德国明斯特市内及四周的铁路和高速公路的交叉道。与但泽和马尔堡截然不同的是,明斯特是鲁尔工业区的中心,也是"欧洲堡垒"防御最为森严的一个目标。

的确,德国的战斗机纷纷出动,在鲁尔工业区上空尤其如此,德国空军倾尽全力迎击第八航空队,出动了快速的单引擎Bf109和Fw190战斗机,以及更大型的双引擎飞机,如Bf110和Me210夜间战斗机,和Ju88轻型轰炸机,后者可以在夜间兼作发射火箭炮的战斗机之用。德国空军甚至还出动了道尼尔Do217轰炸机,能在第八航空队机枪手的射程以外将火箭炮发射至轰炸机编队。

虽然第八航空队的机枪手们号称击坠了183架德国飞机,但据德国空军自己的损失记录记载,他们仅有22架飞机被毁,5架受损,这个数据似乎更加可信。

轰炸机队伍在轰炸航路的起点就遭遇了德国空军,从起点到进入目标区域,一直到撤出和返回,德国空军一路尾随追击。阿瑟·弗格森在官方历史中写道，战斗机"一直在轰炸机的射程以外与之并列飞行，20到30架为一组，成梯队飞行，然后解散开来，成单或成双，紧接着对编队中飞得最低的轰炸机发起进攻"。

那天领航的第100轰炸机大队最先感受到德国空军的怒火。德国人深谙第八航空队的传统战术，后面的轰炸机编队会追随领航编队"投弹"，所以德国截击机通常会狠击领航编队，将其踢出航路。第100轰炸机大队参与了星期六和星期天的两次行动，这天，他们出动了自有的18架驻索普·阿博特斯基地的"飞行堡垒"，还从第390轰炸机大队"借来了"两架以凑足整20架。其中6架飞机因为在北海上空出现机械故障而取消了行动，那天到达轰炸航路起点的只有13架不幸的飞机。

然后就开始了"地狱七分钟"。先是领航机被击中，航空油燃成一片大火将其吞灭，飞机开始下坠。后来在"第100个老兵"的网站上保存的文件中，据"帕萨迪纳妮娜号"的飞行员杰克·贾斯蒂斯中尉回忆道："按照程序，领航机本来应该是带领整个编队的，但是，领航中队的五架飞机全部跟着它往下坠落，这样就只剩下我们中队的三架飞机和上层中队的三架飞机了。德国人迅速向我们扑来，将余下的编队打得四分五裂，我们发现自己完全陷入了孤立无援的地步。"

贾斯蒂斯加入了另外一个编队，但被试图袭击该编队领航机的德国战斗机击中，于是他将"帕萨迪纳妮娜号"上的四号引擎拆掉，飞机陷入快速旋转，从20000英尺坠降到5000英尺。这时贾斯蒂斯和副驾驶员约翰·希尔兹才终于成功地控制住了飞机，机上大部分人迅速弃机，而他们两人决定驾驶着它飞回英国。

然而，另一架德国截击机追击过来，他们也决定跳伞。希尔兹没能成功，只有贾斯蒂斯死里逃生。着陆以后，贾斯蒂斯逃过了被俘的厄运，步行到了荷兰，在这里他幸运地遇到了荷兰的抵抗组织。后来他经过法国到了比利牛斯山，又穿越西班牙来到直布罗陀，最后来到了英国的圣诞晚宴上，这就是他神奇的逃生故事，而这个故事现在登在了第100轰炸机大队老兵的网站上：100thbg.com。

不过大部分第100轰炸机大队的航空兵却没有这么幸运。其中一架名为"同花顺"的飞机，由简称为"罗西"的罗伯特·罗森塔尔中尉驾驶，等它颤颤巍巍地飞回英国时，只剩下两个引擎了，还有两人受了重伤。除了杰克·贾斯蒂斯以外，其他从坠毁于欧洲大陆的飞机上幸存下来的航空兵最后都成了战俘。从8月17日的雷根斯堡行动以前直到现在，第100轰炸机大队折损不断，因此得了一个"血色一百"的绰号。

第100轰炸机大队所在的第3轰炸师拥有119架飞机，一共损失了29架。然而，那天一路追随他们到达明斯特的第1轰炸师，一共117架轰炸机，仅仅损失了1架，因为德国空军的战术是集中火力打击领航编队或掉队的轰炸机。

连续三天的高强度作战过后，第八航空队的确进入了暂停休整，不过到了星期四，他们再次出击，目标再次瞄准施韦因富特的轴承工业，这是规划者们期待已久的。

与迪克·休斯和"敌方目标小组"一样，德国的军备部长斯佩尔很早就认识到了轴承工业作为"瓶颈工业"的危险本质。如前所述，对于盟军没能在8月17日的空袭之后迅速回到施韦因富特，他既庆幸又困惑。

"早在1942年9月20日，我就警告过希特勒，腓德烈斯哈芬生产的坦克和施韦因富特生产的滚珠轴承设备对我们的整个战争都至关重要，"斯佩尔回忆道，"于是希特勒下令加强对这两个城市的防空保护。实际上，我很早就认识到，如果敌方的飞机不是进行漫无边际却毫无目标的区域轰炸，而是集中轰炸我们的军备生产中心，战争早在1943年就大局已定。"

历史学家翻阅了德国的史料文件，凭着事后聪明，也加入了斯佩尔的立场，指责第八航空队没有很快回到施韦因富特完成后续轰炸任务。斯佩尔继续回忆道："我们焦虑地问自己，敌人多久会意识到他们只需要毁掉五到六个相对较小的目标就可以让成千上万家军备生产厂陷入瘫痪？"

多久呢？答案是两个月。

然而，只需看看10月10日"血色一百"的命运，就知道要如此深入防御愈加森严的第三帝国工业中心有多么艰难。似乎轰炸机每深入一英里，危险就会成指数方式增长。每深入飞行一英里，都让他们更加远离战斗机的护航，也就更有可能遭到德国国防的侦察和追踪，以及受到德国空军的攻击。

10月14日，第八航空队策划了又一次"大行动"，他们认为——也希望——这样大规模的进攻本身就是一种自我保护。

8月17日的计划是对雷根斯堡和施韦因富特同时发起进攻，而10月14日的计划是，召集两个轰炸师，仅对施韦因富特一个目标发起两次连环平行进攻。在8月的行动中，两个分队前后间隔数小时才抵达目标，所以在10月份就是尽最大的努力不再重蹈这一覆辙。

星期四早上，351架轰炸机从英国起飞，第1轰炸师和第3轰炸师各贡献了149架和142架"飞行堡垒"，而第2轰炸师出动了60架"解放者"。在"飞行堡垒"并列发起进攻后，"解放者"将从南部包抄，给以致命一击。

每个师都配备有一个P-47"雷霆"大队。在通往目标的航路上，护航机大队将护送轰炸机至最远距离，然后着陆补给燃料，在返程时继续护航。拥有更远航程的洛克希德P-38"闪电"被分配到第55战斗机大队，此时正抵达英国，然而，不幸的是，它们还不能参与作战。这也是那天频频出错的开端。

和第一次施韦因富特行动一样，恶劣天气是对完美计划的最大诅咒。当"飞行堡垒"历尽艰难，借助雷达穿过厚厚的云层，终于组成了合理的编队时，"解放者"却没能做到。当29架"解放者"终于组好编队时，又因为数量太少，无法深入目标区，所以他们转而进攻埃姆登港以牵制敌机火力。

而"飞行堡垒"几乎还是按照原定计划往南飞行，至少两个轰炸师前后抵达目标的时间没有相差五个小时，没有重蹈八月份那个完美计划中出现的失误。果不出所料，当轰炸机的"小伙伴"P-47折回德国的亚琛后，德国空军出动了，还是熟悉的战术，领航的和落单的轰炸机还是首当其冲。

"他们就像熟练的僵尸鸭猎手，对着领头的开火，"阿瑟·弗格森生动地解释，"他们知道轰炸机的炮火一般是从领航机开始蔓延的。"

和明斯特的行动一样，德国人发起了波浪似的进攻，动用了一切可想象的武器，包括火箭炮和空对空炸弹。事实证明，火箭炮和高射炮往往最能分裂编队，进而影响轰炸的精确度——制造落单的轰炸机，这些落单者很容易成为德国空军单引擎战斗机的囊中之物。为第1轰炸师领航的第40战斗联队，一共49架飞机，在到达轰炸航路的起点之前，就损失了7架。

"那天，德国战斗机的大部分战术并非首次使用，"弗格森观察道，"但是敌人从没有如此充分并巧妙地协调使用过这些战术。的确，对方的反攻计划如此周密，难免让人怀疑德国战斗机的控制中心是否提前收到过预警，早已知晓此次任务的时间和目标。"

的确，埃克上将本人在五天后写给哈普·阿诺德的纪要中也表达过同样的疑虑。可就算是真的，这也从未得到过最后的证实。

第1轰炸师接近目标时，已经遭受重创。

"我们正在接近起始点，从这个点开始，我们踏上了轰炸航路，直逼目标，"第384轰炸机大队的指挥官巴德·帕斯利上校观察道，"施韦因富特，我们来了！转弯时，我匆匆地看了一眼我们的编队，我们只剩下8架飞机，而另外一个大队只剩6架，一共只有14架飞机了，但还有这么长的路要走！我呼叫了他们的领队机机长，叫他逐步靠近我，并听从我的指挥，'开始轰炸。'他没有回复，但当我们开始进入瞄准的航路时，他的编队开始向我们靠近。战斗机猜透了我们的意图，像老虎一样扑过来……在轰炸航路开始时，我们正好飞在领航编队的后面。他们秩序井然，可一个由21架飞机组成的编队居然只剩下两架了！这个编队被毁了，看着那两个家伙还在艰难地爬行，仿佛还是一支完整的队伍，真是可怜极了。"

下午2：39，第1轰炸师开始对施韦因富特投弹，6分钟后，敌方的高射炮进行反击。轰炸机从高射炮的地狱风暴中穿过，期间云层一度散开，能见度正适合精确轰炸。甚至是已经受创的第40战斗联队的投弹手们也能排好他们的诺登投弹瞄准器，瞄准既定目标，在距离瞄准点1000英尺的高度投下了过半的炸弹。

在一架由乔治·哈里斯少校指挥的名为"战车"的"飞行堡垒"上，投弹手詹姆斯·麦克拉纳汉上尉注意到，"目标上空的能见度非常好。我见到我们的炸弹击中了目标，将其炸得落花流水。炸弹爆炸后，先看到浓烟滚滚，然后才听到一声巨大的爆炸，突然中心地带火光四溅。甚至今天这个遗迹还在"。

6分钟后，也就是下午的2：51，第2轰炸师也出发了，2：57抵达。目标上空飘浮着少量的云，而且之前的轰炸后升起的烟柱也给投弹手造成了几分阻碍。这样，第八航空队对施韦因富特滚珠轴承厂的第二次空袭从一开始到结束一共才持续了18分钟，到下午3点时，幸存的轰炸机已经在返回东安格利亚的路上了。

这是一次可怕的返程。

几小时前无情地重创他们的战斗机已经补给了燃料，准备再次出击。一开始上场的是常见的Bf109和Fw190，然后，双引擎战斗机潮涌而来，他们的火箭炮用完之后，开始使出大口径的大炮。

那些受损的轰炸机掉队后，成了他们的活靶子，惨遭灭顶。

经过这漫长的一天，幸存的"飞行堡垒"终于跌跌撞撞地回到了东安格利亚，损失之大，显而易见。那天早上，第305轰炸机大队的16架轰炸机从彻维斯顿起飞，中途1架夭折，12架在到达施韦因富特之前被击坠，只有两架飞机在执行完任务后成功返回彻维斯顿。在那天早上起飞的291架"飞行堡垒"中，60架没能返回，17架遭受重创，不得不报废，121架被严重损坏，虽然可以修复，但在一段时间内都无法再活跃在前线了。

虽然机枪手们声称击坠了186架德国战斗机，但实际的数字是，38架被击落，20架受损。

对于阿道夫·希特勒而言，美国人所遭受的这些可怕重创还远远不够。那晚，斯佩尔和他一起待在"狼穴"，这是他们位于东普鲁士拉斯登堡附近的前线总部。这时，他接到消息。

"帝国元帅着急要和您说话，"希特勒的副官走进来，告诉他说赫尔曼·戈林来电话了，"这次他有好消息。"

据斯佩尔说："希特勒接完电话回来时，心情很不错。他说我们在新一轮的施韦因富特昼间空袭防御战中取得了巨大的胜利，被击坠的美国轰炸机残骸散落各个乡野。"

斯佩尔并没有像希特勒那般得意，他对施韦因富特可能遭到的破坏表现出一定的担心，他打算去一通电话。

"所有的通讯都被毁了，"斯佩尔写道，"我无法接通工厂的电话。最后，通过联系警察，我终于能和滚珠轴承工厂的领班通上话了。他告诉我所有的工厂都遭到了严重的袭击，轴承的油浴让机械车间燃起了熊熊大火，这次的破坏比第一次还严重许多，我们损失了67%的滚珠轴承……我们的存货也用完了，而从瑞典和瑞士进口滚珠轴承的洽谈也进展缓慢。不过，我们尽可能用滑动轴承代替滚珠轴承，以免造成彻底的灾难。但真正拯救我们的是，从这以后，敌人出乎意料地再次停止了对滚珠轴承工业的袭击。"

确实，那天的施韦因富特遭受了严重的破坏。

"现在，全部的车间都无法运行了，"弗雷德·安德森在看过炸后的摄影侦察影像后兴奋地汇报说，"也许德国人最终能修复2.5%的正常生产力，但那也需要一定的时间。在工厂重新运行之前，需要做大量的清理、修复和重建工作。大火肆虐了整整三个厂区，不仅是工厂、商店，还有调度大楼全部燃烧殆尽。"

战后，在一份名为《德国耐摩擦轴承工业》的美国战略轰炸调查报告中，这样写道："在所有的目标区域……在三个大型轴承厂区及其周围，高密度的炸弹倾泻而下。在1122个高爆炸弹中，有143个坠落在厂区，其中88个直接命中工厂大楼……从战略上说，这是对施韦因富特工厂的16次空袭中最为重要的一次。它对生产造成了最为严重的破坏和干扰，直接导致了轴承工业的整顿重组。8月17日的旧伤未愈，10月14日的空袭又至，这给德国的工业规划者们敲响了警钟，也证明了盟军的观察者们在那年秋天的乐观估计是合理的。"

战略轰炸调查还援引了斯佩尔在一次战后的任务报告中提到的话：空袭接踵而至，滚珠轴承工业严重受创。确实，在11月18日英国国家安全部的一份纪要中也写道，施韦因富特的轴承厂"已经准备好敌方立刻再次来袭"。

"再次来袭"并没有"立刻"发生，10月、11月，甚至是"大礼拜"以前，都没有动静。

的确，斯佩尔既恐惧又期待的"再次来袭"被推迟了，因为盟军看上去已经获胜了。在华盛顿，阿诺德上将骄傲地告诉媒体，"现在我们已经拿下了施韦因富特"，但他只对了一半，只看到了乐观的一面。不过站在阿诺德的立场来想，他对媒体发表这番言论是出于要抚慰大后方对于第八航空队在前线伤亡的深切忧虑——尤其是在施韦因富特。

在一封写给战争部长斯廷森的纪要中，阿诺德甚至夸大了摄影侦察仪所拍摄到的证据，他写道："施韦因富特的五个工厂完全或几乎完全被摧毁了，我们的进攻是战争史上针对一个目标进行精确轰炸的完美典范。如果可以的话，这样的进攻在很长一段时间都无需再重来一遍。"

他的论断与事实相差甚远，却为阿尔伯特·斯佩尔争取了宝贵的时间。

斯佩尔在他自己的回忆录中写道："1946年6月，英国皇家空军总参谋部的人员问我，如果盟军齐心协力进攻滚珠轴承工业，结果会怎样？我回答说，在两个月后，德国的军备生产将会大大减产，四个月后，将会彻底停滞。

"当然，这就意味着：一、我们所有的轴承工厂（施韦因富特、斯泰尔、埃尔克内尔、康斯坦特、法国和意大利）同时遭到袭击；二、盟军每两周要重复发起三到四次进攻，不管目标区的状况如何；三、工厂被摧毁后，每两个月发起一次后续进攻来破坏重建工作。"

讽刺的是，当弗雷德·安德森、哈普·阿诺德和其他人为他们所观察到的、所误解的对施韦因富特的破坏相互庆贺时，德国轴承工业开始了"整顿重组"——也就是说，从施韦因富特分散开来。这样一来，虽然生产效率降低了，却避免了被彻底摧毁。

"在施韦因富特（在8月）遭到首次袭击后的两月里，我们没能做出任何调整，"斯佩尔谈到了厂区分散化，"在各方面都遇到了阻力，地方长官不想在自己管辖的区域内建立新的工厂，害怕小镇宁静和平的生活被打扰。"

斯佩尔继续说，在10月14日第二次大空袭之后，"我们再次决定分散化。一些设备将要被分散到周围的村庄，其他的则转移到目前还算安全的东德小镇"。

军备部办公室10月18日的官方日志透露："（斯佩尔）部长对之前所采取的措施表达了强烈的不满，并声称事态紧急，其他一切顾虑都必须搁置一旁。之前的严重后果，加上部长对于潜在危险的解析，让所有人都心有余悸，大家纷纷表示乐意提供一切协作，甚至邻近区域的地方长官也愿意接受新厂区的入驻，虽然这并不受欢迎，因为这意味着战争将从施韦因富特转移到他们的地盘。"

施韦因富特空袭过后，相较于空袭的结果，第八航空队更关心自己的损失。很多分析报告都写道，如果第八航空队持续遭受这种程度的损失，他们很快就会出局了。

10月14日被称为"黑色星期四"，理由是非常充分的。包括被击坠或报废的"飞行堡垒"在内，第八航空队抵达目标的飞机折损了26%或28%，这个数据令人惊愕。同时，将近有600名航空兵牺牲，50多人跳伞后被俘。施韦因富特之战是第八航空队迄今为止遭受损失最为严重的战役。

弗格森这样描述"黑色一周"："第八航空队已经没有实力深入进击施韦因富特或德国境内的任何目标了。施韦因富特空袭太过惨烈，其损失达到了这一周的峰值。在六天的时间里，第八航空队损失了148架轰炸机，包括机上的航空兵，主要是由于在没有护航机的情况下，他们曾四次尝试突破德国的战斗机防御。"

沃尔特·罗斯托曾在7月修改了休斯呈给战争部长的计划，他高度赞扬了弗雷德·安德森的英雄主义精神，安德森在胜算不大的几率下，面对来自高层的指责，还是坚持实施"波因特布朗克行动"。他表扬安德森"勇敢地主动进击飞机制造业，然后集中火力攻打中德地区，而且是在远程战斗机无法保护轰炸机的情况下进行的"。

马丁·凯丁在他的著作中这样描述那一天："在美国军人的历史上，黑色星期四的那场战争值得尊敬，它将被永远铭记，就像不朽的葛底斯堡之役、圣米耶勒战役、阿尔贡战役、中途岛海战、坦克大决战和猪排山之战一样。二战期间，成千上万的航空兵在空中展开殊死大战。从中国到阿留申群岛，从澳大利亚经过菲律宾横跨西南太平洋，掠过中太平洋，在非洲和地中海，以及广袤的欧洲大陆，美国的飞行员与德国人、日本人和意大利人展开决战。在所有这些战争中，有一场战争脱颖而出，承载了前所未有的愤怒，遭受了史无前例的损失，也展现了空前的勇气。这就是黑色星期四之战……记忆中，这是一场值得骄傲的空战，因为战士们在面对血腥的杀戮时继续坚持作战，这要求极大的勇气和技术。"

因为这场血腥之战是轰炸机队伍的切肤之痛——更别提幸存的航空兵的士气了——第八航空队暂时将不会进行任何深入的空袭了。直到引进新的设备和人员，整个航空队完成重建，这时已经是12月了，而冬季天气恶劣，无法作战。在没有战斗机护航的情况下，第八航空队基本上无力完成像施韦因富特空袭这样的任务。

"在对德国的连续空袭中，由于没有战斗机护航，第八航空队遭受了严重的伤亡，我们相信他们无法再承受这样的损失，否则这支航空队将不复存在，"迪克·休斯明显哀叹道，"我们大大减少了无战斗机掩护的作战任务，而且在尽力尽快引进远程的 P-51 和 P-47。这是一次非常英勇的尝试，但是太多太多人付出了他们的生命，这也证明了在战前航空兵团关于'飞行堡垒'在面对敌方战斗机时可无需协助自我防御的理论是错误的。"

第十二章　抓住转机

到"黑色星期四"为止，距离《波因特布朗克训令》的发布已经四个月了，可遗憾的是，阻止德国空军或破坏单引擎飞机生产的行动均无太大进展——德国空军在欧洲大陆仍然保持着空中优势。

8月17日，讽刺的是，这正是第一次施韦因富特空袭的日子，"英美联合参谋部"在魁北克召开"四分仪会议"，这是温斯顿·丘吉尔和富兰克林·罗斯福参加的第四次战时高层会议。会上，有人对"联盟轰炸机攻势"以及"波因特布朗克行动"的缓慢进展表示了抱怨和担心。两个月以后，经历了"黑色星期四"和其他多次代价高昂的行动后，当有人表示出同样的担忧时，第八航空队却还是怀抱同样的乐观预判——虽然此时的战局还是同样难辨胜负。

10月14日，同样讽刺的是，这正是第二次施韦因富特大溃败的那一天，哈普·阿诺德给伊拉·埃克发送了一封电报，声称据他手下的分析家的意见，德国空军已经处在崩溃的前夕了。第二天，埃克回了电报，文中对他上司表示了赞同，他告诉阿诺德"毫无疑问，我们现在正紧咬着德国空军的脖子"，野蛮的德国空军在施韦因富特的反击，实际上只是"一头猛兽在做垂死挣扎"。

反省过后，第八航空队检查了"黑色星期四"造成的损失。10月21日，埃克再次给阿诺德写信，纠正道：事实上，这样的乐观主义是没有理由的，这头猛兽并没有濒死，甚至离死还远着呢。

阿诺德之前在媒体面前已经大放厥词一番，不过他也进行了反思。在他的回忆录中，他直言"黑色星期四"是"战争开始以来从未有过的野蛮空战。我们的损失达到了空前的最高纪录，但德国空军也是如此，我们的轰炸机并没有从目标区被逼退，我们能继续下去吗？伦敦的报纸以社论的形式提出了这一问题。到今天为止，我也无法确定我们是否可以做到。没有人可以确定。当时，我们不断补给飞机和航空兵，为了将折损率维持在25%，我原打算直面这一问题，但明显还有其他因素作祟，10月中，德国东南部的天气变得多雾，余下这一年的大部分时间皆是如此，这个问题也因此永远无解了"。

卡萨布兰卡会议后的将近一年里，赢得欧洲大陆的制空权始终都是横跨英吉利海峡登陆欧洲的先导前提。然而，在那一年里，德国空军非但没有被削弱，反而变得更加兵强马壮了。

夏天，盟军的分析师准确地判断出，参与"帝国保卫战"的德国空军战斗机超过了500架，到10月，达到了700多架。这要归因于德国军备生产的扩大，以及东线和地中海战场的重新部署。夏天，德国战斗机总数的30%都在本土作战，到10月，这个比例上升到56%，不过盟军的规划者们高估了这个数据，以为是65%。

德国空军变得越发强大，而且比盟军想象的更加迅速。

的确，德国空军部曾于1942年12月和1943年10月两次下令扩大单引擎战斗机的生产。分析者们猜测，1943年上半叶，其月平均产量达到了595架，而下半年更是增加到了645架。然而，战后的《战略轰炸调查》显示，前者的真实数据是753架，然后增加到了851架。

"到1943年10月中期，昼间轰炸陷入了危机，"阿瑟·弗格森承认这一点，这倒呼应了迪克·休斯之前表达过的悲观主义思想，"损失不断扩大，让人警醒，而胜败尚无定论。因此我们必须要反思。到10月，按计划，'联

左：卡尔·安德鲁·"图伊"·史帕兹上将于1942年出任第八航空队首任司令官，到1944年2月"大礼拜"之时，他领导着整个美国驻欧战略航空队。后来，他担任美国空军的参谋长。

右：弗雷德里克·路易斯·安德森上将可以说是"大礼拜"行动中最具影响力的策划者和执行者。1943年，他被任命为第八轰炸机司令部总司令，到"大礼拜"空袭时，他一直担任美国驻欧战略航空队副司令。

1942年12月，伊拉·克拉伦斯·埃克上将接管第八航空队，作战伊始，他担任司令官，指挥了包括第一次深入德国腹地在内的作战任务。

上：1944年，飞行于德国上空的第八航空队第91轰炸机大队的波音B-17G"飞行堡垒"。

中：1944年8月1日，联合飞机公司生产的B-24"解放者"在"浪潮行动"中对罗马尼亚普洛耶什蒂炼油厂发起空袭，第三帝国所需的精炼油大多来源于该厂。

右：1944年1月，也就是"大礼拜"前夕，第八航空队第91轰炸机大队的波音"飞行堡垒"从德国基尔上空执行完任务返航，正飞跃海岸线。

被简称为"阿奇"的阿奇·博尔德·马蒂斯上士是"飞行堡垒"上的一名年轻机枪手，他来自宾夕法尼亚州芬利维尔小镇上的煤矿区，隶属于第八航空队第351轰炸机大队，在"大礼拜"的第一天，他为拯救同机组的战友而英勇牺牲，因此获得荣誉勋章。

威廉·罗伯特·"比尔"·劳利中尉是第八航空队第305轰炸机大队的一名驾驶员，在"大礼拜"第一天，他驾驶着一架名为"空中小屋"的"飞行堡垒"从莱比锡战场返回，虽然飞机遭受重创，他仍然将其成功驶回，因此获得荣誉勋章。

"大礼拜"空袭两位关键的作战指挥官：第八航空队的司令吉米·杜立特上将和第3轰炸师司令柯蒂斯·勒迈上将。

第八航空队第3轰炸师第452轰炸机大队的一架B-17G"飞行堡垒"打开炸弹舱朝第三帝国投放炸弹。

1944年初，第八航空队第2轰炸师第93轰炸机大队驾驶着联合飞机公司生产的B-24J"解放者"飞行在德国上空。

任何一次可以让你安全步离机舱的着陆都是一次成功的着陆。1944年2月20日，也就是"大礼拜"第一天，第八航空队第401轰炸机大队的这架B-17G"飞行堡垒"在完成对位于莱比锡的艾拉梅塞施密特工厂的轰炸后返回，很可能在位于迪恩索普的基地迫降。

一架B-24"解放者"上的机腰枪手们正在操作他们的50口径的机枪,等候德国空军来袭。

一架B-17"飞行堡垒"上的两名机腰枪手都注意到了天空中出现的可疑斑点。图中可以很清楚地看到,枪手们穿着厚重的羊皮衬里的皮质飞行服。

一架来自第十五航空队的B-24J"解放者"正在飞跃阿尔卑斯山,这些高山为从意大利基地起飞前往第三帝国的轰炸机机组制造了挑战。

1944年2月24日,也就是"大礼拜"的倒数第二天,第八航空队第324轰炸机中队的"飞行堡垒"从施韦因富特返航,发动机留下了很粗的凝结尾。右中部的那架"飞行堡垒"正是依据流行歌曲《随身配枪的妈妈》而命名的几架轰炸机中的一架。

上：1944年2月25日，也就是"大礼拜"最后一天，第八航空队第452轰炸机大队的B-17"飞行堡垒"开始了返回英国的漫长旅程，他们下方的目标位于大雪覆盖的雷根斯堡，轰炸过后正在燃烧。

左：第十五航空队的炸弹坠落在雷根斯堡，这里是梅塞施密特Bf109战斗机的最大制造基地。

盟轰炸机攻势'进入了第二阶段末期,对于所有作战负责人来说,最关心的就是是否达标,而检查美国昼间轰炸部队的成绩尤其重要,因为对此还是存在一些怀疑和疑问。"

规划者们指出,德国的工业基础设施遭到了严重的破坏——从轴承业到石油化工业——不过罗列完成绩后,紧接着一个"但是","但是"后面,陈述了德国空军的百折不挠以及德国工业强大的修复力和分散性。但即使意识到了这一点,他们还是一贯地低估了在这一阶段德国工业强大的适应性和丰富的资源。

战后才知道整个背后的故事,德国人为了做到这些,经历了很大的困难和阻碍,可怕的是,他们还使用了大量的奴工。1943年11月,规划者们还是只关注分散化后的德国工业的恢复情况,他们为了阻止这种修复,付出了高昂的代价。

"黑色一周"以后,是时候进行反思了。

"英美联合参谋部"下令重新审视"联盟轰炸机攻势",联合作战计划委员会努力描绘了"联盟轰炸机攻势"和"霸王行动"之间的联系,以及二者的蓝图和未来。

英国皇家空军主要对德国的城市和鲁尔区的密集工业目标展开夜间区域轰炸,但从飞机制造厂的性质来看,需要昼间精确轰炸。因此,作为"霸王行动"的前奏,"波因特布朗克行动"的整个使命就落在第八航空队的肩膀上了,而他们似乎已经为此竭尽全力了。

阿瑟·弗格森进行了如此完美的总结,1943年秋美国陆军航空队在欧洲战区的战略"取决于这样的假设:第八航空队全力以赴,取得'联盟轰炸机攻势'的胜利,削弱德国的战争潜力,尤其是德国空军,这是登陆欧洲的必要前提"。

不过,到目前为止,"联盟轰炸机攻势"的胜利还遥遥无期,"英美联合参谋部"的决策者们甚至开始质疑第八航空队能否在"霸王行动"前的六个月内取得对德国空军的优势。

"英美联合参谋部"检查之后得知,从1943年2月到10月的9个月中,英国皇家空军轰炸机司令部出动了45844架次夜间轰炸机,折损率为3.9%,而美国第八轰炸机司令部出动了15846架次昼间轰炸机,折损率为4.4%。同时,到此时为止,原计划参加"波因特布朗克行动"的兵力只剩下65%。12月3日,英国皇家空军上将查尔斯·波特尔在备忘录中向"英美联合参谋部"汇报说,"波因特布朗克行动""落后于原定计划整整三个月"。

然而,11月下旬,罗斯福、丘吉尔和他们的"英美联合参谋部"在开罗召开"六分仪会议",会上,几乎没人反对继续执行"联盟轰炸机攻势",按设想,它将继续作为"霸王行动"整体战略的一部分。虽然波特尔的描述颇为惨淡,"英美联合参谋部"在12月6日的一项训令中还是这样确认道:"除了定期调整轰炸目标以外,'联盟轰炸机攻势'当前的计划将保持不变。"

此时,夜晚变长,白昼变短,冬季的阴云笼罩着整个欧洲大陆,而"联盟轰炸机攻势"正是在这片大陆上展开。尽管在战术和目标上存在意见分歧,罗斯福、丘吉尔和他们各自的参谋在卡萨布兰卡会议上一致通过的基本战略将继续执行。当然,如果要让德国空军的威胁在"霸王行动"之前受到钳制,除了战略空军以外,在盟军的军械库中没有任何武器能试图迎战这一挑战。

"联盟轰炸机攻势"并非是真空操作。1943年,盟军正在卷入一场越来越广泛的世界战争。这一年,美国在太平洋的战争逐渐扩张,同时盟军在地中海战区频繁展开地面战。7月至8月间,盟军进军西西里岛的"哈士奇行动"相对顺利,但9月进攻意大利大陆的"雪崩行动"却遭到了德国人顽强的反击,加上他们有地理的优势,让盟军损兵折将不少。事实上,第八航空队也被要求分出兵力来支援地中海战区的这些战役,正如1942年受命支援"火炬行动"一样。

然而,虽然第八航空队将兵力转移到意大利战场,心有不甘,但却给"联盟轰炸机攻势"带来了转机。

对于战略规划者而言,从阳光明媚的地中海发起对德战略轰炸是他们盼望已久的，尤其考虑到几周以来，从英国起飞作战时，总是受到天气的干扰。8月维也纳新城的行动表明，如果从北非起飞，德国就是盟军轰炸机航程的极限了。然而，既然现在意大利南部已经落入盟军之手，情况就大为不同了。

当"黑色一周"在北欧上演之时，推土机正在位于意大利这只"靴子"脚后跟处的巴里和福贾之间大肆忙碌着。到11月，一座轰炸机基地综合大楼从飞扬的尘土中拔地而起。11月1日，美国陆军航空队启动了南森·特温宁上将麾下的第十五航空队，特温宁之前担任太平洋战区的第十三航空队的指挥官。一个月后，新基地落成，从这飞往德国要比从北非飞近了500多英里。

第十五航空队拥有进攻德国南部和奥地利目标的潜力，这些目标超过了第八航空队的有效航程。在"波因特布朗克行动"的目标清单中，可以从意大利的基地起飞并抵达的目标有位于维也纳新城和奥格斯堡的梅塞施密特的工厂大楼。而对于第八航空队来说，这些目标都太过深入了。

然而，除了好的一面，从意大利起飞当然也有一定的缺点，包括从零开始建设一个大型飞机补给和维修基地，以及飞跃阿尔卑斯山的巨大困难，尤其是在冬天对于那些在战争中受损过的飞机而言。

11月2日，也就是第十五航空队正式启动后的第二天，他们对维也纳新城发起了一次较大规模的行动，12月，他们再次出动150架飞机前往奥格斯堡，但余下的这一年里，由于天气原因和设备的匮乏，他们的目标都仅限于阿尔卑斯山以南。

第十五航空队开始在"波因特布朗克行动"中发挥显著的作用，在对欧洲大陆的战略行动中也扮演着重要的角色，此时波特尔和轰炸机司令部中绰号为"轰炸机"的哈里斯也改变了节奏。他们的重心从"波因特布朗克行动"中转移开来，不再专注于德国的飞机制造业或任何工业目标，而是退回到最初的概念，打击德国人的士气。英国皇家空军继续援引一战时期的理论，即德国人士气的崩塌终将让他们缴械投降，他们重新回到了哈里斯长久以来就推崇的方法，那就是通过烧毁德国人的城市，损耗和打击他们的士气，从而赢得战争。

当一些英国皇家空军的军官继续坚持区域轰炸应该针对工业区而非平民区时,哈里斯毫不含糊地表示,区域轰炸是用于打击平民士气的一个主要武器。在美国陆军战争学院战略研究所出版的一项研究成果中,亨利·索科尔斯基引用了哈里斯的名言:"摧毁房屋、公共设施、交通和生命,制造空前规模的难民问题,利用敌人对于不断扩大和加强的轰炸的恐惧,摧毁其国内和前线战场的士气,这些是我们的轰炸政策公认的既定目标,而不是轰炸工厂的副产品。"

然而,沃尔特·罗斯托在战略情报局的研究和分析刊物《战争日记》中争辩道,"敌方目标小组"认为,这一观点代表的是"对于1918年德国战败的一个误解。有一点很重要,那就是不去幻想德国政治和社会结构的脆弱,幻想它会在内部崩塌"。

如果说罗斯托的观点代表了"敌方目标小组"中美国人的想法,那么亚瑟·哈里斯则掌控着英国皇家空军轰炸机司令部的方向。

夏天,哈里斯对汉堡展开了为期五天的系列区域空袭,现在他又将战场拉回到德国本土,对最具象征意义的目标发起进击,也就是后来的"柏林战役"。

柏林在之前就曾遭到轰炸,但是此番哈里斯打算出动"最大兵力",在11月18日至19日和11月22日至23日的夜间,出动400架飞机对柏林展开空袭。

事实证明,这次行动是到当时为止对柏林最具破坏性的进攻。甚至阿尔伯特·斯佩尔在他的回忆录中也记录了这次战役。他对这种战略发表了带有主观性的评论,指责英国人偏离了战略任务的实际目标,但就他个人而言,这次进攻绝对引起了他的关注。

"英国皇家空军不再致力于摧毁重要的工业部门,而是对柏林展开攻势。"斯佩尔写道,"1943年11月22日,当防空警报拉响之时,我正在我的私人办公室开会,当时是下午7:30。据汇报,一大支轰炸机队伍正在飞往柏林。当轰炸机抵达波茨坦时,我取消了会议,并驱车前往附近的一个高射炮塔，打算从这个平台观战，这也是我的习惯。但我还没到达塔顶就不得不躲进里面。虽然炮塔拥有结实的混凝土墙，但落在附近的炸弹还是会震动它。受伤的防空枪炮手们挤在我身后的楼梯下。整整二十分钟，爆炸接踵而至……我附近的某部委大楼已经燃成滔天大火……而我的私人办公室也已经不见了，取而代之的是一个巨大的弹坑。"

亚瑟·哈里斯对"柏林战役"做了一番有名的点评："我们损失的是四五百架飞机，而德国将失去整个战争。"

然而哈里斯错了，阿尔伯特·斯佩尔是对的。盟军确实将赢得战争，但并不是通过震慑柏林的平民，而是通过让重要工业部门陷入瘫痪而赢得的。事实上，历史学家也曾指出过德国空军在1940年犯了战略上的错误，因为他们将优先目标从袭击英国皇家空军战斗机基地转移到了伦敦闪电战上，后者远没那么实用，只是更加充满恶意。

对于肩负着摧毁德国工业经济的主要责任的第八航空队而言，11月和12月是养精蓄锐的时段，而不是执行更多深入作战任务。

11月26日，第八航空队出动350架轰炸机袭击不莱梅港，三天后，再次出动154架轰炸机空袭同一目标。12月11日，437架重型轰炸机袭击埃姆登附近的工厂，损失15架。两天后，第八航空队瞄准了更东边的港口，171架重型轰炸机再次袭击不莱梅港，379架轰炸基尔港。此外，他们也会对法国和荷兰一些简单的目标下手，但对于"波因特布朗克行动"的目标，即对德国飞机制造的支柱产业的进攻，则暂时推迟了。

不过，第八航空队的实力得到了恢复和加强，从12月快速增加的轰炸机就可以明显看出来。他们在第二次施韦因富特行动之前只有一次出动了400架轰炸机，但现在已经能出动600多架重型轰炸机了。12月13日，第八航空队出动了710架重型轰炸机，其中649架袭击不莱梅港、汉堡和基尔，而12月30日，658架飞机轰炸了路德维希港。

几乎拥有无限潜力的美国工业正在加速发展，达到了一个前所未有的水平，为战争提供着武器和飞机。1942年，美国工业一共生产了47836架军用飞机；1943年，这个数字达到了85898架；1944年的产量甚至更高。

1943年，"飞行堡垒"和"解放者"的产量都大大提高了，但是，大部分时候，参战的飞机数远远落后于实际产量。工厂验收的"飞行堡垒"和"解放者"分别从1942年的1412架和1164架增加到了1943年的4179架和5214架。然而，当这些飞机流向世界各地的陆军航空队时，来到欧洲战区的飞机是相对较少的，他们"飞行堡垒"和"解放者"的存量分别从1943年年初的175架和39架增加到了10月的907架和197架。到1943年年末，第八航空队一共拥有1307架"飞行堡垒"和308架"解放者"，而新成立的第十五航空队拥有289架"飞行堡垒"和268架"解放者"。11月，第八航空队增加了一个重型轰炸机大队，12月还启动了四个新的大队，到年底，他们一共拥有25个轰炸机大队。

然后是战斗机。到12月，欧洲战场上已经有1200多架P-47"雷霆"战斗机，这是8月的两倍。同时，强悍的P-51"野马"也开始加入第八航空队战斗机大队，在8月时，还一架都没有，到12月，已经达到将近300架，这个数字到次年1月还将翻倍。

飞机数量的增加只是一方面，另一方面，越来越多的航空兵也开始抵达英国。

这批人中比较典型的有大卫·马蒂斯和阿奇·马蒂斯，这对兄弟来自宾夕法尼亚州芬利维尔的一个煤矿小镇。阿奇在1940年末参军，那时候美国陆军航空队还是陆军航空兵团。而小他四岁的大卫在1942年6月20日也加入了美国陆军航空队，当时正是珍珠港事件的一年半以后。大卫跟随第八航空队来到海外作战，而阿奇则仍然留在美国本土。到1943年春，大卫已经在英国当了一年的地面机师，服役于驻埃塞克斯迪布顿的第4战斗机大队，而阿奇仍然只是驻德克萨斯潘扬特机场的第19轰炸机大队第28轰炸机中队的一名飞航工程师。

阿奇非常渴望来到海外战场，他主动申请去空中射击学校进修，该校位于佛罗里达的廷德尔基地，但他的职业轨道还是陷在"未雨早绸缪"的窘境，而大卫此时正在英国喝着温暖的啤酒，躺在临时营地上凉快而又通风的圆形拱屋中酣睡。

一般来说，被分配到第八航空队的轰炸机航空兵先要在美国接受机组团队训练，然后他们被分到某一架轰炸机上，轮流驾驶着飞到英国。到1943年10月，阿奇·马蒂斯被分配到路易斯安那州亚历山大市附近的亚历山大军用机场的一个轰炸机机组。

该轰炸机的飞行员和机长是来自伊利诺伊州里弗赛德的空军少尉小克拉伦斯·理查德·尼尔森，他加入美国陆军的时候只是一名列兵，从1943年5月开始才成为一名飞行员。投弹手是来自新泽西州伯灵顿的约瑟夫·马丁少尉。而昵称为"沃利"的沃尔特·爱德华·特穆培于9月加入尼尔森的机组担任领航员。特穆培和尼尔森同龄，都是24岁，而且也是来自伊利诺伊州的奥罗拉，和尼尔森一样，他一开始也是加入美国陆军正规军，但是后来申请入读飞行学校，最后加入了美国陆军航空队。

副驾驶员是来自北达科他州安德伍德的二级准尉罗恩·巴特利。在美国陆军航空队中，拥有飞行员等级的大部分都是军官，不过完成了飞行训练的士兵被指定为"二级准尉"，是指未经委任的飞行员，但其等级相当于美国陆军准尉。虽然他们可能是驾驶舱内级别最低的，但却是经验最丰富的。1942年，巴特利第一次执行勤务，在北非的第12轰炸机大队的一架B-25中型轰炸机上担任通讯员。

后来罗恩·巴特利回国，与女朋友伯妮丝结婚后，报名参加了飞行学校。1943年8月末，他获得了飞行章，之后他志愿回到海外战场，加入第八航空队。

尼尔森的机组还有六名军士：在机舱尾部工作的有来自俄亥俄州迪法恩斯的通讯员乔·雷克斯和来自宾夕法尼亚州威廉斯波特的飞航工程师卡尔·摩尔；在阿肯色州出生的德克萨斯人托马斯·索维尔担任左腰部机枪手，而来自科罗拉多州的斯普林菲尔德的拉塞尔·罗宾逊在他对面担任右腰部机枪手，当罗宾逊度过他的27岁生日时，正在参加飞行训练。那时候，美国陆军航空队规定飞行员必须在26岁或之前获得飞行章,所以罗宾逊最终只能成为一名机枪手。

来自西雅图的挪威人,昵称为"马克"的马格纳斯·哈格伯担任机尾枪手,阿奇·马蒂斯的加入让迪克·尼尔森的团队圆满了,他爬进了"飞行堡垒"底部的斯佩里球形炮塔的幽闭空间。

整个机组接受了团队飞行训练后,被分配到一架即将飞跃重洋的B-17G上。在二战中,几乎每一架轰炸机都有一个自己的名字,这架飞机被命名为"米斯巴",这是尼尔森的母亲向他建议的,源自圣经中的典故,在《创世纪》中,拉巴说完"米斯巴"三个字以后,然后说:"我们彼此离别以后,愿主在你我中间鉴察。"

弗洛伦斯·尼尔森只是盼望她24岁的儿子能平安归来。

11月最后一天,这个年轻的机组驾驶着"米斯巴"从刚刚建成的位于内布拉斯加州布法罗县的卡尼军用机场起飞,途经班格尔、缅因州、古斯贝和拉布拉多前往英国。他们在仲冬时节飞跃了冰冷的、可怕的大西洋,于12月16日抵达了北爱尔兰。

就是在这里"米斯巴"成了迪克·尼尔森战争传奇中的第一个意外事故。晚上,机组正在飞行最后一段抵达英国前的短途距离,一阵冬天的风暴来袭,大风将几架"飞行堡垒"刮到了一起,损坏了它们的控制面。

没了飞机,机组人员只能坐船完成最后一段旅程。第二天,阿奇·马蒂斯发现自己来到了他的出生地苏格兰。一周后,"米斯巴"的机组成员被分配到第八航空队的替补仓休闲站,等待进一步的命令或任何下一步的安排。

圣诞节来了又走,新年到了,这些人只是屯聚在英国的成千上万的航空兵中的十个,他们都期待着新的一年有望能成为决定成败的关键一年,不管是对第八航空队、"联盟轰炸机攻势",还是对于实现战略空军的全部潜力而言。

第十三章 "论证行动"

就像加入轰炸机机组的阿奇·马蒂斯一样，成千上万的美国青年也像浪潮一般涌入英国加入地面部队，他们将参与"霸王行动"，一路打进"欧洲堡垒"，踏上进军希特勒第三帝国的漫长而又艰苦的征程。这个队伍如此庞大，几乎像要展开一场侵略。

一些英国人半是挖苦，半是笃定地说，这帮"纵欲过度的美国佬千里迢迢跑来这里，拿着过高的薪水"。这只是双方的文化差异造成的。

而其他人则简单地，也更加包容地将这帮美国的年轻人来到英国称为"友好的入侵"。

为了指挥这帮美国的年轻小伙，事实上是为了统率整个盟军，一位美国的将军也来到了这里——德怀特·戴维·艾森豪威尔将军。

1942年，英国人凭借他们的经验和数量优势，在"英美联合参谋部"中拥有绝对的决策权。到1943年末，美国人依靠逐渐丰富的经验和不断壮大的队伍，赢得了"霸王行动"的指挥权。早在8月在魁北克召开的"四分仪会议"上，温斯顿·丘吉尔对此表示了认同。

12月，盟军的指挥层经历了大规模的重组。12月7日，艾森豪威尔被正式确认为盟军在欧洲的最高指挥官，指挥盟国远征军最高统帅部，而盟军在地中海战区的最高指挥官则转由英国的亨利·梅特兰·威尔逊上将担任。

同时，之前担任地中海战区空军司令的亚瑟·特德上将，回到英国成为艾森豪威尔的副手，担任盟国远征军最高统帅部最高副司令，负责指挥"霸王行动"中的空战部分。另一位英国皇家空军的成员特拉福德·利·马洛里被任命为盟国远征军空军司令，远征军空军主要是为与"霸王行动"相关的英美战术空战提供保护，由路易斯·布里尔顿上将指挥的美国陆军航空队第九航空队也隶属其中，这支队伍是从地中海战区调到英国参加战术空战的。理论上说，盟国远征军空军这把保护伞并未能为第八航空队的战略行动提供保护——至少在当时还没有。

关于这一安排，阿瑟·弗格森后来写道："艾森豪威尔将军一直希望史帕兹能指挥'霸王行动'中的重型轰炸机作战，而且他还讶异于他心中属意的'空军首领'特德居然被放在一个糊里糊涂的、有职无权的位置，并不参与空战事务管理，而'一个名叫马洛里的家伙'则是（'霸王行动'空战中）名义上的空军总司令。"

至于美国的空战行动，美国陆军航空队宣布，"英美联合参谋部"同意成立一个新的战略空军指挥部，也就是美国驻欧战略空军（USSAFE，后来改为USSTAF），成为第八航空队和第十五航空队的保护组织。哈普·阿诺德任命图伊·史帕兹为这个新组织的指挥官，也就是美国驻欧洲的最高级别的空军军官。

史帕兹又回到了他之前的大本营，即第八航空队位于伦敦附近的灌木公园的司令部，现在成了美国驻欧战略空军的司令部。严格来说，是第八航空队被改编为美国驻欧战略空军，而第八轰炸机司令部被改编为"新的"第八航空队，后者的司令部仍然设在伦敦以西的海威考姆勃的空军基地，这里也是英国皇家空军轰炸机司令部的所在地。

就像之前的第八航空队一样，美国驻欧战略空军也将通过"联盟轰炸机攻势"来配合英国皇家空军轰炸机司令部的作战行动。不过有一个让人困惑的安排是，美国驻欧战略空军对第九航空队进行行政管理，但第九航空队在

"霸王行动"中的作战行动还是听从盟国远征军空军的调遣。

同时，还成立了地中海盟国空军以接替之前的地中海战区空军司令部，作为英美战术空军在地中海战区的保护组织。

在欧洲战区和地中海战区，在美国陆军航空队指挥层人事变动的抢椅游戏中，史帕兹回到了英国，埃克上将来到南部指挥地中海盟国空军，而杜立特上将则从第十二航空队指挥部调至地中海战区接替埃克成为驻英国的第八航空队的司令。

第八轰炸机司令部的前任指挥官弗雷德·安德森上将成为史帕兹的副手，担任美国驻欧战略空军的副司令。理论上说，美国驻欧战略空军是一个"监督和决策"组织，安德森将成为这个新的战略空军司令部中最有影响力的人物。

"在他（赴地中海盟国空军的新岗位）上任之前，埃克上将问我是否愿意陪同他前往地中海战区，负责他的新部门的规划工作，"迪克·休斯回忆道，"我恭敬地谢绝了这一邀请。"

埃克指挥的是一个战术空军组织，而当下的休斯很渴望能继续他已经开始的对第三帝国的战略空战。

事实上，第八航空队和第十五航空队都正在积蓄实力，12月的大部分时间，他们都很少执行长途任务。此时，从灌木公园到伯克利广场，相关部门正在绘制战略空战的下一阶段规划。

1943年11月29日，"联盟轰炸机攻势"的联盟作战规划委员会发布了一份高度保密的简报，为代号为"论证行动"的大作战描绘了基本纲领。从本质上来说，"论证行动"是"波因特布朗克行动"中作战最为密集的顶点，也是打击德国空军和德国飞机制造业的战争高潮，皮特·波特尔曾抱怨过这一行动太滞后于计划了。

讽刺的是，前一年关于战略空战政策的争论还比比皆是，可从11月踏进12月，联盟作战规划委员会关于"论证行动"的作战目标全都所见略同了。

虽然整个12月，具体的细节在伯克利广场和灌木公园之间来回修改，但"论证行动"的总体规划就是对德国南部和中部，比如奥斯伯格、莱比锡和雷根斯堡等城市的高优先级飞机制造业目标展开为期一周的昼间精确轰炸——这对前线的德国空军战斗机力量将产生直接的影响。

正如迪克·休斯、查理·金德尔伯格以及所有懂得德国经济是一个整体机制的人所长期展望的那样，这一计划提倡发动系统进攻，而不是仅仅打击终端的装配厂，要将组件厂以及滚珠轴承厂也再次包括进来。一个月后，在与阿瑟·弗格森一次对话中，迪克·休斯举了一系列的例子。

比如，莱比锡的艾拉机械股份有限公司主要组装梅塞施密特 Bf109，休斯解释说，对这一公司的进攻应该辅以对莱比锡郊区工厂的袭击，因为那里有它的组件和部件生产厂。而位于贝恩堡的容克斯飞机与发动机制造厂主要组装 Ju88 飞机，也将和位于奥舍斯莱本附近的 Ju88 机身工厂以及位于哈尔贝施塔特的 Ju88 机翼厂一起"分担"轰炸机的炮火。

位于奥格斯堡的大型梅塞施密特工厂在一栋工厂大楼里同时生产组件和总装，但在雷根斯堡，总装是在上特劳布林格郊区完成的，而子部件则是在另外一个郊区布鲁芬生产的。休斯说第八航空队应对这两个目标分配同样的精力。

在这为期一周的战争里，第八航空队将与第十五航空队协同作战，同时英国皇家空军将在夜间对同一些区域发起空袭。第九航空队最近也迁到了英国，负责在"霸王行动"以前对法国进行战术轰炸，还将与重型轰炸机部队进行配合，出动战斗机和中型轰炸机对北欧展开牵制性的进攻，意在引诱德国空军分散兵力，将战斗机力量从战略空战中转移出来。

由于几个司令部和航空队之间需要精密协调，弗雷德·安德森也参与到"论证行动"的策划中来。的确，"论证行动"的作战方向也是他作为史帕兹副手所肩负的责任之一。

休斯描写了一天晚上他去拜访史帕兹上将，在史帕兹家里，他和安德森阐述了"论证行动"的具体细节，还附上了好几页目标清单，并在地板上铺开了各种地图。

"我的目标清单包括分散在全国的德国战斗机装配厂,许多要求深入作战,"他回忆道,"可以理解的是,史帕兹上将最担心的是,这次行动会造成如之前在施韦因富特和雷根斯堡袭击中一样的悲剧伤亡率。"

停留在每个人的记忆中的,还是第八航空队上次为期一周的浴血大奋战。那个"黑色一周"最终以施韦因富特大溃败而告终,第八航空队也遭受了史上最为严重的伤亡损失,此后,他们脑海里始终充斥着成百上千的永远无法归乡的年轻战士的面孔。

同时,每个人的心中也浮现出几个月以后将在诺曼底登陆的成千上万的年轻士兵的脸庞,当他们上空盘踞着果决、高效、满腔仇恨怒火的德国空军时,他们跟跟跄跄地逃命时会是什么样子?

迪克·休斯解释说,这房间里的每一个人都知道,尽管会很艰苦,但"论证行动"对于"霸王行动"而言是绝对不可或缺的。每个人都知道:"只有通过这次行动的结果,我们才可能确定我们能否在诺曼底登陆之前取得制空权,以及能否通过对关键的德国工业目标系统实施战略空战,从而大大缩短德国人的抗战时间。此外,现在的我们第一次拥有了强大的战略轰炸机队伍以及足够的远程战斗机护航机。如果这次失手,那么我们也不可能拥有比现在更多的兵力来争取胜利。"

伦敦的周围开始出现圣诞节的装饰,在去伯克利广场的路上,迪克·休斯经过伦敦上流住宅区的商店,在店里他给弗雷德·安德森讲述了"论证行动"具体目标的细节和细微差别。他回忆道:"安德森上将完全同意我的看法,我将这份目标优先顺序清单发送给第八航空队,叫他们做好准备大干一场。"

这是一个生死攸关的时刻,不管是对于第八航空队,还是整个"英美联盟轰炸机攻势"而言。"论证行动"将是整个攻势的高潮,只能成功,不许失败。

至少自从1943年6月的《波因特布朗克训令》以来,"联盟轰炸机攻势",尤其是第八航空队,所做的一切都将汇聚到这次"大行动"中来,此时的第八航空队似乎终于万事俱备了。

"为了备战诺曼底登陆,战略重型轰炸机大队开始以更快的速度聚集到英国,好几个(新的)远程 P-51 和 P-47 大队也抵达了,"休斯描述了1943年至1944年之交,战争的转折点即将来临,"我第一次觉得我们终于真正有机会击垮德国战斗机的防线,我全部的时间都用在作战规划上,一旦德国的天气条件有利于开战时,我们将如何行动。"

有利的天气条件?

在北欧——在1月?

有利的天气条件,北欧,1月,整整一周?

在"论证行动"之前,必须要进行为期一周的"大作战"。据安德森后来的观察,"进出一次德国就要付出高昂的代价,如果不能给目标以准确的一击,我无法接受这样的冒险"。

不仅仅是目标上空的天气让安德森着急,东安格利亚的天气也让人焦心,这里的冬天常常低雾笼罩。因为冬季昼短,而且目标深入德国内部,距离遥远,所以轰炸机只能在黑暗中起飞,在夜色中返回。对于受过损伤的飞机而言,要在浓浓的低雾中进行夜间降落,往往会发生灾难。

在确定为期一周的利好天气将出现之前,"联盟轰炸机攻势"只能耐心等待,执行一些常规任务,打击一些常规目标。1944年1月,第八航空队发起了较大规模的行动,与四个月以前相比,这个阵仗也许会让人惊叹,但如果意识到第八航空队的"论证行动"如今已经落后于原计划四个月之久,就不觉得这有多了不起了。

1月4日,第八航空队出动了500多架重型轰炸机,第二天出动了400多架,1月7日,再次出兵。然而,与12月相比,此番行动的主要目标相对较近——基尔港和位于路德维希港的法本公司——不过打击这些目标对于从根本上削弱德国空军的实力并无帮助。

在第八航空队里,图伊·史帕兹、弗雷德·安德森、迪克·休斯并不是唯一几个关心天气的人,大家每天好几次伸长脖子看向天空,盼着这该死的冬天里能出现晴好天气，可映入他们眼帘的多半是雨水，而且他们很清楚在"飞行堡垒"和"解放者"飞行的这个高度，雨水很快就会变成冰雪。

1月24日，第八航空队出动了857架B-17和B-24，但种种迹象表明，恶劣天气即将来临，所以除了58架飞机以外，其余全部被召回。

在北欧的1月份，为期整整一周的好天气？

这不会发生。

1月来了又走，还是没有好天气。

时间也快耗光了。打击德国空军的行动又滞后了一个月，而"霸王行动"又逼近了一个月。

就算他们看到天空中云层散去，他们又如何知道这将持续多久呢？

即使在今天这样一个卫星影像和电脑分析的时代，大部分人仍然认为气象学既是一门科学，也是一种艺术，气象员也只是用概率来两面投机。在20世纪40年代，天气预报，尤其是远程天气预报，更像一种艺术，而非科学。

1月，阿瑟·弗格森写道："'论证行动'被反复提上日程——事实上，每次天气预报都给人以希望，不过每次天气又迅速变糟，行动不得不取消。"

弗雷德·安德森和他的上司都越来越失去耐心了。2月8日，图伊·史帕兹向安德森强调，"论证行动"必须在月底启动。

"到2月时，摧毁德国的战斗机生产已经变得如此紧要，史帕兹和安德森上将宁愿冒着非比寻常的危险来完成这一任务，"弗格森继续写道，"这危险还包括，在基地天气不利时执行任务可能导致巨大的损失。"

正当图伊·史帕兹和他的上司开始丧失耐心时，最终，美国陆军航空队的总司令哈普·阿诺德为了助力第八航空队，把他自己的气象员派了过去。

阿诺德第一次见到欧文·P.克里克博士是在1934年，他驻在加利福尼亚州里弗赛德附近的三月机场，当时克里克教授刚在帕萨迪纳市的加州理工大学建立气象学系，由于其刚刚解释了1933年美国海军USS"阿克伦"号飞艇坠毁的原因而在全国声名鹊起。阿诺德在他的回忆录中称他与教授之间的第一次见面"让人难忘"，他罗列了大量克里克所做的堪称神秘的长期天气预报。

"当然，在那之后，我就急切地观摩了克里克博士的工作，"阿诺德写道，"天气是取得空战胜利的关键。"

克里克的方法被当时的气象学派认为是非正统的，他主要是通过对过去的天气事件建模来预测未来。为了建模，克里克追溯了数十年前的天气模式。据克莉斯汀·哈珀名为《看数字识天气》一书中的记载，联邦气象局局长弗朗西斯·里奇德弗嘲笑克里克是"一个极度自信和自我炒作的书呆子"。

虽然克里克的"天气型"有别于传统方法，但似乎很管用。哈普·阿诺德很信任他。的确，这位美国陆军航空队的总司令对克里克博士非常欣赏，委任他为陆军少校，而且在战争开始时将其带到部队服役。

这样一位特立独行的气象学家来到第八航空队为"论证行动"进行天气预测，这几乎就像电影中的场景，其实，克里克非常熟悉这样的桥段，因为对于好莱坞他也并不陌生，事实上，大卫·O. 塞尔兹尼克在拍摄1939年版《乱世佳人》中火烧亚特兰大的场景时，就曾雇他提前预测天气。

克里克沉思地看着铅灰色的乌云，他告诉安德森和史帕兹，他们需要等待一个稳定的高气压移到英国南部和欧洲大陆上空，并持续几天。

他们问要等到什么时候，克里克要了几张过去的气象图。幸运的是，他们绘制了英国和北欧从19世纪中期以来所有的气象图。克里克坐下来认真研究了追溯至19世纪90年代的冬季天气模式的数据，他计算出要等到这样一个稳定的高气压，需要观察到什么样的兆象。

终于，在星期五的下午，也就是2月18日，克里克来拜访安德森和史帕兹，极力掩饰着脸上的喜悦。

"一个很好看的序列正在形成。"他说。

他解释说，不只一个，有两个大范围的压力区正在形成，一个以波罗的海为中心，另一个在爱尔兰以西。如果前者如克里克所预测的那样越过欧洲往东南方向移动，形成的风就会吹散云层，德国从星期天，也就是2月20日起就将出现持续三天的晴空或只会飘浮些许散云。

唯一的问题是，当轰炸机在英国起飞时，上空将有厚厚的云层，飞机在集结成编队之前必须爬到云层之上，不过航空兵已经习惯了这样的操作。

安德森欣喜若狂，但其他的气象员并不相信。星期天，数据被送到第八航空队和第九航空队的气象员手上，而他们在"论证行动"的前一天还在苦苦"论证"，他们坚持认为克里克预测的天气在这一地区的这一时节是极其罕见的。

在指挥层，比如第八航空队的吉米·杜立特和第九航空队的路易斯·布里尔顿比较倾向于相信他们自己的气象员，而这些气象员认为克里克的假设是不可能的。不过安德森的得力助手格伦·威廉姆森后来向阿瑟·弗格森解释说，没有人比安德森更信任克里克的预测。

分配到"论证行动"各作战部门的气象员们出身于传统学派，他们极度质疑克里克和他的气象学。在天气预报界的小圈子中，克里克虽然大名鼎鼎，却并不受推崇，他的非正统方法让他名声在外，却也饱受争议。

然而，约翰·考克斯在他名为《风暴追逐者》的一书中写道，克里克拥有哈普·阿诺德的信任，在美国陆军航空队，阿诺德才能最终决定哪一位气象员的预测在"论证行动"中拥有最后权威。

安德森给地中海盟国空军的指挥官伊拉·埃克发送了电报，告诉他"论证行动"马上要开启了，他们非常需要第十五航空队的支援，然而这个时机却非常不适宜。

正如之前提到的，"联盟轰炸机攻势"并不是发生在一个真空环境中。对于屯聚在英国的部队而言，"霸王行动"这场大秀还有数月之久。不过，在第十五航空队的驻地地中海战区，英美的地面部队已经忙碌起来了。事实上，盟军大规模进军意大利安济奥的"鹅卵石行动"在不到一月前刚刚发生，也就是1月22日。事情并没有如所希望的那样顺利，德国人的抵抗比预期的更要顽固，盟国军队用满是鲜血的双手牢牢地抓住他们的滩头堡。

当安德森向埃克和第十五航空队的南森·特温宁发送求助警报时，他们正在与美国第五军的马克·克拉克上将商讨，打算提供空中支援以助其从安济奥滩头堡突围出去。按照计划，在2月20日的行动中，第十五航空队将是一个关键部分。

埃克告诉安德森和史帕兹他无法参加星期天的"论证行动"。格伦·威廉姆森在后来透露，埃克并不想向地中海战区的司令亨利·梅特兰·威尔逊强调这一点，生怕威尔逊将从他手中接管并直接指挥第十五航空队，并阻止他参加之后几日的"论证行动"。史帕兹向英国皇家空军的总司令皮特·波特尔反映了这一问题，波特尔打出了王牌，他告诉史帕兹，丘吉尔本人想要盟军在地中海战区的所有空中力量都去支援安济奥战役。

形势的变化，加上几乎所有人都不相信克里克博士的天气预测，这些都标志着"论证行动"有一个不祥的开端。

周六的晚上，整个东安格利亚里里外外的航空兵都早早地睡下了，他们将要执行到目前为止最大的作战任务，只有指挥官们整个长夜都在为即将到来的漫长的一天认真筹谋。

星期天，破晓之前，弗雷德·安德森下令，他在他的官方日志上忠实地记录下：

"出发。"

第十四章　周日破晓之前

"大礼拜"的第一天，离日出还有几小时，11000多名年轻的美国航空兵们已经起床吃早餐了。那个凌晨，寒冷刺骨，但他们习惯了。这是2月的东安格利亚，每个凌晨都是一成不变的寒冷。而让这个周日与众不同的是，这一天的德国将迎来晴朗的一天。

没有人睡过头。

"德国这一周的天气都适合空袭，"第379轰炸机大队的德温·罗伯在回忆录《金博顿的阴影》中，忆及"大礼拜"时这样说道，"没有任何人能说同时期的英国出现过这样的天气。积雪覆盖大地，跑道大片结冰，大风横扫过基地，过境之处无不冻结……行动开始于2月19日那个沉闷的下午，轰炸师发出和往常一样的警报，打出和往常一样的'大行动'口号。又一次，飞机装载了炸弹，加满了汽油，整装待发；又一次，厨师们准备好食物，S-2准备好作战指示会。没人想过战争会真正开始，但备战却照常进行。"

但"大礼拜"已经开始了。约莫凌晨3点15分，当美国人开始集体吃早餐时，英国皇家空军轰炸机司令部的921架轰炸机正开始对德国第五大城市莱比锡进行为时一小时的轰炸。

弗雷德·安德森上将下令"出发"以后，第八航空队将陆续出动比之前更多的轰炸机，第一次有超过1000架轰炸机朝着德国进发，机身上印有代表美国的星星图案。

在横跨东安格利亚的第八航空队的各个基地，11000名年轻的美国航空兵喝完咖啡前往听从作战指示，这个规模几乎是"黑色星期四"的四倍。

作战指示会在整个东安格利亚的几十个兵营里同时进行，这通常是一个戏剧性的场面，不管是你第一次，还是第二十五次——或是最后一次参加作战指示会。当许多温暖的身体拥挤在一起时，氛围从夜间户外的湿冷转化成了室内的闷热，每个人都在焦急地期待他们马上要面临的任务。

作战指示就是布置"你今天的目标"，有点像等待你的名字被写到彩票上，买过"选择服务彩票"的人就很懂这种感觉，在目标被宣布之前，只能瞎猜。

"当他们见到通往德国的十二个不同目标的路线图，听到将有上千架重型轰炸机和战斗机护航机将为了这一任务在空中齐聚时，很多双睡眼惺忪的眼睛一下睁开了。"德温·罗伯回忆起那个清晨第379轰炸机大队的作战指示会。

"在高海拔处可能会有冰冻现象，你们可能会遇到凝结尾的麻烦。"作战指示官提醒道。

"这种话在冬季执行的每一个任务前都会说，"罗伯解释说，"通常这只是一种尽量轻描淡写的说法。"

"一名衣着整齐的少校踏上前方的讲台，开始点名，"曾经在10月率领第384轰炸机大队参与施韦因富特轰炸的巴德·帕斯利上校回忆道，"他只是大声喊出那些飞机指挥官的名字，每名指挥官代表他的机组答'到'。当一些指挥官转向后排扫视自己的队伍时，前排的人就开始躁动。所有人都到齐了，少校走到讲台的后面，扯开悬挂在墙上的一张黑色幕布，露出一大幅地图，一条正常长度的黑色纱线横跨整幅地图。大家一下安静了，所有人都凑上前去，看向纱线的东端。"

黑色幕布被拉开。在距伦敦东北部约65英里的英国皇家空军的博布鲁克基地，第351轰炸机大队的迪克·尼尔森少尉指向纱线东端的目标，也就是莱比锡。当他们在围观地图时，英国皇家空军刚刚完成对这一目标的轰炸。

第351轰炸机大队隶属于第1轰炸师，该师在"大礼拜"的第一天是绝对主力，他们将深入希特勒的帝国。莱比锡在柏林西南部的80英里处，距离东安格利亚约527英里，比雷根斯堡或施韦因富特还要更远。

这天凌晨，迪克·尼尔森准备执行他的第二次作战任务。他扫视了一下机组的成员——投弹手约瑟夫·马丁、领航员沃利·特穆培和副驾驶员二级准尉罗恩·巴特利。他们的注意力都集中在黑色纱线、目标地以及作战指示官所做的报告上。

12月中旬，尼尔森和他的机组失去了他们的第一架"飞行堡垒""米斯巴"，之后他们在英国度过了第一个月和第一个圣诞节，在去到第一训练和替补中队之前一直待在第八航空队的替补仓休闲站耐心等待，等待一个归宿，等待有一架飞机可以驾驶。

1月19日，他们终于被分配到博布鲁克基地的第351轰炸机大队的第510轰炸机中队。

尼尔森的整个团队，除了罗恩·巴特利以外，在2月6日执行了他们的第一次任务，袭击位于法国北部卡昂附近的德国目标。尼尔森担任副驾驶员，驾驶员是曾有过七次作战经验的哈罗德·彼得斯。他们的飞机是几乎全新的B-17G，名为"四月女孩2号"。巴特利全程只是旁观，以便尼尔森在他的第一次任务时能与一名更有经验的飞行员配合。

作战指示官解释"论证行动"主要针对德国的飞机制造业，而莱比锡是容克斯飞机与发动机制造厂以及艾拉机械厂的所在地，全能的双引擎Ju88正是在容克斯工厂生产的，这种机型被德国空军当作一种战术轰炸机来使用——主要在东线战场——作为一种对付第八航空队的火箭炮发射截击机。同时，艾拉机械厂为梅塞施密特的飞机制造零部件，而且也是Bf109G战斗机主要总装点之一，尤其是更新的、航程更远的Bf109G-10机型。

机组被告知，莱比锡被1200架高射炮包围着，由德国空军重军把守。

第1轰炸师的大部分"飞行堡垒"都前往位于莱比锡和巴特嫩多夫郊区的艾拉和容克斯工厂，以及莱比锡的莫考机场，莫考也是容克斯引擎厂的所在地，主要为Fw190生产Jumo213引擎。除了艾拉和容克斯工厂以外，排列在莱比锡附近的一系列目标还包括许多飞机部件的分包商，比如，通用交通设备公司（ATG）。第1轰炸师的少量B-17被分配到容克斯厂区，该目标位于距莱比锡西北部约50英里的贝恩堡。

和飞行人员一样，军士们也在大约3点半就起床吃早餐了，机枪手们拿起他们的枪，将枪和防弹衣一起装上卡车。据第445轰炸机大队的赖特·李的描述，防弹衣"加了衬垫，用钢板围起来的外套将你的身体从脖子到腹股沟前前后后都包住"。防弹衣重20多磅，非常不舒适，但是只为防弹这一个目的。如果有多余的防弹衣，他们甚至会坐在上面以防从下面遭到攻击。为了更好地保护自己，他们还常常在飞行员头盔上再戴上普通的M1GI钢盔。

高弹炮和德国空军一样非常可怕，但在轰炸机上的航空兵们最害怕的敌人还是痛苦的零下严寒。

航空兵、军官和军士们全都穿着羊皮衬里的皮衣，从夹克——这种款式在当时被称为"轰炸机夹克"——到笨拙的羊皮衬里的飞行靴。

迪克·尼尔森机组的机腰枪手拉塞尔·罗宾逊和托马斯·索维尔拿起他们50口径的勃朗宁手枪，登上了飞机。在作战时，他们要面对严寒的威胁，透过打开的窗户，瞄准机枪，在寒冷的平流层上，手指很可能会被冻伤，所以这差事一点也不让人羡慕。他们戴着有厚衬里的手套、紧贴的皮头盔，穿着皮裤子，再加上护目镜，以及在高海拔使用的氧气面罩，几乎没有肌肤被曝在空中——虽然橡胶制的氧气面罩几乎不能起到充分的保护作用。当时有些描述称机腰枪手看上去像"火星人"。

杰里·彭里在第452轰炸机大队所驾驶的"飞行堡垒"名为"日出小夜曲"，在与之同名的回忆录中，他写道，在20000英尺的高空上，环境温度通常在-40℃左右，飞行员们在没有暖气的机舱中作战是非常困难的。

"飞行员们穿着暖和的飞行服，但这也无法让身体的每一个部位都能避免被冻伤，"彭里解释说，"易被冻伤的区域是脸部，尤其是脸颊。在这种极寒的温度下，如果光着手去触摸任何金属表面，会立刻黏住。由于着装臃肿，机枪手们在射击敌方战斗机时的本能反应也明显变慢。机枪手的大手套之下还有一双更贴手的尼龙手套，可以保护他们的双手不被金属裸面黏住。机枪在极寒的温度下通常会冻成白色。很多航空兵都意识到在一个紧张的任务中，冰冻和汗水是完全可能并存的。"

虽然不是人手一部，但每个参与作战的机组成员都配发了一部柯尔特45半自动手枪和两个弹夹。在马歇尔·西克斯顿关于第482轰炸机大队的文选中，约翰·奥尼尔回忆道："在欧洲空战的这个时期，美国的战斗机开始对机场、飞机、火车、军用车辆和其他潜在目标进行地面攻击。第八航空队的战斗机在为轰炸机护航完返回英国的途中对这些目标展开扫射，或直接轰炸地面目标。事实上，这违反了在历史空战中形成的一些不成文的基本规则。德国人在广播里向英国人喊话，被俘虏的盟军飞行员将被当成杀人犯来处置。如果可能的话，许多德国平民会在军方来到现场之前就开始攻击坠地的盟军飞行员，如果他在被俘时还携带了枪支，很可能被当成借口就地处死，其实人们也不懂对于一个坠地被俘的飞行员而言，一把手枪能成什么事。不过由于这些七七八八的原因，一些美国的飞行员在执行任务时不会携带他们的柯尔特45手枪。"

马克·哈格伯是迪克·尼尔森机组的机尾枪手，他带着一挺双管50口径机枪在远远的飞机尾部就位了。他的位置四周用玻璃围起来了，这确实能起到一定的保护作用，但他却必须忍受在气流中的剧烈起伏，而且很难辨认尾随在轰炸机之后的德国战斗机，这些战斗机会持续向轰炸机和枪手发射20毫米和30毫米的炮弹。

阿奇·马蒂斯将会待在一个狭窄的位置，担任球形炮塔机枪手。这是阿奇的第二次任务，第一次是2月6日在法国——虽然在2月11日，他和投弹手约瑟夫·马丁曾和另一个机组登上"四月女孩2号"，欲前往法兰克福执行任务，但这一行动取消了。阿奇刚刚被提为上士，成了飞机上的高级士兵。

航空作者马丁·凯丁称斯佩里球形炮塔"无疑是'飞行堡垒'或'解放者'上最孤独的位置"。"炮塔，"凯丁写道，"就像不牢靠地悬挂在B-17腹部的、古怪的、肿胀的、钢铁和玻璃质地的眼球和机枪。在作战时，这是一个可怕又糟糕的位置；机枪手必须弯曲身体，蜷曲膝盖，将自己扭曲成一个半球体以适应炮塔的曲线。机枪被架在头部两侧，就像从炮塔的两个眼球穿刺出去的两根对称的刺。球形炮塔的枪手被拘泥在这狭小的球状空间里，简直是用自己的身体在瞄准敌方的战斗机，巧妙地协调双手双脚、旋转、倾斜，然后再按压枪把手上方的开关，让两把机枪同时开火。在任何轰炸机上，这是最不讨好的一个位置，如果B-17燃烧起来的话，最不可能逃命的就是这个球体里那个独孤的灵魂了。"

当迪克·尼尔森的机组全部就位，尼尔森也开始启动引擎时，太阳还没升起。在黑暗中以最短的时间间隔从二十多个机场以最快的速度发动上千架轰炸机是一种需要非常精确的驾驶技术的壮举。每一个飞行员都已经被告知他们起飞的顺序、在空中的会合点以及在巨大的轰炸机流中的位置。这是一个细致的编排过程，不允许出现丝毫差错。迪克·尼尔森在编队中的位置是第351轰炸机大队第3号，或者说是处在领航机的右翼。

尼尔森按计划朝着博布鲁克的跑道滑行，这时突然冒出来一辆吉普车，出于本能的反应，尼尔森往右急转弯，右起落架滑入淤泥之中，飞机被困住了。一队地勤人员立刻赶来，开始忙乱的救援，试图将轰炸机从淤泥中推出来。

根据一些记录，他们最终将困住的飞机救援出来了，但据空军历史研究局中来自乔·雷克斯的录音文件，当时机组受命将所有装备都转移到另一架名为"十马力"的飞机上。所以，据各种说法，该机组在星期天的任务中是驾驶着"十马力"。这架飞机是在西雅图生产的波音B-17G，机尾的编号为42-31763，它也是元月1日抵达英国的百架飞机之一，自从2月1日以来已经随不同机组执行过五次任务了。

不过掉到泥坑这一乌龙让尼尔森机组失去了众人垂涎的第3号位置，因为没有按照规定起飞的飞机不得不等其他所有飞机起飞后才能出发。这就导致他们在空中被排在末尾，他们挣扎着赶上队伍，在编队飞行"尾部查理"这一位置。如乔·雷克斯指出的："这一天，你本来觉得一切从开始就会越发顺利，但是情况却急转直下。"

第十五章　星期天，2月20日

多亏了沃利·特穆培的出色领航，迪克·尼尔森和罗恩·巴特利驾驶的飞行堡垒"十马力"追上了第351轰炸机大队的队伍，在千架轰炸机的大流中找到了自己的位置。整个轰炸机队伍在北海的上空绵延了150英里。

第2师的一些大队和第1师一样将深入德国境内，前往距东安格利亚500英里的哥达市，公元8世纪，查理曼大帝称这是一个"水质优良"之地，该市便得名于此，它先是撒克逊－哥达公国的首都，后来成为撒克逊－科堡垒－哥达公国的首都。这里有哥达车辆制造公司的厂房，该公司成立于19世纪，以生产铁轮滚动车辆起家，不过早在1914年就拓展到飞机制造业上来了，此时正为德国空军生产各种各样的飞机，而且还是梅塞施密特双引擎战斗机的最大生产商。

这个周日，第2师的其他"解放者"正朝东南飞往布伦斯维克，在英语中通常被称为布伦瑞克。该市距离第2师的基地约440英里。这里的目标包括北郊的工厂、往东12英里的黑尔姆施泰特县以及往东南20英里的奥舍尔斯莱本。布伦瑞克地区是引擎生产商米亚格（MIAG）公司的所在地。虽然米亚格一贯是为豹式坦克和豹式坦克歼击车生产动力装置，但也是戴姆勒－奔驰公司设计的引擎的主要生产商，还为梅塞施密特Bf110战斗机生产零部件。

此次为第1师和第2师护航的战斗机数量要超过美国陆军航空队史上在任何地点的任何一次任务。这是一次"大行动",每一架可参战的战斗机——一共18个战斗机大队——全都出动了,而且英国皇家空军也贡献了16个"喷火"中队和一些"野马"战斗机。从第八战斗机司令部和第九航空队的第九战斗机司令部一共抽调了73架P-51"野马"、94架P-38"闪电"和668架P-47"雷霆"。"雷霆"无法为轰炸机全程护航,在执行纵深任务时,它们往往会尽力护航至最远处,然后返回补给燃料,在轰炸机离开"欧洲堡垒"时迎接它们。

同时,第3师的"飞行堡垒"将飞行一条更往北的路线,在离开英国领空后,就与其他两个师分道扬镳了,他们飞过北海和丹麦北部,从波罗的海上空飞往德国北部。

他们的主要目标是位于图托的大型德国空军工程设备厂和轰炸机机组培训学校。第3师目标清单上路程最远的要数聚集在波兹南附近的工厂。波兹南在距离波罗的海140英里的内陆,在历史上属于波兰,在波兰语中的拼写为"Poznan"。它曾经是普鲁士的一部分,后来,在1815年至1919年间由德意志帝国统治,之后的20年回归波兰,1939年希特勒再度将其并入德国。而第3师此番的主要目标便是克雷斯德国空军基地和位于克雷斯郊区的工厂大楼。

第3师的次级目标是德国的港口城市什切青和罗斯托克,这里有亨克尔飞机公司的飞机制造设备厂。

将第3师派遣到远北,一部分是为了起到牵制作用。当德国空军从雷达或者在丹麦的观察仪上发现这支队伍时,他们必定会警惕起来,从德国中部调派截击机前来应战。但当他们发现盟军的主要目标是德国中部时,已经北去的战斗机将不得不从远距离大掉头,这会让他们既够不着第3师,也来不及截击其他两个师——至少在理论上是这样的。

第3师主要是在水域上飞行,没有战斗机护航,他们的防御主要依靠其他两个师诱使德国空军在德国工业腹地作战。

这在一定程度上本来可以奏效的，可第3师的经历显然无法证明这一策略的有效性，因为他们遭到了驻丹麦东部的德国空军的猛击。

第100轰炸机大队随着第3师的轰炸机大流一起掠过北海往南飞行，在11：50飞过海岸线，从英国的空军基地起飞一共历时3个多小时。理论上德国空军应该都在中德，可相反的是，德国的截击机在轰炸机登陆3分钟后就现身迎击。首先发起攻击的是Fw190，也许是巧合，因为第100轰炸机大队正欲前往袭击一家福克-沃尔夫的工厂，随后出场的是Bf109、发射火箭炮的Bf110和Ju88。一些飞行员还报告称见到一架Fw190上用电缆线悬挂着一颗炸弹。

第100轰炸机大队有着"世纪轰炸手"的美称，曾经因为在8月17日雷根斯堡任务中的出色表现而获得了"美国总统杰出部队嘉奖"，但也曾在第一次雷根斯堡任务中被德国空军和高射炮狂虐，并因此得到"血色一百"的绰号，闻名于整个第八航空队。

不幸的是，第100大队发现晴朗的天空并没有绵延到德属波兰的上空。因为美国在官方上仍然认定波兹南属于波兰，所以轰炸机大队早就被交代过，如果投弹手无法清晰辨认居民区附近的目标，那就转向次级目标。所以当他们发现有云层遮蔽，于是"盘旋着爬升到了左边"，转向次级目标什切青港。

这时是下午的2：04，一架"探路者"飞行堡垒从雷达上辨认出了目标，其他轰炸机紧随其后。然而，在改变轰炸目标时，很难维持队伍的整体性，尤其对于一支在战斗机炮火攻击下的编队而言。这一定律在那个下午的德国东北部得到了验证。

"出于种种原因，领队机飞行速度很慢。"第100大队的约翰·约翰逊在理查德·莱斯特兰奇的选集《世纪轰炸手》中解释道，"在一些任务中，我们的速度是每小时145英里，但还是会超过领队机。其他人也一样，所以当我们抵达目标时，已经不是一个编队了，而是乱成一团，我们投下了炸弹，但不确定是否击中了任何目标。"

第388轰炸机大队的爱德华·亨辛格在他的战时历史中写道:"在丹麦海岸上空飞往目标区的途中、在目标区域、在返程时,大约遭遇了20到25架双引擎战斗机的袭击,大部分是Me210,还有10到15架Fw190和Bf109,他们使用了20毫米的大炮和火箭炮。"他进一步记录道,他们损失了两个"飞行堡垒"大队,虽然其中大部分的航空兵都幸存了下来,却成了战俘。

第3师中一些被击中的"飞行堡垒"试图飞到中立国瑞典,因为他们清楚在这里的拘禁中度过整个战争时期也要比在德国战俘营坐牢舒适多了。但并不是所有人都能做到。其中一架试图飞到瑞典领空的飞机是由雷金纳德·史密斯中尉和人称"马克"的副驾驶员奥林·马克修中尉驾驶的"淘气小姐"。

"飞机在什切青上空遭遇了猛烈的防空炮火,2号引擎被击中,"马克修在理查德·莱斯特兰奇的选集中解释道,"由于螺旋桨无法被校平衡,所以我们从编队掉队了。我们呼叫了轰炸机中队的领队机,请求放慢速度,让'掉队者'也能得到和其他B-17一样的保护。但对方没有这样做——他也有些惊慌,告诉我们尽量躲到乌云之下,然后飞到瑞典,寻求收容保护。当我们离开编队俯冲到云层中时,马上遭到了8架Fw190的袭击,一开始是迎头攻击,敌机对着我们的球形炮塔射击,然后对着侧面、机身四分之一处,以及机尾大开火力,导致我们左边的水平尾翼失灵,除了机尾,全部的控制电缆被毁,而且2号引擎和机翼油箱都起火了,机尾枪手位置的玻璃舱罩也被打破了……可奇迹般地,我们十人中并无人被炮弹击中。不过现在,我们的飞机彻底着火了,机翼马上就要熔化了,我们在菲英岛上空全体跳伞。"

马克修被德国人抓住后,在欧登塞接受了盖世太保的审问。讽刺的是,此处正是他母亲的故乡。除了通讯员伊拉·埃文斯以外,其他人也全都被俘虏了,埃文斯成功地逃过了德国人,他被丹麦的抵抗武装所救,两周后成功抵达瑞典。

此时,其他的轰炸师也注意到了"牵制性的"第3师的确成功地干扰和限制了德国空军可能对第1师和第2师的进攻。可我们要考虑的并不是敌人已经制造了多少破坏,而是我们并没有意识到他们制造破坏的无限潜力。

戴尔·O.史密斯上校（后来升为少将）在"大礼拜"期间担任第384轰炸机大队的指挥官，他在回忆录《呼啸的雄鹰》中解释了第3师的牵制策略是如何起到帮助的。

"德国人的控制器见到了我们的第一支队伍，一支由300架飞机组成的分队前往波兰，摇摇晃晃地飞过北海，往丹麦飞行，"他写道，"德国空军相信这对柏林是一个威胁，不仅令北部的战斗机就位待命，还从南部调去70架战斗机进行截击。80分钟以后，我们由700架轰炸机组成的主力部队插入荷兰，然后直逼目标。在整个轰炸机大流中，我率领着第41战斗联队的60架'飞行堡垒'。德国的雷达站很快向上报告了我们大部队的行踪，在70架战斗机欲北上截击我们的分队之前，他们的控制仪召回了这支队伍。在我们深入莱比锡的途中，约90架当地的战斗机袭击了我们的主力部队，但他们一到目标时间就不得不中止行动，进行燃料补给。而从北部召回的70架战斗机在燃料耗尽之前也几乎不可能赶到。"

那个早晨的莱比锡，白雪皑皑，天空湛蓝。这是一个晴天——就是字面意义上的晴天，并非比喻义。

"云层似乎开始消散，在散开的洞口正下方就是目标，"第384轰炸机大队的主投弹手理查德·克朗中尉回忆道。"在白雪的映衬下，飞机棚非常显眼地矗立在那，一旦炸弹击中，这些建筑物'噗'的一声就消失了。我们的炸弹横扫了这一基地的飞机棚区。这只是那些万事顺利的日子中的一天。"

"能见度非常好，在25架飞机排成一行的情况下，我也能见到下面的（目标）机场，"格伦·迪克上士回忆道，他是第381轰炸机大队的通讯员，在《他们来自池塘》一书中，他与大卫·奥斯本的一段对话这样记录道："当我们的炸弹击中目标时，你能见到飞机的大块碎片被炸飞到空中。我还见到紧接着又是一次巨大的爆炸，然后飞机场的中央腾起一团橙色的火焰。"

"由于事先不确定天气状况，所以我们大队配置了一架'探路者'，机组成员接受过仪表轰炸的特别训练，"第401轰炸机大队的指挥官哈罗德·鲍曼上校回忆道，"一路上天气实在是糟糕，我们已经准备好使用仪表来瞄准目标，但当我们接近目标区域时，云层消散了，最后还是采用了目视瞄准。结果是，我们大队的炸弹与瞄准点的距离全都在1000英尺以内。炸弹击中了艾拉梅塞施密特工厂的主装配车间，据观察，在轰炸机离开目标区后，其他大型总装车间也燃起了大火。"

"我们追随'探路者'（使用H2X或AN/APS-15雷达）开始飞行，"技术军士约瑟夫·珀迪回忆道（他是第384大队所驾驶的名为"葛芝尔女士"的B-17上的通讯员），"但目标方圆几英里都清晰可见，我们几乎没有被护航——所以有些冒险，不过好在敌方的战斗机被大雪困住了。大地看上去很漂亮，天空美丽而空旷，除了飞行中的B-17以外别无他物——很多架B-17。"

当轰炸机离开目标区莱比锡以后，飞行员看到在远远的南方有大量的凝结尾，敌机正朝美国的部队而来。

"距离太远，所以看不到飞机，但是凝结尾却泄露了他们的行踪，"带领第384大队的戴尔·史密斯回忆道，"毫无疑问，这些凝结尾是刚从德国南部出发的敌方战斗机留下的。我问了机尾枪手我们是否也留下了凝结尾。'当然，'他汇报说，'并且痕迹还很重。'有时候一个战斗联队留下的凝结尾，看上去像一条长卷云。哦，哦，我想，如果我能看到德国空军领队机的凝结尾，他也能看到我的。然而这时候已经接近傍晚，相比于对方，我们在落日之上飞行，我希望他还没发现我们。所以我立刻飞到更加暖和的空气层中，这样就不会留下凝结尾。这招确实奏效了，敌方的战斗机并没有来截击我们。"

但并不是每一个在莱比锡上空的战士都和戴尔·史密斯一样幸运。他有些不屑地描述道，"90架当地战斗机"造成了不小的破坏。当第351轰炸机大队的"飞行堡垒"往西南飞行，朝着第三帝国的领空开进，他们也是前往莱比锡的轰炸机大流中的一支队伍，他们就遇到了史密斯所描述的那些"当地的战斗机"。

此刻的"十马力"正处在"机尾查理"的位置，迪克·尼尔森尽力让它跟上大部队，以免让德国人以为这架陈旧的"飞行堡垒"是一架掉队机。在德国本土领空和德国空军的防空火力较量,这是一次完全崭新和令人惶恐的经历。机组的所有成员,除了副驾驶员罗恩·巴特利以外,从没来过德国执行任务,而且这也只是整个机组的第二次任务而已。

史密斯解释道,当地的战斗机"在我们深入莱比锡时袭击了我们的主力部队"。这时,第351大队的飞机正准备进入他们的轰炸航路。

突然,情况变得一团糟。

尼尔森和巴特利几乎没有时间注意德国的战斗机,他们从其他轰炸机喷出的凝结尾的模糊薄雾中突然蹿出来,从前方径直朝他们飞来。

两架飞机冲向彼此的合成速度接近每小时500英里,在那样的速度下,你没有多少时间去了解到底发生了什么,更别提做出反应了。

德国的飞行员用他的MG151机炮对着轰炸机一阵扫射,20毫米的炮弹以不可思议的速度猛冲向"飞行堡垒"。罗恩·巴特利最后见到的物体就是飞速冲向他的疯狂的圆盘状物体。

其中一个撞向了"十马力"驾驶舱的右挡风玻璃,直接穿刺过去,就好像玻璃根本不存在一样。

在爆炸中,副驾驶巴特利的脑袋直接气化了,弹片刺穿了迪克·尼尔森头部和胳膊的侧面。

这一天,在世界另一端的美国,一位新婚不久的新娘伯妮丝·巴特利一醒来就变成了寡妇。

处在编队其他位置的轰炸机目睹"十马力"刚投下炸弹就被击中,投弹后的轰炸机突然轻了两吨多重,这架B-17G抬头飞行了一小会,然后就掉队了。副驾驶牺牲了,驾驶员也失去意识,这架"飞行堡垒"失去了控制,它开始旋转,然后下坠,从20000英尺下降到了15000英尺,而且还在继续翻滚着坠落。

独自在机鼻位置的投弹手约瑟夫·马丁往上看了看驾驶员座舱,只见一片惨状,他推测两位驾驶员已经牺牲,加上他无法在对讲机上联系到任何人,猜想其他幸存者都已经跳伞了,于是他爆开了舱口,飞快地跳伞了。然而他的假设错了，他才是唯一一个跳伞的人。

卡尔·摩尔爬进驾驶舱，发现两位驾驶员的血浸透了整个驾驶舱。他抓住操纵杆，拉紧它，以对抗让飞机失控的离心力。

摩尔努力让飞机恢复控制，可"十马力"还是从15000英尺下降到了10000英尺，并且仍在坠落。

最后他终于控制住了飞机，轰炸机在5000英尺的高空中保持了平衡。

大部分机组成员的第一反应是，一旦离心力减弱，他们无须抱住最近的机舱隔板时，就要设法离开这口坠落的活棺材。

处在机头位置的领航员沃利·特穆培意识到飞机已经恢复平稳，命令所有人暂时处在原地不动。可阿奇·马蒂斯从可怕的、狭小的球形炮塔中蹦了出来，艰难地爬到了驾驶舱，特穆培也很快加入了他们。

他们盘点了一下这个可怕的现场，血液、脑浆、人肉涂满了整个驾驶舱，狂风透过被打破的挡风玻璃，以每小时200英里的速度呼啸而来。

巴特利显然已经牺牲了，迪克·尼尔森虽然受伤严重，但尚存一丝气息。

他们环顾四周，意识到"十马力"明显除了驾驶舱以外，还算是完好的，四个靠涡轮增压的"莱特飓风"引擎仍然和那天从博布鲁克起飞时一样轰隆隆地顺利运转，而且大家都可以看到，机翼和操纵面也在有序运作。他们决定将巴特利和尼尔森从驾驶舱移出去，并试着将轰炸机驶回英国。

他们将副驾驶员的遗体往下移到了投弹手的位置，但当他们试图搬动迪克·尼尔森时，却发现他的身体被控制装置绊住了，于是决定让他留在原处，以防伤情恶化。

俗话说，一知半解，自欺欺人。可这个星期天，"一知半解"却帮了大忙。在他们中间，摩尔、马蒂斯和特穆培都懂得一点飞行员的基本操作，足以让"十马力"保持平衡并掉头返回英国。领航员特穆培找准了线路，他们往那个方向飞去。

观摩过太多飞行员操作的阿奇·马蒂斯自信能驾驶飞机，他溜到巴特利的空位，开始控制飞机。特穆培提供的路线是往西北方向，他们都相信这是回家的路。

然而，德国空军并没有就此罢手。

就在正上方，一架福克-沃尔夫Fw190朝他们俯冲而来，乔·雷克斯用他的50口径的机枪来对抗敌机的曳光弹流，几秒钟敌机就被炸成了一阵碎片雨。雷克斯干掉了这架福克-沃尔夫，但他的手臂也受伤严重。

"十马力"的右边又升上来两架Fw190，紧紧与之并驾齐驱，机组成员反应了好一会才确定这些并非护航战斗机。当德国人正在研究这架受伤的"飞行堡垒"时，右腰机枪手拉塞尔·罗宾逊对他们发射了一通50口径的枪弹。

两架敌机被逼退，然后一边开火，一边飞过"十马力"，之后便莫名地消失去追击其他飞机了。

机组集体都松了一口气，继续往回飞。

托马斯·索维尔爬回到被阿奇·马蒂斯弃置的球形炮塔。他后来回忆道，就在5000英尺的下方，人们站在德国和荷兰的城市街头，抬头注视着这架美国四引擎轰炸机，荷兰人们还挥手致意，这一切都太超现实了。

同时，在同一片天空，在第1轰炸师的一架"飞行堡垒"上，正在上演另一出相似的怪诞戏剧。

飞行员威廉·罗伯特·劳利中尉，昵称为"比尔"，23岁，来自美国阿拉巴马州利兹市。在那个清晨，他驾驶着一架"飞行堡垒"从彻维斯顿起飞，机鼻位置上写着"空中小屋"几个字，油漆还未干。

比尔·劳利的人生和那天在空中执飞的许多年轻飞行员都是相似的，他于1942年8月应征入伍，参加了飞行培训，同月，他度过了22岁生日。1943年4月，他获得了飞行章，被分配到一个在佛罗里达的廷德尔空军基地受训的机组，并且在年初随同大流一起来到英国，在替补仓休闲站待命。

1月，劳利和他的机组被分配到名为"无所不能"的第305轰炸机大队的第364轰炸机中队。和那个周日凌晨参与千机大行动的其他人一样，他的机组也将深入第三帝国。然而，和"十马力"机组不一样的是，在那天之前，他们已经积累了无数次短途任务的经验。

凌晨3点，迪克·尼尔森和罗恩·巴特利在博布鲁克醒来，吃完早餐，他们来到第351轰炸机大队的作战指示会会场。而在彻维斯顿的比尔·劳利和他的副驾驶员保罗·墨菲也在经历同样的事情。在第364中队的作战指示会上，当黑色的幕布被拉开，黑色纱线伸展开来，就像在第510轰炸机中队作战指示会上的地图一样，纱线从东英格兰延伸到莱比锡。他们也见到了如莱比锡、巴特嫩多夫和莫考飞机场等名字。

正如威尔伯·莫里森在他的《不可思议的第305轰炸机大队》一书中写道，劳利对投弹手亨利·梅森中尉说："亨利，听上去没有那么糟糕。"

"谁知道呢？"梅森盯着地图，回答说，"你永远吃不准一场在德国境内的战争。"

五小时后，亨利·梅森通过诺登投弹瞄准器见到的，就不再是地图或侦察照片上的街道和陆标，而是真实的莱比锡的街道和地标。

时间一到，他就触发了投弹键，等着飞机因为突然卸掉约3吨重的炸弹而陡然下沉。

但是什么也没有发生。出了点故障，炸弹并没有投掷下去。

不过这个问题却让梅森很快转向轰炸清单后面的目标，趁着此时的德国晴空朗朗。

"十马力"刚刚遭遇厄运，在过去的半小时内，一路上其他很多架"飞行堡垒"也是一团糟糕。

一架德国的战斗机朝"空中小屋"飞速而来，并发起了一次"迎头攻击"，这一战术在欧根·梅耶的推广下被德国空军奉为圭臬。

这和"十马力"的遭遇一样——也许截击机的飞行员们在他们早上的作战指示会上已经被告知要采取这一战术——梅塞施密特将20毫米的炮弹径直掷向驾驶舱的挡风玻璃。

就在不到一小时前的"十马力"上，副驾驶员当场死亡。和罗恩·巴特利一样，保罗·墨菲最后见到的东西也是那些径直朝他脸部飞过来的滚烫的圆盘状的炮弹。

比尔·劳利和迪克·尼尔森的遭遇是一样的，炮弹炸死了他邻座的副驾驶员，他自己也身负重伤。

不过和尼尔森不同的是，劳利仍然是清醒的。

不过，就其他方面而言，"空中小屋"比"十马力"受损严重多了。后者只是尼尔森的位置受了致命的一击，而劳利的轰炸机却被炸得面目全非。一个引擎起火了，好几个机组成员都严重受伤，因为敌方战斗机对着这架"飞行堡垒"从机鼻到机尾扫射了一番。

更糟糕的是，满载炸弹的"空中小屋"几乎在垂直陡降。

他们正在往下坠落。

不过，比尔·劳利决定阻止这一切。

他颠簸着想去拉住操纵杆，但保罗·墨菲的尸体正往他身上倾倒过来，加剧了轰炸机往下坠降。

虽然劳利的右手受伤严重，基本失去了行动能力，但他还是成功地将墨菲的尸体从控制面板上移开，单凭他的左手用尽全力让轰炸机在12000英尺的高度保持平稳飞行。

和"十马力"的驾驶舱内一样，这里也是血溅四处。

"在兴奋之余，他感到了尖锐的疼痛，"威尔伯·莫里森写道，劳利发现自己也受了重伤，"当他用手拂过脸庞时，见到自己正在流血，才完全意识到他也被炮弹击中了。"

当劳利在努力控制飞机不让其往下坠落时，也许还没那么要紧，不过既然他已经做到保持飞机平衡了，他需要看清楚他们正在飞往何方。他想看看仪表盘，要做到这一点，就必须从挡风玻璃和仪表盘上清理干净墨菲的血迹和肉屑，这是个可怕的任务——更别提劳利自己也流了不少的血。

当他正在清理时，德国空军再一次袭击了"空中小屋"。

劳利本能地躲闪，战斗机突然停止进攻了，也许他们意识到这架"飞行堡垒"已经无力回天，不值得再费力气，因为此时空中还满是其他轰炸机。

着火的引擎似乎要失控了，劳利巧妙地操作了一把，让往前的冲力带来的气流将大火扑灭了。

机组成员也感受到了飞机躲闪动作和往前一冲，猜测"空中小屋"可能已经失控。可事实正相反，这架"飞行堡垒"正在一个老练的飞行员的掌控之下。忍不住想说飞机正在内行手上，可鉴于这个情况，这个"手"只能是单数（注：in good hands，意思是在可靠的人即内行手上，但因为劳利的右手受了重伤，所以只靠左手操作）。

到这时，只有随机工程师已经跳伞，但跳伞这个话题又重新被提上议程。劳利鼓励机组成员勇敢往下一跳。

"我们不能跳伞！"通讯员托马斯·登普西军士通过对讲机回复，"两位机枪手负伤严重，我们不能放弃这架飞机。"

考虑到这个情况，劳利决定将"空中小屋"驶回英国。他不打算抛弃受伤的兄弟，飞机上其他人也都决定与他共存亡。没有人想要抛弃他们的战机。

投弹手亨利·梅森曾受过一些飞行训练，他从机鼻的位置出来帮忙。他们无法将墨菲的遗体从他的位置挪开，于是用他的大衣将他绑在椅背上，梅森站在两个位置之间进行操作。他们将驾驶舱的炸弹投掷了出去，这样可以摆脱掉那些炮弹，从而减轻"飞行堡垒"的重量。

虽然劳利的脸部、颈部和手部都受伤严重，血流不止，但他拒绝接受急救护理，他似乎还说过这"只是一点擦伤而已"。

"空中小屋"发出嗡嗡的响声，机组成员都知道他们将孤独地待在这架易受攻击的离群的飞机上，在空中飞行痛苦而又漫长的五个小时，这期间德国空军随时可能突袭他们。

在法国某处上空，失血过多和几近休克的比尔·劳利扛不住了。

他昏过去了。

亨利·梅森在他那个尴尬的站位抓着操纵杆，推搡着劳利。

"别离开我们！"

劳利终于又恢复了意识，他的左手再次握住控制装置。

同时，第2轰炸师也有飞机经历了与"十马力"和"空中小屋"类似的情况，而没能像第1师那样有幸避开"90架当地战斗机"。

第2师的目标区域上空，横跨了布伦瑞克和哥达两地间约100英里的德国领空，在此"解放者"遭到了全副武装的德国第11战斗机联队的Bf110的截击。

第445轰炸机大队的领航员赖特·李在他的回忆录中写道，正当"解放者"接近布伦瑞克时，德国人发起了进攻。

"有点不对劲，"李回忆起接近目标的过程，"我几乎进入了轰炸航路，直到下午1：18以前，一路上都没有高射炮或战斗机……突然，天空中似乎瞬间出现了一大群纳粹的飞机。他们不知从哪冒出来的，我们匆忙定位敌方战斗机，一旦时机成熟便开火。我暂时放下了领航的工作，随时准备'触发'投弹键，这时有人在对讲机里喊道：'战斗机在上方正12点的方向，正向我们逼近。'机鼻和机顶炮塔枪手迅速做出反应，往前和往上调整了机枪，而其他人只是往前——驾驶员、副驾驶员和领航员——当他们见到20毫米的炮弹就在窗户外爆炸时，都吓得畏畏缩缩了。德国战斗机的炸弹倾泻而下，但并没有直接击中我们。同时我们的飞机前前后后都开始剧烈地摇晃。"

李描述的是飞机上多挺机枪同时开火时带来的剧烈震荡。

"机鼻和机顶炮塔枪手对着汹涌而来的战斗机同时开枪，"他解释道，"我们的子弹炸穿了敌机的右翼和机身，这架Fw190开始冒出黑烟，他飞到我们上方，似乎距我们头顶只有几英尺远。就在那一刹那，机腰枪手尤金·杜本对着对讲机大喊：'嗨，我们身后有两架战斗机。'后来，他告诉我们，当两名炮塔枪手正在对他们前方的战斗机扫射时，一架Bf109出现在编队下方，攻击机腹，但并没得手，往上爬升时与我们身后的Fw190的机鼻相撞，两架飞机在火焰中盘旋着往下坠落，这意外的'一石二鸟'还让我们受到了褒奖。"在目标上空，李惊讶地发现德国空军的截击机还在持续发起进攻，尽管此时他们已经受到了德国防空炮火的四面围攻。当第445轰炸机大队离开目标区域时，"解放者"开始一架接着一架往下坠。

"我们大队的另一架名为'空中沃尔夫'的飞机突然开始坠落,机鼻朝下,正好从我们编队中穿过,在温(中尉)的飞机和我们的飞机之间,差一点就要砸到温的机翼,我们的机尾枪手见到他持续无助地旋转着往下坠落,最终在空中爆炸了。没见到有人跳伞。

"此时,敌方的进攻还是一如开始时那么疯狂,敌方战斗机击坠了我们第389轰炸机大队的两架飞机,第389大队属于我们(第2战斗)联队。与空战的极度恐惧形成对照的是,我们见到许多往下坠降的降落伞融入到白雪皑皑的地面背景之中,蔚为壮观……我们大队的另一架'解放者'开始落后,突然整个机尾都脱落了,机鼻朝上,飞机开始旋转,突然燃烧起来,然后爆炸……半个小时后,敌人停火了,但我们损失巨大,我们联队的70架飞机损失了7架。"尤其是一位德国空军的飞行员成了B-24轰炸机的劲敌,那就是罗尔夫-甘瑟·赫米岑少校,他于1943年10月从第26战斗机联队转到第11战斗机联队第1大队,并担任大队长,在周日的行动中,他在18分钟内击坠了4架"解放者"。

从下午1:27开始,他追着第2师的编队从下萨克森的霍尔茨明登一路到了哥达,在一开始的三分钟里,他似乎陷入了无节制的狂欢之中,迅速击坠了四架"解放者"中的两架。赫米岑在那天一共击坠了52架飞机,他整个职业生涯的总击坠数为64架,其中26架为四引擎重型轰炸机。

尽管赫米岑几乎是在血腥狂欢,戴尔·史密斯上校还是辩证地看待"大礼拜"的第一天,他看到了第八航空队所取得的战绩,也看到了德国空军本来可能造成的破坏。

"德国的指挥者认为我们会即刻撤退,所以在我们的返程路上,所有重新加满油的德国战斗机和许多其他飞机排好阵仗,准备在我们撤退时群起而攻之,"史密斯说道,他解释说那个周日的下午,至少第八航空队的一些轰炸机在撤退时还是继续成功地干扰了德国空军的判断,"我们并没有沿那条路返回,而是往西南方向围着鲁尔区南部绕了一大圈。当德国的防御指挥官发现我们的意图,并匆忙通知聚集在南部的战斗机时,我们已经上路多时了,当我们的部队撤退到英吉利海峡时,只有少量的战斗机追上了我们的尾部。"

"可并不是每个人都像我们这么幸运,而且明天的德国空军也不会像今天这样被我们轻易愚弄了。"

第十六章　机翼与希冀

在那个寒冷的周日下午，太阳像是在嬉闹一般，并没有如诗人笔下那般"渐渐西沉"，人们开始聚集在整个东安格利亚的控制塔周围，对着萧条的冬日天空极目远眺。

不过现在就盼着飞机全部归来还有点为时太早。所有出于种种原因（主要是机械故障）而取消任务的飞机很早就着陆了，但对于其他前往布伦瑞克或奥舍斯莱本的轰炸机来说，时间还早，至于那些去罗斯托克和莱比锡的轰炸机，甚至要更晚了。

在博布鲁克，哈罗德·弗林特军士从中午开始就来到控制塔值班，担任调度员。约三小时后，也就是在去往莱比锡的轰炸机预定归来的一小时前，他突然通过无线电接到一个紧急呼叫。

"这里有重要情况，"对方说道，据弗林特在空军历史研究局的录音资料中回忆道，"我们的飞行员身负重伤，副驾驶员已经牺牲，我是领航员。我们该怎么办？"

呼叫的人是领航员沃利·特穆培。阿奇·马蒂斯驾驶着"十马力"一路飞回英国，几分钟后就要回到这个机场，他们黎明前在此出发。特穆培联系控制塔是因为那枚20毫米的炮弹不仅炸死了副驾驶员罗恩·巴特利，也把驾驶舱里的无线电装置给毁掉了。无线电技师乔·雷克斯虽然身负重伤，还是修复好了联系驾驶舱的对讲机，这样至少阿奇可以随时和沃利沟通。

那天值班的塔台飞行指挥官是第351轰炸机大队第509轰炸机中队的伊利沙·勒杜上校，他立刻将这一消息发送给大队指挥官尤金·A.罗米格。罗米格的执行官罗伯特·W.伯恩斯（八个月后接替罗米格成为大队的指挥官）来到了控制塔，随后罗米格本人也迅速赶到。他们见到"十马力"在机场上空快速而又古怪地盘旋着，可当控制塔的人得知驾驶员是其中一位机枪手时，对其技术便没么苛求了。

然后大家才意识到不管是马蒂斯还是高级军官特穆培，之前都没有驾驶过B-17——直到今天——而且"十马力"上没有任何人曾操作过飞机着陆。

罗米格指挥他们绕着机场在一定的高度盘旋，这样其他机组成员可以安全地跳伞。他告诉特穆培，在此之后叫马蒂斯对准约40英里以东的北海海岸，当他们确定"飞行堡垒"正安全地前往海面飞行时，他们自己也可以开始跳伞。

马蒂斯和特穆培拒绝了。

特穆培说他们会先低空飞行，让其他所有人先跳伞，但阿奇·马蒂斯准备让飞机着陆。

为什么呢？

他们解释说虽然迪克·尼尔森受伤严重，还昏迷不醒，但他尚存一丝气息，他们不能抛弃他，让其葬身北海。

控制塔的指挥官们犹豫了一会，但还是同意通过口头指挥让飞机着陆。

五把降落伞朝着博布鲁克飘浮而下，"十马力"在跑道上空盘旋着。

太快，而且太高。

弗林特叫马蒂斯继续盘旋。

还是太快太高。

经过不断重复以后，很明显马蒂斯需要观摩一个B-17着陆的范例，罗米格决定飞上去给他做示范。由勒杜担任副驾驶员，罗米格驾驶着名为"我的公主"的"飞行堡垒"飞上天与"十马力"会合。

罗米格尽量挨近"十马力",近到可以看到右座上精疲力竭的阿奇·马蒂斯,但他努力控制飞机不与对方相撞。

不幸的是,罗米格还是无法直接与特穆培对话,另一个通讯故障让他仍然不得不通过控制塔将信息先发送给特穆培,再转达给马蒂斯。

此时,第351轰炸机大队的其他飞机已经开始返回,但为了给"十马力"降落博布鲁克而清场,伯恩斯紧急下令,其他飞机转降约3英里以东的第457轰炸机大队的基地格拉敦机场。

然而到此时为止,"十马力"和"我的公主"已经偏离了博布鲁克以南约5英里,更接近第303轰炸机大队的基地莫尔斯沃思机场。而此时第303大队的大部分飞机都已经返回。罗米格和勒杜经过短暂的考虑后,放弃了让"十马力"在此降落的主意。

当他们回到博布鲁克,再次尝试着陆时,特穆培和马蒂斯突然决定在一片大场地降落,罗米格试图指导他们降落在一个下坡,但当时阿奇·马蒂斯已经下定决心,他执意要降落在一个上坡。

一开始,他们似乎要成功了,但是并没有。

马蒂斯和特穆培挽救迪克·尼尔森的英勇行动失败了,二人也壮烈牺牲了。

1929年的同一天,在宾夕法尼亚州"图书馆"镇外的铁路栈桥上,阿奇·马蒂斯曾身处险境,他几乎见到了死神的模样,只是那一天,死神开了小差。

今天,死神完成了他冷漠无情的报复。

可尼尔森居然奇迹般地在空难中幸存了下来,他从"十马力"的残骸中被救出,匆匆送往医院。

但他没能被救活,死的时候,也没能恢复意识。有人说他还是熬过了当晚,但在洛克岛国家公墓的墓碑上,尼尔森的死亡日期被记录为星期天。

彻维斯特在莫尔斯沃思以南的距离,就和后者距博布鲁克一样远,名为

"无所不能"的第305轰炸机大队正在此处维修他们的轰炸机,并时不时扫视天空,看是否还有掉队的飞机归来。也许他们还在期待见到比尔·劳利中尉的"空中小屋",但一些号称见到它坠毁的人已经传达了噩耗,"空中小屋"由于引擎失火,几乎是垂直坠落的。他们知道在那种情况下,人们往往无法逃生。

控制塔的同事悲伤地揣测,今夜的彻维斯特又将多出十张空床位。

他们还是朝天空扫视了一番,想着也许"空中小屋"还会出现,但是它没有出现,也不会再出现。

不过,事实并非像那些所谓目击者所揣测的那样,"空中小屋"此刻仍然在空中飞行。

在"空中小屋"机组的眼前,没有欢迎的目光,只有隐隐呈现的法国海岸。他们见到了新月状的白色沙滩,他们知道几个月后,数以千计的同龄年轻美国战士们将在这里激战,然后登陆,为了解放在过去的八小时内都在他们机翼之下的这片欧洲大陆。

在他们的耳畔,也没有迎接的欢呼声,只有"飞行堡垒"的一个莱特飓风引擎由于燃料烧尽而发出的摩擦声。

比尔·劳利虽然因为疼痛和失血而变得虚弱,但还是能控制住飞机,他努力让引擎支撑杆保持水平以减少空气阻力。

突然,事态急转直下。引擎火再次引发了爆炸,这一次,飞机处在不到5000英尺的高空,他无法通过让飞机骤降而增加气流量以扑灭火源。

他们很快就要飞跃英吉利海峡,但距离彻维斯特还有100英里之远。劳利知道他们到不了了,大部分机组成员也清楚这一点。

比尔·劳利驾驶着"空中小屋"在"欧洲堡垒"上空飞行了几百英里后,终于将这架"飞行堡垒"拉过了英国的海岸线。整个飞机已经一团糟糕,机身千疮百孔,引擎也着火了,只需几分钟,一片机翼就要燃烧殆尽了。

他们一路跋涉,如此接近,却最终无法达到彻维斯特。

"他在寻找一片开阔的草地,"五十年后,机腰枪手拉尔夫·布拉斯韦尔告诉《纽约时报》的理查德·戈德斯坦，"突然，出现了一个加拿大的战斗机机场。他快速发出紧急信号，然后就径直降落了。"

那是一次糟糕的着陆。由于起落架控制装置失灵，所以这名负伤的飞行员只能选择机腹着陆。"空中小屋"重重撞击在与红山机场跑道平行的草地上，这是伦敦以南的一个战斗机机场。飞机踉踉跄跄地滑行着，发出刺耳的刮擦声。

这架"飞行堡垒"曾在莱比锡上空几乎垂直坠落，比尔·劳利成功地力挽狂澜，这是自那以后，飞机第一次失控。

幸运的是，草地的淤泥减缓了前冲力，飞机并没有在这种状态下滑行太久。

这是一次很糟糕的降落，但人们总说，一次好的降落，就是你可以安全步离机舱。

劳利飞机上的几个同事——包括他——受伤太过严重，所以并不能真正意义上自行步离机舱，但除了牺牲的保罗·墨菲以外，全都活着离开了"空中小屋"。

比尔·劳利曾经向他们承诺他会将他们平安带回英国，他确实做到了。

由于阿奇·马蒂斯、沃利·特穆培和比尔·劳利在"大礼拜"第一天表现出来的非凡的英雄主义精神，他们都被授予了荣誉勋章。

不过也有一些人是无名英雄。在金博顿，保罗·布里丁中尉驾驶着第379轰炸机大队的一架"飞行堡垒"安全着陆，这架飞机曾在贝恩堡上空被多架Bf109围攻，副驾驶员也牺牲了，他自己也身负重伤。

"布里丁并没有继续待在领航机的位置，他冒着可能会分裂编队的危险，爬行到高于其他飞机1000英尺的位置，然后求救。"德温·罗伯在他的军事回忆录中写道，两名机枪手来到驾驶舱帮忙将副驾驶的遗体移到投弹手的位置，在布里丁接受急救护理时，他们暂时接手驾驶飞机。

"直到死去的副驾驶员被移开后，其他人才发现布里丁也受了重伤，但他只字未提自己的伤势，一直坚持驾驶飞机，"罗伯继续写道，"虽然驾驶员血流如注，身负重伤，但他拒绝注射吗啡，他坚称当飞机穿过密云在基地降落时，他需要保持清醒。"

同时，机组正面临着和不久前的"十马力"一样的两难困境，他们决定启动自动驾驶装置，然后给布里丁和牺牲的副驾驶员都绑上降落伞，集体跳伞。

"当布里丁听到这一计划时，他命令（机腰枪手）查理·撒恩斯帮他重返驾驶员座舱，接手驾驶，"罗伯解释说，"由于失血和疼痛，他非常虚弱，处于半清醒状态。他驾驶着飞机，往下飞过云层，并且安全着陆。当布里丁驾驶着飞机在跑道上滑行着停下来时，他往前探身关掉引擎后，就立刻昏过去了。"

在那天下午晚些时候，在图伊·史帕兹和他的参谋们的住所，即位于伦敦郊区的"公园住宅"——距博布鲁克和莫尔斯沃思以南约65英里，离金博顿较近一些——当第1轰炸机大队的所有轰炸机全部着陆以后，电传打字机开始咔咔作响。

当夜幕降临时，周日行动的规划者们和轰炸机机组的指挥官们齐聚一堂，审阅和分析白日里的战况。弗雷德·安德森、格伦·威廉姆森和迪克·休斯、吉米·杜立特和他的参谋也都在场。

"我们已经一天一夜没有合眼了，"威廉姆森后来告诉记者查尔斯·墨菲，"整晚，电报不停传来，各个大队纷纷汇报战况，都说没有损失或只有一二。我们无法相信，我们原以为有的飞机会全军覆没，有的会被炸得粉碎。当所有报告被呈上来后，汇总得出的数据简直难以置信。"

在场的人都预测损失可能会达到200架轰炸机，人员伤亡也将达到2000人。他们还得知第八航空队仅损失21架轰炸机和4架战斗机。不过虽然损失不大，但指挥官们还是非常牵挂那些失踪的战友，而不是此刻在东安格利亚已经酣然昏睡的士兵们。

第1轰炸师汇报说7架"飞行堡垒"被击坠，还有1架在返回后也不得不报废。第1师在此次行动中牺牲了7人——包括阿奇·马蒂斯和沃利·特穆培——72人在德国上空跳伞之后被列入失踪人口之列。

第2轰炸师损失了8架"解放者"，报废了3架。他们汇报说10人牺牲，77人失踪。第3轰炸师损失了6架轰炸机，报废1架，3人牺牲，60人失踪。

在轰炸机出发约90分钟后，侦察机已经出现在各个目标上空。

侦察机返回英国后，摄像机上的胶卷经过处理，图片被传送到"公园住宅"的聚会之上，电报也还在不断进来，史帕兹、安德森、杜立特、休斯和其他人开始拼凑一幅他们的轰炸机和航空兵所取得的战绩图。

第1轰炸师汇报说，在他们派去轰炸莱比锡周遭的飞机制造业的417架"飞行堡垒"中，239架击中主要目标，另外44架前往奥舍斯莱本，37架进攻贝恩堡。

第2师派遣了26架"解放者"前往轰炸布伦瑞克周围的主要目标，71架前往黑尔姆施泰特和奥舍斯莱本，87架袭击哥达。第3师的314架"飞行堡垒"中，105架抵达图多夫的工厂大楼，76架袭击罗斯托克附近的海因克尔工厂，115架轰炸该地区的其他目标。

莱比锡遭到了大面积的破坏。侦察照片显示，加上《战略轰炸调查》也确认了，四个ATG的工厂全都受损严重，包括结构损伤，还有重要机床的损伤。艾拉机械股份有限公司也遭受了重创，尤其是在莱比锡和莫考的总装设备厂。

在第384轰炸机大队的战时历史中，大队的官方历史学家昆廷·布兰德与琳达、维克·菲亚斯-哈林汇集了第一手的记录。名为"万事俱备先生"的轰炸机上的球形炮塔机枪手理查德·休斯上士曾在飞机上目睹了莱比锡的惨状，"被炸弹击中后，整个城市被涂成了黑色。爆炸的炸弹就像建筑物之间闪烁着的星星点点的灯光"。

"这是我遇过的最完美的轰炸条件。"詹姆斯·米勒中尉是第384轰炸机大队名为"温驯的狼"的轰炸机上的副驾驶员，他在周日晚的任务汇报会上这样说道，"在目标周围的20英里半径范围内的上空中，云层中有一个巨大的洞，第一枚炸弹正好击中两个飞机棚中间，其余的炸弹都准确命中，如果我们不先撼动那个地方，那么后来也就不可能击中任何目标。"

同时，第八航空队的轰炸机枪手声称击坠了65架德国空军的截击机，这也许有些夸张了，因为他们经常发生虚报浮夸的问题，不过战斗机护航机声称击坠了61架敌方战斗机，这应该是准确的。考虑到只损失了4架护航机，所以那天的战绩是相当可喜可贺的。

"直到深夜，最后一批返回机场的大队才发来汇报，"在"公园住宅"的那个漫长的夜晚，休斯也在场，"根据每小时送过来的数据，越来越明显的是，我们以最少的损失取得了惊人的战绩。每个目标都被准确地击中了，而且我们的伤亡人数在总参与数的5%以下。史帕兹上将终于松了第一口气，然后飞往意大利了"

阿瑟·弗格森对"大礼拜"的第一天做了最贴切的总结："第一次行动的展开要归功于安德森上将的执着，他拒绝让任何一次机会，甚至是一次并无把握的机会（由于天气因素）在他面前溜走。而让美国战略空军司令部大松一口气的是，这场赌博大获全胜。"

第十七章　星期一，2月21日

欧文·克里克曾保证说周一的德国将继续天晴，哈普·阿诺德的这位气象大师所预言的高压区确实得以持续。

正如迪克·休斯所观察到的和阿瑟·弗格森所汇报的，"当21日的气象预报说德国将继续保持晴好天气时，又一场行动正在如火如荼的酝酿之中。大家都认为这是一个大好机会，这种情绪在美国战略空军司令部内部蔓延，也扩散到作战司令部"。

这样的好机会必须抓住，虽然周一的天气不比周日那般清澈晴朗，更准确地说，高压区带来了"局部多云"的天气。

和周日的凌晨一样，当图伊·史帕兹、吉米·杜立特、弗雷德·安德森还在"公园住宅"阅读电传和举手相庆之时，英国皇家空军轰炸机司令部已经开始工作。美国"飞行堡垒"上的莱特R1820星形引擎还没有从周日的胜利中冷却下来时，外号为"轰炸机"的亚瑟·哈里斯已经派遣他的"兰开斯特"和"哈利法克斯"前往德国进行地毯式轰炸。与前夜莱比锡行动不一样的是，英国皇家空军的主要目标是整个城市，而这并不在周日美国陆军航空队的目标之列。

据英国皇家空军轰炸机司令部1944年2月的战争日记记载，那晚一共有

826架轰炸机抵达目标，其中598架深入约460英里以外的斯图加特郊区。说起飞机引擎，斯图加特是"论证行动"的一个重要目标，因为它是戴姆勒－奔驰公司的所在地，该公司生产的DB601液冷式V12引擎被普遍用于梅塞施密特Bf109、Bf110和Me210战斗机中。

同时，在周一的黎明之前，第八航空队也发动了861架轰炸机。周日的目标主要集中于飞机制造业，而今天，第1轰炸师和第2轰炸师将火力主要瞄准德国空军本身。

德国西北部明斯特和北海之间的一片弧形天空是通往德国工业腹地的重要通道。除非绕个大弯，否则这是所有英国皇家空军和美国陆军航空队的轰炸机深入德国的必经之地——无论是去往汉堡、柏林，还是施韦因富特、雷根斯堡。

因此，德国空军将这一通道打造成了盟军轰炸机的死亡通道，在这里建立了截击机基地。在轰炸机入侵时，他们在此处进行截击，然后着陆补给燃料，在轰炸机返航时再次猛攻。

2月21日，第八航空队将目标锁定在这些德国空军基地上。

迪普霍尔茨县位于不莱梅港西南的40英里处，这里的迪普霍尔茨军用机场是第1师的目标清单上首当其冲的主要目标，还被其他两个师列为次级目标。这个大型基地有一段非常有趣的历史，早在1934年它就已经在规划之中，这时希特勒还没有正式废除《凡尔赛条约》中禁止德国组建空军的条款。

在一名贵族艾美·冯·瓦格纳男爵夫人的运作下，这座城市获得了农田，后来农田被卖给一家名为"德国航空和贸易有限公司"的幌子公司，该公司利用"帝国劳工服务"建造了一个集机场跑道和其他设施的大型综合体，到了21世纪这个综合体仍然用于军用和民用交通。1936年，德国空军占用这一场地，将弗利格霍斯特－迪普霍尔茨变为一个主要的基地。不过，当盟军轰炸机出现在基地上空时，多少有些讽刺，因为1940年迪普霍尔茨还是He111轰炸机的生产地，这些轰炸机曾夷平鹿特丹，并参与伦敦闪电战。

第1师的336架"飞行堡垒"在周日执行了最远程的任务，周一的任务却是最短途的，第2轰炸师的244架"解放者"将进击更深入的德国空军基地。第1师的主要目标为古特斯洛、利普斯塔特、韦尔等军用机场，不过这些目标都被厚重的云层遮蔽，因此其中285架轰炸机转而前往攻击布拉姆舍、哈普斯顿、夸肯布鲁克和莱茵空军基地等次级目标。

的确，由于零星的云层遮蔽了太多主要目标，很多部队被迫转向次级目标或临时目标。第1师第41轰炸联队的指挥官威廉·巴克中校称这个周一是在玩"寻物游戏"。许多部队要么从他们的主要目标转向本队或其他部队的次级目标，要么改为轰炸附近的、他们能找到的机场或铁路编组车场。

根据各种记载，那天参战的空军回忆道，空军指挥官们敦促各个队伍积极寻找临时目标，如果没能将炸药投放至某个重要目标，就不得返回英国。

同时，第2师的214架轰炸机也转向林根、赫斯勃和韦尔登等次级目标。两个师都派遣了飞机前往轰炸奇莫和臭名昭著的迪普霍尔茨德国空军机场。

结果，那天的迪普霍尔茨大型空军基地上，天气晴朗。第303轰炸机大队的哈里·高布雷希特在他的《飞行的力量》一书中回忆起迪普霍尔茨大进攻，他引用了第360轰炸机中队的指挥官沃尔特·沙勒少校的话："我们肯定击中了这一机场的某些目标，浓烟和火焰四起，一片狼藉。不过有人已经先我们一步了，所以我们只是火上添油而已。"

2000年出版的《百年迪普霍尔茨中学》记录了迪普霍尔茨两位无名的小学生关于那个宿命般的周一的回忆。

"我永远都不会忘记迪普霍尔茨基地遇袭的那一天，"其中一个写道，"当时，我们躲在学校对面的地下室，地下室的一部分还露在地面之上，一开始，轰炸机像往常一样排列成编队，突然解散开来，掉头往回飞行。所有人立刻跑到地下室。我记得地面震动过后，我们所有人都把头埋在这个古老地窖中一个老旧的沙发中。当空袭解除的警报拉响之后，我们跑到班霍夫街上，整个街道散落着弹片。"

另一个回忆道："在轰炸过程中，在克艾斯巴卡斯的地下室里，（掩护我们的）一个老师面露焦虑地和我们说，这场战争我们输定了。战争结束后，我们再也没见到过他,他当天就被盖世太保逮捕了。"

第384轰炸机大队从格拉夫顿丛林起飞,他们的主要目标是位于韦尔的德国空军基地。历史学家昆廷·布兰德在关于该大队的历史中写道:"他们发现所有紧邻的目标都被厚实的云层所遮蔽,于是在距德国哈姆东北约15英里处做了一个180度的大转弯,避免原路返回,然后一边寻找临时目标。领航大队注意到有许多巨大的云洞。"

他们选择的临时目标是位于林根的德国空军基地,这原本是分配给第2轰炸师的"解放者"的次级目标。

"幸运的是,云层变得时有时无,从飞机上能见到越来越多的地面区域,"到了20世纪90年代,第384轰炸机大队的主投弹手威廉·金尼告诉昆廷·布兰德,"突然一条双轨或三轨铁路映入眼帘,我叫飞行员转向左边,沿着铁轨飞行。当时正是正午左右,视线很清楚,因为没有影子会误导我们瞄准目标。于是我们飞入了林根小镇境内。

"我打开投弹舱门,其他人也纷纷照做。因为只是临时目标,所以我可以自由选择目标,毫无疑问,这是每一位投弹手的梦想,尤其是当他身后还有几百架飞机追随他时。我们开进小镇里(这里没有战斗机也没有高射炮),我冷静地选择了镇上最大的建筑物,周围是迷宫式的铁轨。一切都按标准操作程序进行。上校很高兴我们投下了所有的炸弹。"

作为第384大队的球形炮塔枪手,弗农·考夫曼上士拥有非常好的视野,他有条件能长久地观察那天林根所发生的一切。他解释说:"我见到一辆火车一边冒烟,一边沿着铁轨开进。我们的炸弹击中铁轨沿路的建筑物,产生了让人窒息的浓烟,一些还漫溢到这辆火车经过的铁轨上。"

阿奇·马蒂斯和沃利·特穆培前一天所在的第351轰炸机大队,在周一的行动中,被分配的主要目标是古特斯洛。然而,这一目标区域也被云层遮蔽了,他们被迫转向攻击位于奇莫的德国空军基地。

高射炮炸毁了第351大队名为"手枪套之母"轰炸机上的两个内侧引擎,阿尔·科格尔曼中尉不得不驾驶着飞机脱离编队。一架Fw190发现了这架离群的轰炸机，从旁飞过并对其左翼发射了6颗20毫米的炮弹——但机尾枪手吉尔·丹尼森上士干掉了这架德国战斗机。

在返航途中的北海上空，科格尔曼又损失了一个引擎，他已经无法阻止飞机散架了。彼得·哈里斯和肯恩·哈伯在他们的《第351轰炸机大队大事记》中记录道，这架受损的飞机"斜撞上一个高18到20英尺的浪尖，弹回空中，这第二次冲击是巨大的，飞机戛然而止，机尾脱落了，（'手枪套之母'）立刻浸满了海水，一分钟内就沉没了。在飞机往下沉时，机组成员从机顶的舱口爬出，飞行员也从侧窗逃生了"。

包括科格尔曼和丹尼森在内的幸存者得救了。

那天，第2师中进攻奇莫的是第93轰炸机大队，该大队被称为"特德的巡回马戏团"，得名于外号为"特德"的爱德华·J.汀布莱克上校。他于1942年最先率领该大队漂洋过海来到英国，在后来的1943年8月，艾迪生·贝克接任指挥官。第93轰炸机大队还曾参与"浪潮行动"，即1943年8月1日对普洛耶什蒂炼油厂发起的大规模空袭，贝克在此次行动中阵亡，死后获得荣誉勋章。

而今天，第93大队的B-24轰炸机由乔治·斯克拉特利·布朗上校率领。当贝克在普洛耶什蒂上空的轰炸航路上被击坠后，布朗接过指挥棒，带领第93大队完成了在"浪潮行动"中的任务，他也因此获得了"铜十字英勇勋章"。在这个"大礼拜"的第二天，布朗率领他的32架"解放者"全数平安归来。

周一，只有第3轰炸师的281架"飞行堡垒"的日程上有一个工业目标，他们将再次造访位于布伦瑞克的米亚格工厂。

在之前的行动中，美国的轰炸机在经过"死亡通道"时只能用机枪进行自我保护，而今天，他们的"小伙伴们"，也就是一支由69架P-51"野马"组成的护航机队伍将与之同行。和往常一样，P-47为轰炸机尽可能地护航至最远处，不过那天空中有500多架P-47护航机。

尽管有战斗机护航，轰炸机还是遭到了德国第1战斗机联队和第27战斗机联队的"帝国保卫"截击机的猛攻，这两个联队都拥有不少王牌飞行员，他们曾击坠过大量四引擎轰炸机。

下午的2点55分，第2师的一架"解放者"在返程中途经荷兰时，在亨格罗上方被一架德国的Fw190击坠，其飞行员是第1战斗机联队的鲁迪格·冯·柯契梅尔中尉。据回忆，在以往的任务中，他一直是第八航空队的劲敌。约一小时后，同样在荷兰海岸的上空，第3轰炸师的一架"飞行堡垒"被人称"阿迪"的阿道夫·格伦兹军士长击坠，他是德国第26战斗机联队的中队长，这是他击坠的第54架飞机。

周一，第3师派遣第96轰炸机大队前往布伦瑞克，该大队曾在8月17日的雷根斯堡任务中获得"美国总统杰出部队嘉奖"。今天，在德国空军的炮火中，他们的第337中队首当其冲，其中一架"飞行堡垒"由阿尔弗·史密斯中尉驾驶，这已经是该机组的第14次任务。他们从五点开始就被一架德国的战斗机盯上，当敌机快速闪过时，投弹手伯尼·莫纳汉中弹牺牲，1号引擎也爆炸起火，轰炸机开始往下坠落。

当两位机腰枪手丹·克瑞克和比尔·福特刚刚将降落伞绑在他们的战友弗兰克·莫拉莱斯身上时，飞机开始在空中翻转。

"我爬向机腰处的门，莫拉莱斯在我身后，"罗伯特·多尔蒂和杰弗里·沃德的合著《斯内特顿猎鹰》记录了第96轰炸机大队的历史。在书中，克瑞克回忆道："我离机腰处的门约4英尺远，我转过去看了看弗兰克。他在大喊着什么，但我无法听清。当我再转回来看向那扇门时，我注意到（机尾枪手）鲍勃·米恩斯正脸朝下躺着，他的双腿仍在通往尾舱的过道之上，他受伤并不明显。可我之后再也没见到比尔·福特了，他一定在随后发生的爆炸中牺牲了。我失去了意识。当我清醒过来时，我飘浮在离地约8000英尺的高空，见到下方有三把降落伞。我的四周，飞机碎片纷纷坠落，有些还在燃烧，我注意到其他碎片已经撕裂了我的降落伞。"

两天后，在汉诺威附近的佩蓬港被德国人俘虏的克瑞克得知他的五个伙伴随机坠毁，其他幸存者也成了战俘。

对于第九航空队而言，2月21日的计划还包括同时派遣中型轰炸机前往袭击法国和荷兰的目标，但这些地区被厚重的云层覆盖。而在第八航空队的目标区域上空，局部多云的天气让他们还可以选择转向次级目标，可这样的天气条件并没有往西延续。

此时，史帕兹连夜赶到意大利，他与第十五航空队达成协定，他们将派遣重型轰炸机支援"论证行动"。然而，到星期一时，轮到意大利也被大雾笼罩。事实上，甚至连通常阳光明媚的安齐奥周围也乌云密布。

就在同一天——就在二月的同一天——当意大利南部被乌云笼罩时，德国北部居然至少还有部分地区天气晴朗，这当然有些讽刺。所以气象学者欧文·克里克要么是天才，要么就是幸运儿——或两者都是。图伊·史帕兹、弗雷德·安德森和其他所有参与第八航空队行动的人确实相当幸运。

然而，德国北部局部多云的天气让他们的战果变得参差不齐。那晚安德森和杜立特阅读完电传并审查了侦察机拍摄的照片后，认为当天的战绩不如周日。

不过，也有不少可圈可点之处。奥维尔·安德森上将之前是哈普·阿诺德的参谋，现为欧洲战区联合作战计划委员会的主席，当晚，弗雷德·安德森上将向他电话汇报说，迪普霍尔茨的大型基地尤其遭到了"准确而又猛烈的轰炸"。

不过他补充说，布伦瑞克上空的云层让投弹手被迫转为H2S无雷达轰炸，只能借助于"探路者"，所以炸弹对既定目标造成的损害甚小。

轰炸机的损失与周日基本一致，包括报废的飞机数。第八航空队出动的617"飞行堡垒"中仅损失19架，244架"解放者"损失4架，击坠19架德国空军的战斗机。

在护航的战斗机中，2架P-47"雷电"和3架P-51"野马"被击坠，1架P-38和2架P-47受损且无法修复。但美国的战斗机飞行员却让德国空军的战斗机付出了极大的代价。尤其值得一提的是，新到的"野马"相对效率很高，参战的68架"野马"一共击坠了14架敌机，而542架"雷电"却只击坠了10架德国战斗机。

第十八章 星期二，2月22日

虽然"大礼拜"第二天，也就是周一，战绩与前一天相比有些黯然失色，但接下来的周二似乎充满希望，至少就天气而言是这样的。确实，这个异常的、稳定的高气压系统仍在持续——正如欧文·克里克所准确预言的那样。

周二，甚至还有迹象表明高气压正在往南扩散，雷根斯堡和施韦因富特的上空也放晴了，这两地都是像迪克·休斯这样的规划者们以及像弗雷德·安德森这样的指挥官们最想要攻克的目标。

休斯连夜给安德森带来了一份目标清单，包括这两个他们垂涎已久的城市和一系列其他目标。

按计划，分配给第八航空队的目标包括，位于哈尔伯施塔特和贝恩堡的容克斯Ju88工厂和分包厂，以及附近的撒克逊人的城市：奥舍斯莱本和阿舍尔斯莱本。在奥舍斯莱本，具体目标是奥舍斯莱本飞机设备制造有限公司（AGO），该公司是福克-沃尔夫Fw190A战斗机的一个主要生产商。因此，它成为"论证行动"的花名册上一个至关重要的目标。

大部分航空兵主要关注的是目标的位置和防御，却很少关心这些地方被选为目标的理由。他们只是去完成任务，并活下来。

"我们对高层战略并不是很感兴趣，"杰西·理查德·皮茨回忆道（他是第379轰炸机大队一架名为"小额硬币"的"飞行堡垒"上的副驾驶员），"我们只是去完成任务而已。"

第八航空队和二战期间任何一个规模相似的美国机构一样，他们的队员就是美国人生活的一个典型，这早就成了一个不言自明的公理。这里有像阿奇·马蒂斯那样高中毕业就应征入伍的年轻人，也有像杰西·理查德·皮茨这样从哈佛大学社会学专业毕业的优等生。你也许会说皮茨在普通的轰炸机航空兵队伍里是非典型的，可根本就没有所谓"典型的"这号人物。皮茨23岁，比马蒂斯大一岁，比比尔·劳利小一岁，就此而言，他和任何人一样典型。

第八航空队的大部分队员从没有见过欧洲大陆，直到他们飞到20000英尺的高空俯瞰这片大地。皮茨几乎是在法国长大的，他的父亲来自美国的俄亥俄州，是一名兽医，一战期间在法国遇到了他的母亲，两人分开后，母亲带着还是幼儿的皮茨回到了法国。在他十几岁的时候，皮茨成了咖啡馆里的一名社会党党员，开始涉猎各种事业。他是一名有些教条主义的反法西斯主义者，在西班牙内战时，对待"与法西斯作斗争"这一概念还不甚严肃。他从哈佛毕业后不久，美国就加入二战了，他随即入伍以抗击法西斯主义者——他成了第379轰炸机大队第524轰炸机中队的一员。

到1944年，23岁的消瘦的皮茨变得成熟起来，他将自己政治观点抛置一边。他在回忆录里写道，相对于"高层战略"，他对做好自己的工作更感兴趣。

星期二凌晨，离破晓还有几个小时，杰西·皮茨和他的驾驶员赫歇尔·斯特赖特都聚集在金博尔顿的临时营房里参加作战指示会，他们在等着讲台上的领导宣布"今天的作战目标"。

"终于，遮住地图的屏幕缓缓升起了，所有的眼睛都专注地凝视着那天的红蓝线将带我们去向何处，"皮茨在他《回到基地》一书中写道，"人人都在小声喘气，骂骂咧咧，一半人还站了起来。"

"今天的目标是哈尔伯施塔特。"作战军官路易·罗尔上校宣布。

"我们坐下，开始聆听，"皮茨继续写道，"一些人还在吹口哨，你可以猜想他们将去柏林或者某地，我想。难免自怜自哀。不管目标是哪里，那些家伙都会发牢骚的，倒不是为了出风头……我们会想到我们的妻子、母亲和朋友。我们会扪心自问，我们是否真的视死如归。通常我们并不愿意冒险，但无可奈何。有时来访的将军会起身善意地说一些大义凛然的话语，但美国的飞行员们听了无动于衷，这只让我们的士气更加低迷，该死的荞麦蛋糕在还未苏醒的胃里变得更加沉重。再过一会，我们就完全只能靠自己了，我们不得不振作起来，快速收起我们的牢骚、绝望和愤怒。这些有什么用呢，我们还是要出发的。记住，我们不是什么热血英雄，如果有一半可能回到故乡的话，我们只愿意做个农夫。"

窗外，天高云淡，繁星依然可见，虽然此时东方的地平面上已晨曦微露。当摆渡车将航空兵运到轰炸机上时，地勤部队正在将机翼上的霜冻铲除。第324轰炸机大队的起飞时间预计为八点整，但这些"飞行堡垒"一小时以后才开始启动，每30秒就有一架飞机从跑道上起飞，到9点15分时，轰炸机已经在空中列好编队准备朝第三帝国进发。

斯特赖特和皮茨驾驶着"小额硬币"来到300英尺的空中，挤进自己的位置，右边是由第379轰炸机大队的指挥官、简称为"莫"的莫里斯·普勒斯顿上校驾驶的"飞行堡垒"。

"上校带领整个编队穿过厚厚的云堤，"皮茨回忆道，"我们的编队一度排列非常紧密，所以尽管可视度降低，我们仍然能见到机身。我们不得不冒着撞机的危险。归根结底，为了20条人命，耽搁20分钟还是值得的。我们飞出云堤时，编队和进入时一样紧密。"

第379大队的那十几架飞机只是第1轰炸师在那个周二成功送上云霄的289架飞机中的一部分。

如果说第379大队认为去哈尔伯施塔特并非美差，那么第八航空队第3轰炸师那天将一心一意对付更加可怕的施韦因富特。

同时，第2师将再次回到周日的目标，即位于哥达市的哥达车辆制造厂，这是第八航空队在周二那天距离仅次于施韦因富特的目标。

主要目标中最远的雷根斯堡则分配给了第十五航空队,既然史帕兹已经为参加"论证行动"铺平了道路。说雷根斯堡是美国驻欧战略空军的一个重要目标,只是一种低调陈述。在梅塞施密特的众多工厂中,名为"梅塞施密特雷根斯堡股份有限公司"的子公司生产了绝大多数的Bf109,厂址遍布该市各处,包括布鲁芬西郊和南边的上特劳布林格。

和"大礼拜"的前两天不同,英国皇家空军并没有连夜发起大规模的行动。那天晚上飞到第三帝国上空的只有前往杜伊斯堡和斯图加特执行侦察任务的几架"德哈维兰·蚊子"侦察机。

周二的行动也曾考虑过派遣第八航空队前往袭击位于埃尔克内尔的"统一滚珠轴承厂"(VKF),距离柏林市中心以东约16英里。然而,据阿瑟·弗格森后来解释,弗雷德·安德森决定,这样的任务"将造成兵力太过分散,易受敌军攻击。在前两天的行动中,轰炸机和他们的护航战斗机组成团队进入敌人领空,取得了卓越的战绩,只有当目标很近时,才将兵力分散了"。

虽然在2月22日的行动中,位于埃尔克内尔的"统一滚珠轴承厂"逃过一劫,它是施韦因富特厂的姐妹工厂,但在"大礼拜"以后的几周里,当第八航空队开始攻打柏林时,这个工厂将被列为优先目标之一。

不过事实上,安德森还是分散了兵力,第1轰炸师的一些部队被分配去到相当偏远的德国空军基地,位于丹麦北端的奥尔堡。这样做的很大一部分原因,和周一第3师北飞一样,是为了牵制德国空军在北部作战,以远离主力部队。

任何从德国本土的空军基地往北飞行的德国战斗机在回程时都不得不着陆补给燃料。理论上说,当轰炸机部队进击德国时,如果这些飞机被召回时,他们就无法及时返回和补给,以赶在美国轰炸机回到P-47的保护下之前发起进攻。

部队脱离安德森的掌控后很快就盘算着要进一步分散兵力。第3轰炸师肩负着至关重要的轰炸施韦因富特的使命，他们一起飞就遇到了麻烦。虽然目标区域晴空万里，但英国上空厚重的云层被证明是破坏计划的罪魁祸首。据报道，那个周二早晨，一共出动了333架"飞行堡垒"，但一系列的错误造成了混乱，或者说混乱造成了一系列的错误，由于能见度低，很多飞机在空中发生了碰撞。最后第3师的指挥官柯蒂斯·勒迈下令取消了整个施韦因富特行动。

然而这还只是开端，接下来状况不断。飞往哥达的第2轰炸师的177架"解放者"在英国上空组成编队时也陷入了困境。当他们逆着强风飞过北海前往德国时，各个编队绝望地陷入四分五裂之中。在飞越"欧洲堡垒"的海岸线时，他们决定取消任务，转而轰炸荷兰境内的临时目标，包括阿纳姆、代芬特尔、恩斯赫德和奈梅亨等城市。

两天后，德国空军才意识到这是"大礼拜"空袭，他们想方设法对付盟军这一系列大规模进攻。他们最典型的战术就是在目标区域袭击轰炸机，因为此时的轰炸机为了待在轰炸航路上，会坚持不做任何躲避，或者是在轰炸机离开目标区域时，很有可能会有飞机从编队偏离或掉队。

然而，在这个周二，德国空军很早就出手了，他们试图在战斗机护航机结成护航编队之前，给轰炸机出其不意的一击。

德国空军对轰炸机大部队轮流发起进攻，在德国北部展开了持续的激烈枪战。当轰炸机发现主要目标被云层遮蔽后，大型编队分散开来，转而袭击次级目标或临时目标，此时德国空军瞅准机会对小群体或离群的飞机下手。

当轰炸机大部队在通过明斯特北部的狭窄空中通道时，遭到了第26战斗机联队王牌飞行员们的强烈猛攻。那天，对于第1轰炸师来说，最大的灾难就是德国空军中的阿迪·格伦茨军士长了，他在前一天刚刚击坠第3师的一架"飞行堡垒"。

在那个下午的前三个小时，他几乎是一夫当关，狠击轰炸机部队，在莱茵兰和威斯特法利亚上空击坠5架，或可能是6架B-17，另外还在盖伦基兴上空击坠1架P-47护航机。

周二午间，第26战斗机联队在明斯特附近突袭了第384轰炸机大队。第546轰炸机中队的指挥官乔治·哈里斯少校说道："我们还没有意识到，他们已经飞到我们上方了。他们从向阳方向飞出来，我们根本无法辨认，直到他们出现在我们的编队之中。太阳光太强烈了，像地狱一样清晰。他们给了我们一记突袭。"

"他们总是十几架飞机一齐发起进攻，先是盘旋，然后从后面袭击，"技术军士杰克·沙特克是第384轰炸机大队一架"飞行堡垒"上的领航员，他提到在明斯特上方和德国空军的一次狭路相逢，"我们的4架P-51突然现身支援，结果很是精彩。我们的战斗机只是一露面，就对德国飞行员起到了很好的威慑效果，他们立刻掉头就跑——约40到50架飞机。我怀疑那些'野马'战斗机甚至还没有动用一枪一炮，因为那些德国兵已经迅速消失得无影无踪了。"

然而，这种"营救"只是短暂的。哈里斯后来抱怨那天的战斗机护航的工作并不到位。P-47为他的中队护航的时间还不超过半小时，而且那四架"野马"在他们进入目标区域后也抛弃了他们。

前往哈尔伯施塔特的机组也感受到了第26战斗机联队的福克-沃尔夫的怒火，他们冲了过来，从五点钟的位置对轰炸机发射火箭弹。在"小额硬币"轰炸机上，赫歇尔·斯特赖特和杰西·皮茨亲眼目睹了一枚火箭弹在他们旁边的一架轰炸机头顶约20码的上空爆炸了。一开始，似乎并无大碍，但皮茨随后开始见到"废气点燃了汽油，火光冲天，开始吞噬他右翼的后缘……我和斯特赖特决定远离，以防他的轰炸机会爆炸。就那样抛弃我的伙伴，我觉得自己是个懦夫。他的机翼正在燃烧，我就这样躲开他，好像他患了麻风病一样。我们的离弃仅仅意味着他已经岌岌可危，我很惭愧。也许以后他会对我兴师问罪，但是我又能做什么呢？如果他的轰炸机在我们眼前爆炸，我们也会完蛋的。"

在明斯特上空，他们穿过一道高射炮的火力墙，见到另一架"飞行堡垒"也处在困境之中，这次，这架飞机在他们上方。皮茨解释说："透过关着的炸弹舱门，小火苗还是轻快地跑了出来，炸弹舱内起火了，那里有着交错连结的输油管——情况很糟糕！那些软管并没有它们应有的结实度，管道存在小小的漏缝，这些火苗会像吸血鬼一样钻进这些漏缝。"

他们见到炸弹舱门打开了，航空兵爬进炸弹舱试图扑灭大火。"对着大火倒空了所有的灭火器，并且在保护双手不被烧伤的前提下，试图用空的B-4箱包来扑灭火焰。他们中一定有人走过钢丝，此刻没有降落伞，脚下是21000英尺的高空。一分钟以后，在机组成员的努力之下，大火似乎渐渐投降了。但这仅持续了一分钟。炸弹接踵而至，火势又涨起来了，虽然仍然控制在炸弹舱内。时间正在过去，最终的爆炸会是多久以后呢？"

答案很快就揭晓了，就在这架遭殃的飞机离开编队后，机组成员准备跳伞。

在下方飞行的斯特赖特和皮茨眼看着凌晨还坐在他们旁边的战友们从这架爆炸的飞机残骸中被抛出。皮茨见到他的朋友特克斯·罗宾斯在空中翻着筋斗，真希望他此刻已经死亡。

离下午2点还有几分钟，轰炸机抵达"起始点"，开始进入轰炸航路，他们下面是一团浓云，完全遮住了哈尔伯施塔特的厂区。

轰炸机飞过哈尔伯施塔特，顺风让他们的速度达到了每小时300英里，他们见到云层中有一个漏洞，可以透过漏洞见到霍尔特摩河，附近的哈茨山的斜坡上是韦尔尼格罗德的山间小镇，风景如画，小镇的一些瓦顶屋上还覆盖着白雪，这就是他们的"临时目标"。

第1轰炸师的机组发现奥舍斯莱本和哈尔伯施塔特都被云层遮蔽了，所以大部分轰炸机和第379大队一样转向次级目标或临时目标。18架轰炸机以为在云堤边缘之下总能见到一些目标，所以准备继续突袭哈尔伯施塔特，而47架前往贝恩堡，34架开进奥舍斯莱本，其余的都转向临时目标，但在第1师于周二早晨发动的将近300架轰炸机中，只有五分之三有能力对目标发起进攻。

技术军士杰克·沙特克，也就是那位描述过他印象中"野马"威慑德国空军的领航员,他畅谈了那天第384轰炸机大队在奥舍斯莱本取得的成功。他直白地说,这次任务过后,这个城市的容克斯工厂"不复存在。我们的炸弹正中靶心,漂亮地击中了这个工厂,大量浓烟滚滚上升,我们在数英里以外都能见到浓烟冲天,因为能见度很好。炸弹准确地击中了目标,投弹手显然发挥了这颗炸弹的最大功效"。

在南部,第十五航空队的118架轰炸机倒是有条件袭击位于雷根斯堡的梅塞施密特工厂,但这里防御森严,防空火力密布。名为"解放者"的第376轰炸机大队曾经因为在1943年8月的"浪潮行动"中对普洛耶什蒂炼油厂的袭击而获得"美国总统杰出部队嘉奖",这一天他们在雷根斯堡上空遭到了高射炮的沉重打击,甚至还有两架"解放者"被高射炮击中后在空中相撞。

"在离开目标两到三分钟后,我见到第99号轰炸机从上方撞向第53号轰炸机(名为'KO凯蒂')机腰的窗户间,后者断裂成两截。一人从机尾处坠落,他的降落伞打开了,三人从机尾主体掉出,我看他们似乎没有背降落伞。我追着两架相撞的飞机往下飞行,没有见到更多的降落伞。99号渐渐开始散架,在半空中解体了,而53号最终爆炸了,而背了降落伞的士兵那时似乎也蔫了,那是我最后一眼看向他们,因为我们身边还有战斗机护航机。目标上空天气晴朗。事发时我们所处的高度为20000英尺,而相撞的飞机当时处在20500英尺的高度。"

同时,昵称为"霍特"的军士贺拉斯·奎恩是"KO凯蒂"上的通讯员,驾驶员是阿尔弗雷德·福尔克中尉。

"我们的最后一趟飞行一开始进展很好,"奎恩在詹姆斯·沃克名为《解放者》的文集中讲述道,"然而,我们见到几架飞机从编队掉队了,由于引擎故障,开始往回飞。我们还见几架飞机坠落了。然后,在听到投弹手说完'投弹完毕'后,我感到一阵可怕的震动,然后是一声巨响。当我醒过来时,我发现自己被困在炸弹舱尾的飞机碎片中。挖开覆盖在我身上的碎片后,我赶在飞机撞地前跳了出去。目击者告诉我们,在我们上方,第515中队的一架飞机也坠机了。在两架飞机上的20人中,只有我和弗兰克·福克斯幸存下来。"

奎恩被抓，不过他在战俘营的监禁中幸存下来，才得以讲述这个故事。

第八航空队去往雷根斯堡执行任务的部队也遭受了惨重的损失，不过要考虑到他们是周二唯一一支抵达德国南部的队伍。正如1943年8月17日那样，休斯和安德森设想着对施韦因富特和雷根斯堡同时发起进攻，迫使德国空军的截击机分成两队。然而，在那天的任务中，这个完美计划没能实现，德国空军选择联合起来对付一支队伍。

半年以后的现在，第十五航空队在往返雷根斯堡时，不得不穿过由驻在奥地利的维也纳-瑟林的第53战斗机联队所打造的防御火力网。该联队的一名王牌飞行员，赫伯特·罗瓦格军士长被证明是重型轰炸机的致命劲敌。他一共击坠102架飞机，包括44架四引擎轰炸机。这个周二，他再次在接近奥地利边境的巴伐利亚东南部的阿尔多廷和施特劳宾两地间击坠了第十五航空队的一架"解放者"，这也是他击坠的第50架飞机。

"我记得第十五航空队对雷根斯堡的那场空袭，我们一飞过阿尔卑斯山，就在约半小时内损失了我们第二个由18架飞机组成的编队，"第301轰炸机大队的一名投弹手约翰·T.厄普顿写道，他们在那天遇到了罗瓦格和他的联队。在1983年5月，也就是"大礼拜"空袭过去约40年后，厄普顿在写给第301大队的老兵协会的一封信中写下了这些回忆。

"然后，战斗机逼近我们的领航编队，于是我们加速，与第97（轰炸机大队）联合起来，以寻求保护，"他回忆道，"我们遇到麻烦了，但是与一个我们熟悉而且信任的大队结伴然后倾尽全力反击，看上去不错，感觉也很好。编队的结合如此紧密，似乎任何人都可以从一架飞机的翼尖走到另一架飞机上——或者机腰枪手可以从他的窗口跳出来，然后落在他旁边的飞机的机翼上。我永远都不会忘记，我们从雷根斯堡返回时，一路见到被击坠的飞机在地面燃起的大火，形同火葬。我的飞机是我们队中唯一的幸存者。"

在他名为《谁害怕？》的关于第301轰炸机大队的回忆录中，肯尼思·威瑞尔引用了一名机枪手的回忆："在返回基地的途中，我见到阿尔卑斯山火光四起，那里散满了燃烧着的飞机残骸。"

用格伦·威廉姆森的描述，德国空军为德国经济的弱点筑起了一面高墙。周二，也就是2月22日，大多因为阿迪·格伦茨的护卫，这一天是这面墙最高也最难逾越的一天，那些试图越过高墙的人全都付出了惨重的代价。

第1轰炸师的一架"飞行堡垒"在荷兰上空坠毁，驾驶员是查尔斯·克鲁克中尉，隶属于第303轰炸机大队第360轰炸机中队。

"我们在明处，一架Fw190很快发现了我们，"克鲁克的作战工程师、技术军士路易·布雷唐巴克回忆道，"他从后下方飞过来，由于机尾机枪手已经出局，而对方的位置太低，其他位置的机枪手无法瞄准。他对我们一阵扫射，炮弹炸裂了我们的飞机。虽然我们的飞行员进行了漂亮的躲闪，但是我们无力防御，德国人再次从左后方发起进攻，我们可以见到从他机翼处的机枪和大炮发射出的橙色火焰。我们勉力还击，可他瞬间就把我们框进了他的视线之中，然后大开火力。他的子弹猛撞向我们的飞机，又击毁了我们两个引擎。一枚炮弹正好从两名机腰枪手处穿过，近在咫尺，险些击中，而且还将一架机枪炸飞了。"

克鲁克和他的机组是幸运的。他成功地在韦克拜杜尔斯泰德市附近紧急降落，这里距荷兰乌得勒支省东南部约20公里。

"我们正在下降，但是距地面太低，我们都无法安全跳伞，"布雷唐巴克在他名为《一架飞行堡垒的最后之旅》的故事中，继续回忆道，"一切都太快了，很难说真正发生了什么。我们全体蹲下来，等待飞机碰地后第一次反弹，飞机狠狠弹回空中，然后在巨大的撞击声中再次落地，然后滑行，沿途经过的一切，比如栅栏之类全被摧毁。飞机上一切都四处乱飞：弹药、无线电机、照明弹以及各种盒子。我的脑海里闪过一千个念头：飞机会起火爆炸吗？我们会撞向房屋吗？那种攫住我们的恐惧和悬念是无法用文字来表达的。"事实上，周二这天，第八航空队仅派遣了一个师来到德国北部，而周日和周一却出动了三个师，所以德国空军的防御与盟军的进攻比例就相对提高了，效率也更高了。事实上，这是德国空军的幸运日，却是第八航空队在

173

"大礼拜"期间最糟糕的一天。

在那天齐往一个目标轰炸的430架轰炸机中,41架被击坠——大部分来自第1轰炸师——折损率接近10%。同时,在雷根斯堡上空,第十五航空队损失了14架飞机,折损率为12%。而护航机损失了3架"野马"和7架"雷霆",不过他们一共击坠近60架德国飞机。

那天晚上,当安德森、威廉姆森和休斯聚在一起研究周二的战果时,侦察机拍到的照片却带来了更深的失望。位于阿舍尔斯莱本的容克斯飞机和引擎制造厂有一半被毁,而位于贝恩堡的容克斯供应商有将近70%被毁。然而,在其他地方,第八航空队几乎交了白卷,第十五航空队在雷根斯堡也无所作为。

第379轰炸机大队在韦尔尼格罗德投下了110吨炸弹,这里看上去有点像故事书里的小村庄,他们在上空飞行时,感觉有些晕眩。

"后来,在回到基地后,他们告诉我们韦尔尼格罗德小镇是德国空军一个(休整)的家园,所以我们有可能干掉了一些经验丰富的德国飞行员,虽然我们中有些人觉得这似乎是一场无情的对平民的屠杀,"杰西·皮茨回忆道,"但我们怀疑这只是我们的公关官员为了减轻我们的罪恶感而编造的故事。在我们后面的几次任务中,很多人都失去了对目标的敏感度。在我最后一次任务中,我想当德国人轰炸伦敦时,他们直击战略目标,没有任何矫饰,所以我们为什么要有呢?"

那天,他的大队损失了4架飞机,所以那天的金博尔顿又多出了40张空床位。莫·普勒斯顿上校的飞机被击中,他也身负重伤,那晚的他在丁丁囤的一家医院的病床上度过。

周二,第八航空队损失了400多名航空兵,其中35人是在作战中当场死亡的,另外397人失踪或者推测已经死亡或被俘。查尔斯·克鲁克幸存了下来,而且得以回到家乡,他是少数的幸运儿中的一员。

在那晚的"公园住宅"里,也有人气得咬牙。

"经过三天连续作战后,第八航空队的杜立特上将开始强烈抗议,"休斯回忆道,"他的部队变得越来越疲惫,主要靠轮流服用苯丙胺和安眠药在维持。而弗雷德·安德森还在逼迫他们。当吉米·杜立特的电话接通时,我就站在安德森的肩旁,我在道义上是支持他的。他后来每天都叫吉米'闭嘴'和执行他的命令即可。"

第十九章　星期三，2月23日

周二晚上，在东安格利亚，当幸存下来的战士们吃完晚餐，蹒跚地回到自己的营地时，作战指挥官正在打电话给处理受损飞机的技术人员。

"明天有多少飞机能执行任务？"作战参谋询问工程师。第379轰炸机大队的德温·罗伯将这次对话稍加改述，收录在他的回忆录中。

"明天！"工程主管回道（他此时正站在寒风四起的露天飞机库里，盯着那些弹孔累累的"飞行堡垒"打量。刚刚经历了三天的大行动，这些飞机全都严重受损），"搞什么鬼，你开玩笑吧？"

"没开玩笑，"正舒服地坐在有暖气的隔音房里的参谋重复道，"明天有多少飞机能执行任务？"

"让我看看吧——待换的有9个引擎、5片机翼，还有轮胎……"

"我才不管到底有多少毛病，我想知道的就是明天有多少飞机能飞。"

"好吧，如果你能先收起你的脾气，那正是我准备告诉你的。"

"好吧，但是快点吧，我们连一个整晚的时间都没有了。"参谋不耐烦地回道。海威考姆勃的将军们都在紧紧盯着他的编队，而将军们上面又有"灌木公园"的将军们在监督着。"好吧，听着，这样说吧，我们需要42架飞机（单从你那一组）来执行任务……"

"42架飞机，你疯了吧。明天我们连放飞42只风筝都困难，更别提42架飞机了。你以为我们的工程师都是什么人——超人吗？42架飞机。疯狂至极。哎呀，我们要维修的飞机就超过了……"

"马克，听着，不要和我诉苦，我自己已经有够多麻烦了。稍后打电话给我，告诉我你们的结果，好吧？"

"好的，但是42架飞机。这个想法有点……"

"让他们先考虑一会。"这位参谋对坐在他旁边的同事说。

"你不应该对他们如此苛刻。"同事回答说。

"哎呀，必须有人提醒那些家伙保持警惕，否则他们会忘了我们正处在战争中呢。"

这明显是一种讽刺，在那些飞机修理库里的每一个人，以及那天在轰炸机里待了此生最漫长的十小时的每一个人，都很清楚他们正处在一场战争中。他们亲眼目睹了，也亲身体验了，他们目睹和体验到了高射炮和战斗机的威力。

那些被吉米·杜立特生动地描述成"主要靠轮流服用苯丙胺和安眠药在维持"的筋疲力尽的士兵们也十分清楚战争正在上演。他们一闭上眼睛就能清晰地见到一如在过去三天里在"欧洲堡垒"上空所亲见的战争。

星期三，吉米·杜立特还是如愿了。

他那些疲惫不堪的部队迎来了一天的休息。罕见地持续了三天的高压区消散了，安德森命令第八航空队暂停作战。欧文·克里克博士保证说，晴好天气将在周四再次降临，所以大部分轰炸机暂时待在停机坪静候。正如前一天晚上，英国皇家空军也暂停了他们一支大型轰炸机编队的行动，仅仅派了几架"蚊子"侦察机飞到第三帝国。

然而，对于第十五航空队以及他们的司令南森·特温宁来说，星期三却并不是休息日。这天，他们出动了102架轰炸机前往袭击斯泰尔滚珠轴承厂，这是工业城市斯泰尔的一家耐摩擦轴承厂——位于奥地利中部，1938年"德奥合并"后连同奥地利一起被并入"大德意志帝国"。

在战后发布的《战略轰炸调查》中关于耐摩擦轴承的报告中记录道，当时这个工厂正在不断增产，德国工业所需轴承的14%都来自该厂。在10月14日施韦因富特大轰炸过后，德国的轴承工业决定分散化，该厂正是这一举措后的受益者之一。

"我们还没抵达目标前，就清楚这并非一趟毫无危险的普通勤务。"技术军士马克斯·拉斯马森是一架名为"哈里马"的"解放者"上的机顶炮塔枪手，驾驶员是马文·格赖斯中尉，马克斯在詹姆斯·沃克的文集中回忆道："先于我们抵达目标的轰炸机已经在返航途中了，他们在我们下方迎面飞来，他们的状况明显堪忧，编队几乎已经不复存在，许多飞机还着火了。当我们接近目标时，德国战斗机，主要是Bf109，开始对我们的编队发起进攻。不到一会，我们前方和右方的整个编队便消失了，然后就轮到我们了。

"机枪手赫尔曼和鲁特在对讲机里汇报说战斗机正从三点钟的方向快速爬升上来，我见到他们击中了上方编队的11架飞机。他们的战术是7到10架战斗机连续发起进攻，第一轮就击坠了我们的'尾部查理'，10分钟后，他们从四面包抄，摧毁了我们的上方编队，然后开始对我们开火，我们一路激战到了目标区，在目标区的作战也许持续了30分钟。"

那天的德国空军几乎是全力迎战第十五航空队。本·科恩西因斯基中尉是第376"解放者"轰炸机大队的编队队长，他记得："除了天气很冷以外，那次任务看上去是一次常规任务，第513（轰炸机中队）的两架飞机由于发现了机械故障，折回基地，因此只剩下第513中队的6架飞机和（第515）中队的几架飞机和我们编队一起飞行。在距离目标约20分钟路程的位置，我们编队遭到了75到100架德国飞机的截击，有Bf109、Bf110和Fw190。此时，我们没有任何空中掩护。当我们见到敌机在袭击我们'箱式'编队的上方时，我们用了几分钟立刻收紧，向'A'区和'B'区编队靠近。

"我再次往上看的时候，'B'区有3架B-24失控往下坠落。德国人正在发射威力显著的火箭弹和20mm的机关炮。他们的进攻从那时起一直持续到目标区。我们处在下方编队，倒并没有首当其冲，直到领航编队莫名其妙地决定改变路线，毫无征兆地开始掉头飞行。而我们还没达到'起始点'，所以我们继续独自往前，这时我们遭到了敌机火箭弹和机关炮的袭击。"

"由于我们没有战斗机护航，全体机组对于敌机的任何踪迹都非常警惕。"第376轰炸机大队第512中队的指挥官哈里·吉勒特少校在詹姆斯·沃克的文集中回忆道（当时他坐在作战指挥官杰拉尔德·布朗中尉的右边），"飞过克拉根福以后，第一批Bf110开始对（其他）编队发射火箭弹。虽然有情报透露，他们只携带了两枚火箭弹，但我见到一架Bf110向距我们右边1000码的第98轰炸机大队发射了4枚火箭弹。有几架飞机被击中然后爆炸。有时候敌人的射击并不那么精准，因为火箭弹会在编队前方或后方爆炸，无一击中我们的编队，但是你总有一种感觉，下一个就会命中我们了。时间慢慢过去，我们幸存了下来。"

第376轰炸机大队的领航员哈里·汉森中尉在沃克的文集中提及了关于斯泰尔行动的可怕回忆。他写道："那次任务足够让一个人彻底泄气。我们的5架飞机损失了3架。就在快抵达'起始点'前，一架与我们平行飞行的B-24燃起了熊熊烈火，好几个人从机腰处的窗户跳出，但并没有背降落伞。虽然我们机组无人受伤，但我想我撑不了一个月了。星期天，我独自一人去散步，走了好长一段路，我多半在想念我的父亲，但我意识到必须完成这个工作。从那以后，在执行任务时我再也没有障碍了，不过此后的任务再也没有那般艰难了。"

同时，机尾枪手格林·亨德里克斯上士也认同之后的任务都没有斯泰尔那次艰难，他补充说："在此之前和之后，我都没有见过敌人表现出如此疯狂的攻击性，他们在发起进攻时，相当逼近。事实上，在我近距离开火时，我可以见到碎片从一架Bf109的机鼻和金属罩上飞出。我想他可能会撞过来。"

"回想起来，'如果我没有b****d的话（原文出现的是b****d这个词——译者注），他可能已经干掉我了。'他就在机身上方，我头顶正上方开火，我想他击中了机顶炮塔。这天，敌人几乎就在高出不远的后方对着我们开枪，他们瞄准你然后开枪。我们的位置较好，编排合理，但当我们后面的三四架

179

飞机被击落后，我们（成了）'尾部查理'，在进攻停止后，我们溃不成军。"

本·科恩西因斯基带领他的编队进入了通往斯泰尔的轰炸航路，德国的战斗机撤退了，留下"解放者"们受高射炮的任意摆布，它们可以肆意开火，因为它们知道美国人在投下炸弹前是不会做任何躲避的。然而，科恩西因斯基注意到一架Bf109与他的B-24D保持水平平行飞行，而且刚好在他飞机上的50口径机枪的射程之外。突然，对方加速飞到了他的前方。

"他来了一个180度大转弯，朝我们径直飞来，"科恩西因斯基继续回忆道，"当他靠近时，我们能见到他的机枪闪着火光，副驾驶员费伯中尉滑到地板上，工程师格拉伍军士则躲到了驾驶员位置后面的防弹钢板后，我在能看见驾驶飞机的前提下尽可能蹲得低一些。似乎如果敌军击中我们的话，仪表板还是能给我们提供保护！

"领航员约翰·柯尼西尼中尉将一挺50口径的机枪架到我们正在飞行的B-24D的机鼻位置，开始开火；这是一次近距离射击。我以为敌机将要撞击我们，但他快速闪到了右边，也就是我们的左边，他的底部曝露在我们面前，柯尼西尼在持续开火。这架Bf109爆炸了。很难理解这位德国驾驶员的行径，除非考虑到我们的飞机是（地中海）战区唯一一架'粉色'（沙漠迷彩色）B-24，而且我们在编队飞在领队机的位置。他也许以为我们的飞机对整个队伍意义重大吧。"

"我们似乎渐渐落后于编队了，""哈里马"上的机鼻枪手约翰·皮兹罗回忆道，"在进入机鼻炮塔之前，我叫（投弹手）约翰·拜恩确保检查好炮塔的门，如果遇到麻烦时，我不会被甩出去。我将降落伞放在不挡道的位置，但必要时又伸手可及。我这才爬进了炮塔。

"我们飞到目标上空，投下炸弹，然后返回。此时我们已经落后更多了。我和他们失去联系了，因为炮塔的对讲机系统失灵了，我试图呼叫任何人，但是没能如愿。我也一度尝试着打开炮塔的门，但也未果。现在我开始祈祷。我只是坐下来，放轻松，一边祈祷。我变得泰然自若，我根本无法理解，但门突然开了，感谢约翰。"

在离开轰炸航路时，德国空军又来势汹汹地朝"解放者"们猛扑过来。在"哈里马"上，马克斯·拉斯马森观察道："一切都发生得太快了。一架战斗机从九点钟的方向移动到三点钟的方向，炸掉了我们左边的升降舵和方向舵，（一对机枪手）赫尔曼和鲁特当即丧命。约翰·皮兹罗走了出来……他开始同时操作机腰处的两挺机枪。我在朝几架从九点钟方向飞来的战斗机开火，这时一颗20mm的炮弹突然击中了我们的2号引擎和机翼，机翼上的弹孔大到一架坦克都可以穿过。（这个）引擎脱落了，螺旋桨带翻了旋转轴，旋转轴切入格赖斯身后的机身部分，切断了控制电缆。

"就在那时，一颗炮弹从我头边穿过，在我的炮塔内爆炸了，掀翻了炮塔塔顶，我的机枪也完蛋了。这让我彻底呆住了，我感到左边肩膀一阵尖锐的剧痛，我觉得整个右脸颊已经被炸飞了，但当我用手抹过整个脸庞时，没有任何血迹。飞机从编队掉队了，格赖斯轻轻敲了敲我的腿，我看向下方，见到他从炸弹舱跳伞了。我从炮塔处下来，给机长搭了把手，随后也跳伞了。我们不知道机腰处的战友们命运如何，直到我们着陆后，皮兹罗找到了我们。"

在二战余下的岁月里，皮兹罗、拉斯马森和"哈里马"上的其他幸存者都在德国的战俘营里度过。

"我对1944年2月23日斯泰尔行动的记忆比大部分事情都要更深刻，"L.V.洛克哈特中尉的第376轰炸机大队的一架"解放者"上的机腰枪手马克斯·辛普森写道，"在离开目标后几分钟，Bf109就跟上我们了。他们的机鼻和翼尖是黄色的，驾驶员也戴着黄色头盔。我们称他们是戈林的'飞行马戏团'。几分钟以后，我们就失去了左右两边的僚机。看上去只剩下我们独自抗战了。机尾炮塔发生了故障，雷蒙德（·迪基）（也许是机尾枪手）每次开枪都大喊出来，枪手转到后面，尽力击退敌机。Bf109从四面围攻。似乎是一小时以后，P-38前来救援，敌人撤退了。一架B-24试图加入我们的编队，他的翼尖几乎要卡进我们机腰的窗户里了。我呼叫前方的副驾驶员小心一点。它已经千疮百孔，机顶炮塔的塑料已经不见了，整个飞机严重变形。在

P-38的护航下，我们返回了基地。"

第376轰炸机大队有8架"解放者"并没有如此幸运，虽然整个大队击坠了19架德国战斗机，很可能还有4架未被统计。在星期三这场激战中，这个名为"解放者"的大队一共损失了84名航空兵，要么命丧前线，要么失踪被捕。

不过阿道夫·希特勒的战争机器在斯泰尔也付出了代价，虽然相较于"大礼拜"期间的其他时间地点而言，这个代价并不算过高。

第十五航空队摧毁了斯泰尔滚珠轴承厂的20%，据推测，这约等于德国工业需求的耐摩擦轴承的3%。

第二十章　星期四，2月24日

展望周四，欧文·克里克博士断言晴好天气即将再次降临，弗雷德·安德森立刻令杜立特做好相应准备。

"对于我们而言，这是整个空战'成败的关键'，"迪克·休斯满腔热情地说道，"只要这种反常的好天气持续下去，我们绝对不会让第八航空队的任何一架轰炸机无所事事。"

正如克里克承诺的，"反常的好天气"回来了，是时候继续"大作战"计划了。

对于第八航空队第1轰炸师的5个作战联队而言，星期四将是一次弥补周二施韦因富特未竟的任务的机会。当作战地图上的幕布揭开，红蓝线深入希特勒帝国的腹地，这有点像对准敌人的心窝狠狠一击。

第1师的大部分战士对于"弥补"施韦因富特未竟的任务这个主意感到坐立不安，他们乐于见到这个任务被永久取消。虽然去年11月他们并没有在英国，但是也听说过"黑色星期四"。只要一提到"施韦因富特"这个词，一种不祥的预感就涌上心头。

对第三帝国南部同时发起联合攻击的主意在周二没能实现，到周四这一计划又被重新提上日程。这次，当第八航空队第1师前往袭击施韦因富特时，第十五航空队将重返他们前一天的目标斯泰尔。

第92轰炸机大队的乔治·韦伯斯特在他名为《野蛮天空》的回忆录中写道，当波丁顿的情报队长拉开罩在一张欧洲地图上的幕布时，一大群飞行员喘着粗气开始抱怨。

"我见到人们脸色开始发白，"韦伯斯特回忆道，"旁边的一名随机工程师低下头开始祈祷。地图上的红线深入到了德国中部的施韦因富特，这是一个让第八航空队的飞行员胆战心惊的名字。但这个目标很关键，因为施韦因富特生产的滚珠轴承对德国的军备生产至关重要。如果我们捣毁了所有的滚珠轴承，就等于给了飞机、坦克、卡车和机器生产一个巨大的打击。德国人深知这一点，所以已经准备好奋力保卫这座城市。

"第八航空队之前曾两次攻入施韦因富特。1943年8月，我们的轰炸机曾大破滚珠轴承厂，但德国人击坠了我们36架轰炸机。德国人创纪录地用最短时间重建了工厂，所以需要我们在1943年10月再次行动。我们的轰炸机摧毁了滚珠轴承厂，但是付出了60架轰炸机的惊人代价，相当于三个轰炸机大队。第92大队在空袭中损失了6架B-17，所以老兵们对施韦因富特充满了恐惧，这对于他们来说就是死刑的宣判。人人都表情严肃，有些人明显受到了惊吓。我旁边的一个家伙遮住脸庞，喃喃自语，说真希望昨晚给妻子写了信。"

第1师的大部分航空兵都没有见过施韦因富特，而第381轰炸机大队的乔治·沙克利少校在10月14日的"黑色星期四"时曾参与了施韦因富特空袭——还有8月17日的行动。

今天，他将第三次前往这个滚珠轴承之都，这是一趟苦难之旅。他将率领第381大队的32架"飞行堡垒"从里奇维尔的基地出发，他们大队是此番前往施韦因富特的五个大队之一。

沙克利坐在驾驶员乔治·桑德曼的右边，他们的飞机名叫"罗瑟希德的复仇"，这是一架十天以前刚被施洗命名的崭新的B-17G，这个名字正说明了战争像地狱一般残酷，以及为何盟军——尤其是英国人——如此固执地追求"联盟轰炸机攻势"。

　　罗瑟希德是伦敦自治市萨瑟克区的一个社区，位于萨里商用船坞附近的泰晤士河南岸的一个海角。彼得·斯坦斯基在他名为《闪电战第一天》一书中曾描述过，1940年9月，在伦敦闪电战期间，这个地区被大火肆虐，这是伦敦史上最猛烈的大火。在闪电战和战争余下的岁月里，德国空军对罗瑟希德重复展开轰炸，老市政厅在空袭中被毁。于是市政府的官员们用了一瓶当地酿的麦芽酒为这架轰炸机洗礼，并取了这样一个有纪念性的名字。

　　当第1师的轰炸机飞过荷兰时，由于机械故障从编队掉队的飞机比例要比往常更高。也许是因为紧张，也许是他们听着飞机上"莱特飓风"引擎发出的声响，开始焦虑除了德国空军可能会让他们今晚再添空床位以外的其他事情。

　　杰西·皮茨称这是"一条不归路，对于我们联队和轰炸师的那些发现了故障的轰炸机而言，这是一场必输之赌，正好趁机返回"。

　　"小额硬币"上的几名机枪手告诉皮茨和驾驶员赫歇尔·斯特赖特，他们表示听到引擎有问题。驾驶员们听了一下，但没有听到任何异样。所以他们继续前进。

　　当他们抵达"起始点"时，已经从金博尔顿起飞五个小时，三号引擎发出一阵嗒嗒声后停了下来，它的燃油过早用完了，皮茨加速运转其他三个引擎，这样"小额硬币"才能跟上编队，斯特赖特一边输送燃料，一边责怪皮茨粗心大意。

　　那天，"小额硬币"还是同往常一样，将整个机组平安带回了。这架飞机得名于在一位地面部队长官主持的一次仪式上，在一次任务之前，他借给驾驶员一枚分币，要其在飞机返回时再还给他。只要驾驶员带着这枚分币以及还债的责任起飞，飞机总是能平安归来。在整个中队，这架飞机都有着"幸运飞机"的美称。

　　星期四，第2轰炸师的3个作战联队将重返位于哥达的哥达车辆制造厂，同时，第3轰炸师将派遣5个作战联队前往位于第三帝国东北角的福克－沃尔夫工厂。

在周四的黎明,晴好天气可见,这样第八航空队便可以以教科书般的精确度协调三个师的行动了。第1轰炸师成功地出动了231架"飞行堡垒",往南和往东飞行,而深入第三帝国内部的主要是第2师的238架"解放者"。

星期四,率领整个轰炸机部队前往哥达的是第14作战联队,然后轮流由第392轰炸机大队第579中队领队。早上8:30,当调度指挥塔发射出绿色照明弹,驾驶员吉姆·麦格雷戈中尉率领着一众飞行员开始了起飞滑跑。第392大队的31架飞机以每30秒一架的频率起飞,在12000英尺的高空排好编队。

"我们往东南飞往哥达,四英里以下的大地白雪皑皑,看上去冰冷又死气沉沉,只有大型社区、铁路线和高速公路十分显眼。"同样来自第392轰炸机大队第579中队的麦伦·卡尔曼中尉,在他由伊恩·霍金斯编辑出版的口述历史文集《二十世纪的斗士》中记录道,那天,他在吉姆·麦格雷戈翼边飞行副领队的位置。在他们的高度,环境温度为-40℃,但天空万里无云。

"21000英尺以下的灰白大地看上去一片寒冬景象,"乔治·韦伯斯特写道,这也呼应了卡尔曼从远远的高空中清晰地见到的景色,"那下面似乎非常宁静,但我知道小镇里的空袭警报已经拉响,人们匆忙躲到防空洞。我见到一片乡村,城市和村庄散布在黑森林和白土地之间,全由公路铁路连接。我在日志里记录下所见到的一切,我凝视着莱茵河,河上横跨着十几座桥,林立在两边的城镇,炊烟袅袅。天空是湛蓝的,但划满了无数白色的凝结尾,当我们的战士与看上去数量巨大的德国战斗机交战时,这些凝结尾愈加扭曲交错。由于寒冷和恐惧,我战栗起来,头痛又回来了,我快被折磨死了。"

再次引用格伦·威廉姆森的比喻,德国空军为保护哥达和施韦因富特筑起了铜墙铁壁,在第八航空队往返于目标的途中,狠狠痛击轰炸机,而且让护航战斗机也"不虚此行"。在施韦因富特,护航机击坠了37架德国截击机,自损10架。第1师损失了11架"飞行堡垒",但第2师在哥达的任务中代价较大,损失了33架"解放者"。

"由于大量机枪同时开火,所以敌方战斗机机翼闪烁不停,"乔治·韦伯斯特记得,"橙色的子弹流冲向轰炸机,就像从枪管里喷出来的火一样,猛撞向一架B-17。在一团浓烟之中,这架不幸的轰炸机被炸得碎片四飞。炮火还击中了一架轰炸机机顶炮塔的树脂玻璃塔顶,爆炸时升腾起一阵白烟,由于沾染了机枪手头部的鲜血,所以白烟变成了红色。第一架轰炸机着火了,然后是第二架,两架轰炸机都拖曳着长长的橙色火焰,摇晃间,几秒钟就被火焰吞没了。无人跳伞,所有人被活活烧死。30秒钟后,轰炸机成了燃烧的火炬,完全被大火裹住。燃烧着的轰炸机在空中翻滚、坠落,尾部拖着长长的火焰。战斗机转过身来,从后面往回飞,向这个倒霉的轰炸机编队继续发起进攻。轰炸机发出的曳光弹飞向战斗机。橙色火焰从战斗机的机翼喷出,他对着一架B-17的机翼和引擎大肆开火,浓烟和碎片从这架轰炸机爆出,引擎也在喷火,这架巨大的飞机在大火中渐渐熔化。"

同时,在通往哥达的途中,在奥斯纳布吕克上空,第2师的"解放者"也遭到了攻击,因为是提前行动,所以他们没有战斗机护航。

"我的日志记载了在正中午12点时,在奥斯纳布吕克的第一次持久的反击,"第445轰炸机大队的赖特·李汇报说,"在这里,我们往南飞行,深入德国内部。现在我们比计划提前了11分钟,没有战斗机护航。当我们看向窗外时,见到敌方战斗机成群结队而来。Bf109、Fw190、Ju88和Bf110猛冲向我们,开始攻击个别轰炸机。一架B-24在我们身后爆炸了,我将他记在日志里了,这是我们第445大队在午间的6分钟内损失的5架轰炸机中的第一架。后来,据估计,我们一共遭到了150架德国战斗机的围攻,所以我一个人不可能记录下所有,但我已经尽力了。"

当第445大队飞过奥斯纳布吕克东北部时,李可以见到战斗机在远远的下方正从基地起飞。

"离开奥斯纳布吕克的战斗机防御区,我往下看,当我见到前面等待我们的还有更多战斗机时,感到一阵恶心,"他继续道,"战斗机成双成对地起飞,两人一组,盘旋着往上爬行,他们将我们团团围住,此时我们仍然没有外援,全都因为我们是提前行动。"而第2师第14"解放者"作战联队第392大队汇报说,在轰炸机接近目标时,战斗机护航机跟上了他们,此时德国空军的防御火力也加强了。

"战斗机的进攻越发顽强,"麦伦·卡尔曼描写了第392大队前往哥达的途中,"等我们抵达'起始点'开始轰炸航路时,我们三个中队四周的天空布满了P-38和P-51,以抵御敌人的战斗机。我们的小伙伴俯冲而下,经过我们的领队机,追击那些对我们展开'迎头攻击'的Bf109和Fw190。我们的机枪手也中枪不少。炮塔的双50口径机枪射击的声音断续传来,响彻整架飞机。真让人胆战心惊。"

当第392轰炸机大队在"起始点"上方,逐渐左转,麦格雷戈的"解放者"发出的红色火焰表明,投弹手是时候打开他们的炸弹舱了。在"解放者"的机鼻位置,"诺登投弹瞄准器"已经准备就绪,陀螺仪也稳固了,投弹开关被调到"打开"的位置。

"我击中目标了!"卡尔曼回忆起领队投弹手的话。在这样清澈湛蓝的天空,这倒并不吃惊。他怎能失手呢?

"古德中尉的目标区梅塞施密特飞机厂并没有一派冬天景象,没有白雪覆盖,"卡尔曼在霍金斯的文集里写道,"他不得不用他敏锐的判断力和熟练的技巧来确定瞄准点。他仅用单眼透过投弹瞄准仪极目远望,便能决定十字瞄准线应该落在何处。他对飞行员和其他机组成员进行了实况转播,告知了他所见到的以及他正在指挥领队的B-24和编队的其他轰炸机来到投弹点。只有作为领队投弹手的他清楚地知道通过投弹瞄准器见到了什么。"

"注意速度和高度,"领队的飞行员麦格雷戈回复道,他将飞机稳定在时速为160英里和高度为18000英尺时,将飞机移交给投弹手控制,"现在你来掌控飞机。"

"炸弹猛然'击中目标',不过战争并没有结束,第14联队一离开目标区的高射炮，我们就再次遭到了敌人战斗机的袭击……对讲机热闹起来，不断传来关于敌人行动的激动呼叫：迎头攻击和尾部攻击，单打独斗和群起攻之，随着战争的进行，他们的火箭弹、20mm炮弹和机枪全都派上了用场。我们的B-24有7架被击坠，还有许多被击中。"

同时，第2作战联队在目标上空也是一团糟糕，由于供氧系统故障，领队投弹手昏过去了，炸弹开始意外地投掷在错误的目标上，跟随他的"解放者"们也群起效尤，不过第445大队的主投弹手注意到了这个错误，带领他的大队来到了正确的目标上空。

"这个目标清晰可见，而且很容易定位，"赖特·李回忆道，"Bf110的工厂被白雪覆盖着，所以十分夺目。对讲机突然发出噼啪声，从驾驶员那边传来：'开始轰炸。'我拉起投弹手柄，数弹齐发。时间来到下午的1：19，远处的他们处在20000英尺的高度。我俯下身来，透过机鼻处的玻璃底板见到我们的炸弹朝目标落去，我们两架飞机以相同的速度往前飞行，随后他们击中了厂房，那些建筑似乎顷刻土崩瓦解，被炸得碎砾四飞，爆炸伴随着黑烟和火焰。有一瞬间，我还以为我见到的是高射炮爆炸然后被弹回空中，不过一会我就意识到了是目标的'爆炸'。我们领队机上的投弹手卡萨尼中尉干得太漂亮了。"

在此次任务中，第445轰炸机大队将错误的目标修正过来了，因此获得了"美国总统杰出部队嘉奖"。

然而，在第445大队离开目标区时，德国空军再次蜂拥而上。

"我们经过哥达镇的时候，来了一个急转弯，"赖特·李回忆道，"战斗机以复仇般的姿态继续反击。我看向窗外，见到领队机在离我们不超过100英尺的敌方，它的机鼻突然闪出一阵炫目的光……接着，什么也没发生，没有爆炸。飞机的炸弹舱门打开了，起落架也放下了，他们继续在编队飞行。几秒钟以后，飞机的机翼开始摇晃，这是叫副领队机接手领航任务的一个信号。这架受损的飞机逐渐移到左边，我们的飞机追随它一起飞行……不过在领队机身上也正发生着夸张的戏剧化的事情，它现在正在取消……

我见到的那阵炫目的光原来是一枚20毫米的炮弹击中了驾驶舱，驾驶员埃文斯少校，也是我们中队的指挥官受伤了，不过副驾驶员巴辛却幸免了。因为这一切的混乱，埃文斯少校下令'放下轮子……我们正在下降。'放轮是一种国际通用信号，表示飞机在空中投降，将不再继续作战，准备降落。打开炸弹舱门是一种预防措施，以防会发生爆炸，或允许人们要通过跳伞离开飞机。"

如李所观察到的，第389轰炸机大队在第445大队的右前方飞行，带领着第2作战联队，在德国空军的炮火中，首当其冲。"各个位置的航空兵开始随机地跳伞，从机鼻到炸弹舱到机尾，"他写道，"一些降落伞很快就打开了，而其他人则在自由落体，从空中坠落时四肢摇摆着，一些非常接近我们的飞机，也许就100英尺，但我没见到任何碰撞发生。天空中飘浮着大量的降落伞，我估计我周围一共有25把降落伞……在前方，在'正十二点上方'，我见到10架Bf109正一字排开，准备进攻。他们快速往下，朝我们径直冲过来，我几乎感觉到子弹击中了我，但出于某种奇迹，他们失手了，（德国战斗机）从我们侧面飞驰而过，飞到了我们下方，如此接近以至于我都能清晰地见到驾驶员所佩戴的黑色十字架以及他们从驾驶舱往外看的脸庞。"

周四，这些让第1师和第2师备受折磨的德国空军飞行员都是些王牌飞行员，他们击坠过的第八航空队的轰炸机都已经达到两位数了，比如第26战斗机联队的赫尔曼·施泰格，他最终的击坠数达到了63架，包括26架四引擎轰炸机。周四，他在明斯特附近的夸克布吕克–莱茵南部击落了第1师的一架"飞行堡垒"。

人称"托尼"的第11战斗机联队第3大队的大队长安东·海克尔在职业生涯中一共击坠了34架重型轰炸机，在这天的傍晚时刻，在石勒苏益格–荷尔斯泰因州的格吕克施塔特，在14000英尺的上空，他击坠了一架型号为B–17的掉队机。

"我们四周的天空满是战斗机，猛冲向我们的轰炸机编队，轰炸机的炮火也喷向战斗机，"乔治·韦伯斯特写道，描述了在轰炸航路上的地狱之旅，

"轰炸机着火了，当战斗机向地面坠去时，尾部还拖着浓烟。一名战斗机飞行员从他那架遭殃的战斗机里跳出来，打开了降落伞，一名轰炸机上的机尾枪手对他发射了一长串的子弹，他的身体猛然一颤，然后就软绵绵地悬挂在降落伞上了。其他战斗机的飞行员一定见到了这个画面，因为此时两架Fw 190袭击了这名机尾枪手的轰炸机，他们的炮火将他的位置炸成了碎片，还击中了引擎，这架B-17在一个火球中爆炸了。"

另一位德国空军王牌飞行员沃尔德马·雷德尼中尉，人称"瓦尔德"，他加入第26战斗机联队约1年左右，在施韦因富特行动中，他在轰炸机南下途中击坠过一架飞机，而且两小时后在黑森州的韦茨拉尔上空击坠了又一架轰炸机和一架战斗机护航机。

第1战斗机联队的鲁迪格·冯·柯契梅尔中尉周一在荷兰海岸上空摧毁了第2轰炸师的一架"解放者"，周四在威斯特法利亚上空再落一机，这只是他职业生涯击坠的10架重型轰炸机中的两架。第1战斗机联队的安东–鲁道夫·皮费军士长，人称"托尼"，他的总击坠数为26架重型轰炸机，周四时，他在迪普霍尔茨上空击坠了第2师的一架"解放者"。

周四，对第八航空队造成最大的破坏要数沃尔特·达尔，他驾驶着一架Bf109G-6，装备有一枚30mm MK 108大炮，他担任第3战斗机联队第3大队的大队长，该大队在1943年夏天从东线战场的库尔斯克转调来参加"帝国保卫战"的任务。达尔在对战轰炸机时，展现了优秀的作战能力，在8月17日，他曾率领着第3大队截击前来进攻施韦因富特和雷根斯堡的美国陆军航空队。

2月23日，达尔击坠了4架轰炸机，加上一架护航的P-38。据德国空军的记载，他在午间的四分钟内击坠了两架B-17，而且在1小时后的8分钟内再击落两机——中间还干掉了那架P-38。在他的职业生涯里，他最终击坠了多达36架美国四引擎轰炸机。

和星期天的做法一样，第3师派遣了236架"飞行堡垒"飞过北海，途经丹麦，往南飞往波罗的海海岸。

第3师从图托开始下手，他们所有的目标都与福克－沃尔夫Fw190的生产有关，其中最远的是库泽西尼德国飞机制造厂，该厂位于波兹南郊外的库泽西尼。战前，波兹南曾是波兰的领土，在战后还是得以回归波兰。

和星期一的遭遇一样，目标上空的云层使得轰炸机无法投递炸弹。虽然希特勒已经将这一小片领土据为己有，但美国人仍然认为它属于波兰，所以除非德国的飞机制造厂清晰可见，否则他们是不会进行轰炸的。

由于图托也在云层之下，所以整个部队转向附近的罗斯托克，这里是亨克尔飞机制造厂的所在地。

和星期一的状况一样，无人护航的第3师遇到了意气风发的德国空军的阻击，好在火力并不强大，他们得以在开阔水域上方撤退——一开始是波罗的海，然后是北海——并没有坚持长时间作战，强行挺进德国大陆，其他师也是如此。

第十五航空队的任务和星期三一样，将攻打斯泰尔，虽然他们说"今天的具体目标"将有所不同，也就是大型工业企业斯泰尔－戴姆勒－普赫的工厂大楼。该公司成立于1934年，通过汽车制造商奥地利－戴姆勒汽车公司和枪炮制造商斯泰尔股份公司兼并而来，其中奥地利－戴姆勒汽车公司之前是德国戴姆勒公司的一家子公司。在二战前，斯泰尔－戴姆勒－普赫是一家主要的高端汽车制造公司，现在主要生产武器、军用车辆和飞机组件。这最后一项使其成为"论证行动"的目标之一。

第十五航空队出动了114架轰炸机，由于天气原因，只有87架坚持一路来到了斯泰尔，其他飞机则与主力编队分道扬镳，转向次级目标，即位于意大利亚得里亚海的阜姆港（现在克罗地亚的里耶卡）的炼油厂。

和前一天一样，抵达斯泰尔的轰炸机遭到德国空军无情而又高效的猛击。不仅有Bf109和FW190对他们发起近距离射击，还有双引擎的战斗机对其远程发射火箭弹甚至空对空轰炸，后者自从1943年以来在北德上空已经比较罕见。

第2轰炸机大队飞在整个编队的最后，德国空军在后面发起凶猛追击。

那天第十五航空队的总损失达到了17架飞机，是那天抵达斯泰尔的飞机数的20%，其中的10架飞机代表着第2大队全体成员。第2大队全军覆没。

尽管德国空军毫不留情，但周四的第八航空队对哥达和施韦因富特的主要进攻发生在可见度良好的情况下，取得了从图伊·史帕兹到弗雷德·安德森到迪克·休斯无不企足而待的战果。

在施韦因富特，晴空万里，投弹手信心满满。那天，率领第381大队的乔治·沙克利，他从"罗瑟希德的复仇"上观察他所能见到方圆几英里的景象。在之后的任务报告中，他生动地汇报说："炸弹砰地一声砸向工厂和城市的其他目标，至少持续了半个小时。从我们飞机上投下的炸弹是最佳投弹之一。这和我前两次施韦因富特轰炸的确太不一样了。"

名为"小公爵夫人"的轰炸机的驾驶员托马斯·塞勒斯中尉轻轻地拍了拍沙克利的背部，在他事后的报告中写道，这趟施韦因富特的行动是"我执行过的20次任务中协调最为周密的一次，展现了细致周详的作战规划，沙克利少校完美地完成了统率整个联队的任务，轰炸也无可挑剔。这个小镇和其他目标像被我们和前面的联队一起抹上了灰泥一般"。

在"罗瑟希德的复仇"上，第381大队的领队投弹手劳伦斯·波滕扎上尉确认说："轰炸航路很漂亮。我可以见到我们的炸弹正好击中厂区。飞在我们前头的大队在小镇上空投下炸弹，浓烟四起，大火随处可见。"

让波滕扎高兴的还不止如此。周四的这次行动是他在第八航空队的第25次也是最后一次任务。

虽然此次施韦因富特空袭有效击中并摧毁了大部分既定目标，但后来的《战略轰炸调查》却将1943年10月14日的行动列为对整个滚珠轴承工业破坏最大的一次行动，仅仅因为它发生在德国轴承工业分散化以前。比如，在10月至次年2月的四个月间，统一滚珠轴承厂将549台机器，也就是整个生产设备的27%移出了施韦因富特。

"虽然轴承厂在空袭中遭到了严重的破坏，"阿瑟·弗格森写道，"尤其是加工部门和滚珠部门，虽然过半已经被转移，但还是损失了10%的机器设备。"

中德上空的天气清澈晴朗，以至于那天在施韦因富特的第1师的"飞行堡垒"居然能见到远处的在哥达上方的"解放者"。第384轰炸机大队的领队领航员詹姆斯·马丁-维戈在之后的任务报告中汇报说，他能见到那些B-24，"浓烟冲到了10000英尺的高空。我们可以见到（哥达车辆制造厂的厂房）远远地在我们右边，已经被烧成废墟了。这是一次漂亮的任务。当我们抵达目标时，先行编队投弹后产生的浓烟遮蔽了我们的目标，烟雾正好笼罩着那些厂房。当我们离开时，整个地区都在燃烧着大火"。

阿瑟·弗格森引用了《战后轰炸调查》，他写道，哥达轰炸"尤其精准，也许其战略意义比施韦因富特轰炸更大。400多枚高爆炸的燃烧弹落入目标区，其中93枚击中了厂房建筑；这些还并不包括粉碎性炸弹，其数量更大（炸弹总重为424吨，粉碎性炸弹为180吨）。在这个紧凑的厂区，几乎每一栋建筑都没能幸免。工厂的东半边是飞机制造厂的集中区，也遭到了整体破坏，不过相较而言，生产系统的重要部分，也就是机床居然出乎意料地受损较小，大部分机床的损失是源于大火……为了移除机床下沉重的大梁，花费了很多的时间和人力。"

《战略轰炸调查》继续评估道，由于2月24日的空袭，哥达车辆制造厂损失了6至7周的产量，这也导致了作战焦点的转移，之后"重型兵力"开始瞄准梅塞施密特生产网络的其他工厂。

在2月24日的施韦因富特空袭中，第八航空队并没有遭遇到10月那般的可怕的伤亡，不过那晚，当战士们在食堂见到那些空椅子，想着那些将永远不会再归来的战友时，气氛还是非常凝重的。

执行施韦因富特任务的第1师折损率还不到5%，第2师的"解放者"却损失了有效兵力的近20%。

提本汉姆是第2师第445轰炸机大队的基地，周四下午晚些时候，在这里的调度控制塔上的观景台上，罗伯特·特里尔上校正在一边观望一边等待他的B-24归来。在他的大队派出的25架飞机中，有3架在任务之初取消了行动。

"好吧，我猜这些人应该是先行部队，"当特里尔见到22架"解放者"中的9架降落后这样说道，赖特·李引用了他的话，"其他的应该随后就到了。"

据李汇报说，当特里尔被告知，这9架飞机就是整个大队仅有的幸存者时，"他几乎死于休克"。

对于第1师而言，似乎更容易看到乐观的一面，因为他们说"本来可能会更糟糕"，因为去施韦因富特本来就应该是很糟糕的——但当你看着那些空椅子时，还是很难去故作乐观。

"我想他们应该给我们涨工资，"那天晚餐时，第92轰炸机大队的投弹手拉尔夫·鲍尔默对乔治·韦伯斯特这样说，他试图用这种黑色幽默来化解僵局，以给这群刚刚经历战争还在哆嗦着的飞行员带来一抹亮色。

"你怎么样？"飞行员肯·塔斯克问候他的战友韦伯斯特。

"我从没有如此恐惧过。"韦伯斯特回答说。他们刚刚听说第92大队损失了3架轰炸机。

同时，周四凌晨出发的第379轰炸机大队，他们做好了最坏的打算，不过至少最坏的并没有发生。该大队仅牺牲了一人，是一名机枪手，在目标上空时，被高射炮的碎片击中并夺去了生命。这有点像一场离奇的事故。

"几乎让基地的每个人都感到惊喜的是（更不用说让航空兵感到喜悦的是），在那天傍晚，'堡垒'（B-17'飞行堡垒'）在轰鸣声中安全着陆了，"德温·罗伯回忆道，"人们以为大部分的'堡垒'都无法返回了，但他们全都归来了。无一受损！（在任务报告会上，）航空兵讲述道，'目标区有很多高射炮，我们的战斗机飞行员搞定了大部分德国佬。'当德国战斗机的进攻变得没那么强烈，P-47离开时，P-38和P-51接替为编队护航。由于'小伙伴们'令人宽慰的贴身保护，以及利好天气，目标上空方圆几英里都晴朗无云，领队投弹手乔·布朗和艾德·米尔森充分利用了这些因素，'以最高的精确度'投下了炸弹。"

罗伯还解释了所谓"最高的精确度"就是轰炸机"将目标区全部抹上了

一层灰泥"。

那天深夜，734架英国皇家空军的轰炸机再次造访施韦因富特，美军袭击过后的大火还在燃烧，正好充当他们的灯塔。这个之前的德国耐摩擦轴承工业之都再次遭受了恐怖的枪林弹雨。

弗雷德·安德森上将说："那天，我们打了一场漂亮的仗。"

第二十一章　星期五，2月25日

星期五，当太阳升起的时候，它确实照耀了整个欧洲北部，此时轰炸机已经在空中集结了。迪克·休斯将这一现象描述成"欧洲二月的气候史上的怪现象之一"，这已经是六天里第五天连续天晴。

受到周四胜利的鼓舞——虽然是付出了代价得来的胜利——美国驻欧战略空军的规划者们做了勇敢大胆的计划。天气和可见度都不是问题，他们有自由选择任何心仪的目标，他们决定派遣整个第八航空队深入作战，甚至比施韦因富特更为深入。

周五凌晨，在黎明前的夜色中，航空兵在作战指示会上得知了他们"今日的目标"。第1师将进击斯图加特和奥格斯堡，这两地分别距东安格利亚460英里和550英里——往返路程超过了10小时。第2师的"解放者"将前往500英里以外的菲尔特，而第3师将跋涉570英里来到雷根斯堡。

从英国起飞的750架轰炸机一齐往南进发，三个轰炸师齐头并进，互为掩护，还有一支战斗机队伍协同作战，包括73架P-38、第八和第九航空队的687架P-47，以及第八和第九航空队的139架P-51。在往四个方向分头行动之前，他们将一起飞到施韦因富特。第1师将派遣196架"飞行堡垒"前往奥格斯堡，50架去往斯图加特。在第2轰炸师的"解放者"中，173架将前往菲尔特。

在雷根斯堡及其周围的目标区，第八航空队第3轰炸师出动的290架"飞行堡垒"中的267架将与南森·特温宁的第十五航空队的176架轰炸机会师。后者将从福贾附近的基地起飞，跋涉将近600英里，跨过阿尔卑斯山，从相反的方向袭击雷根斯堡。

星期五是第八航空队和第十五航空队第一次在同一天对同一城市发起协同大作战。

随着行动的深入，星期五的行动将和第八航空队执行过的任何一次大行动一样危险而富有挑战。第八航空队唯一能倚仗的就是晴好天气和日渐增多的P-51护航机。由于行动极度深入，轰炸机被曝于德国空军火力的时间要比在北德的时间更长。在这段时间里，任何事情都可能发生。

这天的主要目标是梅塞施密特股份公司，该公司是Bf109的首创者，这一机型是德国空军战斗机队伍的骨干力量，它的总产量将达到35000架，相较之下，福克-沃尔夫Fw190的总产量为20000架，这让Bf109成为历史上使用最为广泛的战斗机。梅塞施密特股份公司是第二次世界大战期间德国领先的飞机制造商，于1926年成立于奥格斯堡，一开始命名为"巴伐利亚飞机厂"，但是在1938年更名，以其创始人兼首席设计师威利·梅塞施密特命名，他当时仍然在位。

当迪克·休斯、弗雷德·安德森、格伦·威廉姆森铺开巴伐利亚北部的地图，开始挑选梅塞施密特的目标时，他们自然注意到了奥格斯堡，这是该公司的发源地，不过他们的目光也落到了菲尔特身上。在这里，巴赫曼·冯·布卢门塔尔飞机制造厂是梅塞施密特双引擎Bf110的组装厂，这种夜间战斗机常常被临时征用为昼间战斗机来对付第八航空队。然而，当他们想到梅塞施密特，最为关注的就是雷根斯堡，德国空军绝大多数的Bf109就来自这里的梅塞施密特雷根斯堡分公司。

在那个晴朗的周五，斯图加特是美国驻欧战略空军瞄准的第四座城市，这是一座工业城市，作为戴姆勒-奔驰公司的故乡而闻名，同时也是统一滚珠轴承厂生产耐摩擦轴承的一个分厂。

"轰炸非常到位，"第381轰炸机大队的主投弹手哈皮·亨瑞中尉汇报了他们大队前往奥格斯堡的任务，"我们至少摧毁了工厂的四分之三。我们的编队非常有序，轰炸航路也很理想，投弹的模式非常紧凑。当我们返航时，见到的全是浓烟。"在第1师的"飞行堡垒"中，第91轰炸机大队的由约翰·戴维斯中尉驾驶的"艾克将军"差点遭殃。在去往奥格斯堡的途中，该大队的轰炸机在28000英尺的高度进入轰炸航路。炸弹舱门打开，飞机开始倾倒干草以迷惑德国的雷达。其中一包密封的干草，形状大小堪比一箱香烟，对飞机的2号引擎造成了影响，导致一条输油线路破裂，引发大火。

"驾驶员做了躲闪的动作，"技术军士乔治·帕里什著有一本关于第91大队历史的书，名为《参差不齐的非正规军》，在该书中，他告诉马里恩·哈弗尔："在挂架上的位置较低的一枚炸弹没能投掷出去，其他的炸弹落在其身上。"所以炸弹舱里的炸弹堆积在一起，机组人员对于到底是弃机还是跟跟跄跄地开回去进行了一番争辩，最后还是决定开回去，他们尽可能地让飞机减重，以跟上其他B-17，那些飞机早已经投弹完毕。

"在20至25英里以外，当我们沿着海岸飞跃水面时，飞机持续坠降，"帕里什回忆道，"2号引擎的螺旋桨无法保持水平，所以像风车一样，开始散架。领航员弗兰克·瓦瓦中尉给了驾驶员指示，说机场就在正前方。飞机在接近时，比悬崖的高度还低，很多人都在祈祷螺旋桨能凝固住，以减少拖曳，让我们能升到足够高的高度以飞越悬崖。"

戴维斯成功地让飞机平安降落在第91大队位于巴辛伯恩的基地。

同时，第3师的一些"飞行堡垒"甚至没能飞到雷根斯堡。在"大礼拜"期间常常出现的状况是，德国空军在轰炸机一进入德国领空时，就展开了疯狂的攻击，并持续纠缠。一架飞机每深入一点，这种攻击就持续得越久。

在菲尔特和斯图加特北部等着美军的是德国空军第26战斗机联队的王牌飞行员们以及他们的梅塞施密特Bf109G-6。赫尔曼·施泰格曾在周四的明斯特上空击坠过第八航空队的一架"飞行堡垒"，这个周五，他在距离斯图加特西北40英里处的比尔克魏莱尔上空又击坠一机。

瓦尔第·雷德尼曾在前一天击坠两架轰炸机，周五再落两机，虽然其中一架只是被其踢出编队。第26战斗机联队第3大队的大队长克劳斯·米土希也击坠两机，不过情况和雷德尼一样。

"接近位于法德边境的德国小镇萨尔布吕肯时，高射炮发起三连发突袭，正好击中我们所在的高度，"在道尔·希尔兹编辑的关于第447轰炸机大队的历史中，飞行员梅林·夏丹回忆道，"我开始躲闪，缓缓右转，他们第三轮高射炮射击正中目标，一枚正好击中我们的3号引擎，导致引擎起火，螺旋桨从引擎驱动上断裂开来，噪音也大大提高了。我们有些恐慌，试图扑灭火源，但没能成功。几秒钟内，引擎后面的翼板开始变形、熔化。

"我又看了一眼窗外，迅速下令抛弃这架有些老旧但却一直表现良好的飞机……飞机仍然在俯冲而下，而且急剧往右倾斜，我往回看时，只发现无线电舱的门紧闭着，我不知道整个机组能不能跳出去。"

夏丹在10000英尺的高度跳伞了，一边担忧球形炮塔的机枪手马格鲁德军士将没有足够的时间让炮塔往上旋转以逃脱出来。

"我开始数降落伞的数量，只见到9把，但我们机组一共有10人，"夏丹继续说道，"我咒骂着，'他没能从球形炮塔里逃出来。'结果是我没有把自己算进来……没有人受重伤，除了在艰难地着陆时伤到了背部，或者因为高射炮而受到的轻伤……在接下来的15个月里，我们作为德国政府的'客人'在德国度过。"周五，第3师的几支部队曾在8月17日第八航空队第一次袭击雷根斯堡时浴血奋战，现在他们将重返故地，其中包括第96轰炸机大队和绰号为"血色一百"的第100轰炸机大队。

"在雷根斯堡，我们在26000英尺的高空开始进入轰炸航路，德国战斗机退场，高射炮重型火力登场，"比尔·库克军士是第100大队一架名为"米斯马洛维"的"飞行堡垒"上的机尾枪手，他回忆道，"我们刚刚投弹，左侧的舷内引擎便被击中，油压迅速降低，螺旋桨开始失控，震动非常强烈，我们几乎以为引擎要脱落了。我们最终让螺旋桨恢复了水平，飞机稳定下来。如你所想，我们的飞机迅速坠降。我们从编队掉队了，我们要面临的状况是，将独自返回基地。你也知道，雷根斯堡深入德国内部，机组的人开始争辩，是飞到瑞士还是独自飞回英国呢。显然，我们的决定是尝试后者。"

由于无法恢复飞行高度，"米斯马洛维"飞得很低，飞行员斯图尔特·麦克莱恩中尉驾驶着这架B–17返回"血色一百"大队的索普·阿博特斯基地，途中，遭到了德国战斗机的频繁攻击。虽然德国空军没能击坠这架飞机，但是在这些不定时的突袭中，机组好几人被击中，当场牺牲了。

"我四次受伤，"比尔·库克回忆道，"尽管我们遭遇了凶猛的炮火，还是给自己交上了一份满意的成绩。工程师击坠两架战斗机，投弹手可能干掉一架，我可以肯定我击坠了两架。我们渐渐接近英吉利海峡，在我们飞过法国的加来时，再次遭到重型战斗机的袭击。我们一度如此接近英国，都可以见到多佛的悬崖了，可还是遭遇了战斗机。"

当轰炸机开始缓慢左转，库克已经无法通过对讲机联系到驾驶员，于是他径直来到驾驶舱，希望能控制飞机，就像在星期天阿奇·马蒂斯对"十马力"的操作一样。

"我知道如果不采取措施阻止的话，我们将会坠毁，"库克在理查德·莱斯特兰奇的文集中回忆道，"因为我曾在多种场合下驾驶过这架飞机，所以我离开机尾枪手的位置，前往驾驶舱。我走到飞机的正门时，见到机腰枪手乔治·努森上士跳伞了。这时我们距离英吉利海峡仅仅100至150英尺远，我知道我们的高度不足以让一把降落伞打开。球形炮塔枪手劳伦斯·班尼特上士也站在门口准备跳伞，我走到他身边，把他拽回来，叫他脱下降落伞，因为我们马上就要坠机了。在脱掉降落伞时，他有些困难。当飞机坠向英吉利海峡时，我正在帮他的忙。"

"我在事故中被撞昏过去，醒来时，我正漂浮在水里。当我恢复意识时，我见到另一名幸存者（那天和我们一起飞行的备用枪手——那天他取代了约翰·沃尔特斯上士，我不记得他的名字了）。我们被几名德国海军救起，然后被运到法兰克福的一个审讯中心。我（独自）在法兰克福待了20天，然后被送到了战俘营。"

在"米斯马洛维"的机组成员中，只有库克和那名叫克劳德·朱可夫斯基的"备用枪手"活着见到了星期六的太阳。

同时，在距离目标一小时路程的地方，第96轰炸机大队一架名为"圣人"的"飞行堡垒"，由鲍勃·阿斯丁斯道尔中尉驾驶，遭到了一架德国战斗机的"迎头攻击"，副驾驶员柯特·莫热当场牺牲。

"在那个冬日的夕阳中，炮弹燃烧着飞了过来，就像一支银色的箭，"在罗伯特·E.多尔蒂和杰弗里·沃德所著的《斯内特顿的猎鹰》一书中，领航员斯坦·彼得森回忆道，"先是一阵沉重的闷响，然后发出无烟火药的气味，随后是一阵沉寂……我们的驾驶员鲍勃·阿斯丁斯道尔叫我去驾驶舱，在那里我见到副驾驶员柯特·莫热已经牺牲，主要的供氧线路被切断了，在驾驶舱的地板上，就在阿斯丁斯道尔的位置后面，那枚肇事的30mm的炮弹仍在冒着烟……我记得我翻遍了整个轰炸机，试图找到备用的供氧瓶，以让我们的驾驶员再维持四个小时。"

阿斯丁斯道尔因为成功地将"圣人"带回第96轰炸机大队位于斯内特顿的基地，被授予了"银星勋章"。

第八航空队第1师在奥格斯堡－斯图加特的任务中损失了13架轰炸机，而第2师有6架"解放者"被击坠，2架被报销。第八航空队有300多航空兵跳伞，大部分人后来消失在纳粹空军地狱般的战俘营里，这些战俘营是专门为关押盟军飞行员而建造的。

阿瑟·弗格森描写了第十五航空队那天在雷根斯堡所作的努力，第十五航空队"在最为深入的那段路程里，并没有足够的远程护航部队为其掩护，而且还有一个不利因素就是，他们的人马相对较少。只有能进行远程飞行的轰炸机才能被派到雷根斯堡，不过那天第十五航空队虽然派了将近400架轰炸机，只有176架参与了主要任务，其余的转而袭击阜姆港的码头和港口设施、扎拉港、普拉港（在亚得里亚海的东边）的仓库和棚屋、采尔阿姆西（位于奥地利）的铁路线，以及德国空军的格拉茨－塔勒豪夫基地（也位于奥地利）。"

那天，当第3师和第十五航空队在雷根斯堡上空会师时，他们轮流遭到了第3战斗机联队的进攻，其中第3大队的大队长沃尔特·达尔在前一天曾击坠4架轰炸机。周五这天，在21分钟内，又有两架"飞行堡垒"命丧于他的枪炮之下。

当第十五航空队飞到阿尔卑斯山和目标中间时，遭到了驻扎在威斯巴登的第27战斗机联队的袭击。在1943年9月6日，该联队曾在第八航空队深入斯图加特的途中让其遭受惨重损失，一共摧毁了45架轰炸机。

该联队的第2大队大队长维尔纳·施罗尔一人就曾在美军9月的大溃败中击坠4机，这天，他再落两机，他在职业生涯里一共击坠了26架四引擎轰炸机。这天，一架是在巴伐利亚东南部阿尔多廷附近被击坠的，另一架则是在基姆湖上空，这个湖泊坐落在德奥边境上，位于罗森海姆和萨尔斯堡之间。

在进出雷根斯堡途中，第3师损失了12架"飞行堡垒"，占总数的5%。然而，到此时为止，无人护航的第十五航空队的损失最为严重，一共损失39架轰炸机，相当于被派到雷根斯堡的总数的四分之一。用阿瑟·弗格森的话说："又一次证明了一个事实，这也是美国战略轰炸专家早就承认的，一支昼间轰炸机队伍，在没有充足的战斗机为其掩护的情况下，不要奢望能在不遭受巨大损失的前提下绕过咄咄逼人的敌军，尤其是在这种情况下，敌军更会集中火力攻击弱势的、护卫不足的部队。"

参战的战士们已不需要"再多一次的证明"。

和"大礼拜"前几天不同的是，这天，第八航空队的每一个轰炸机大队都能够轰炸主要目标，晴朗的天气意味着比其他任务更高的精确度。

弗格森写道："位于奥格斯堡的梅塞施密特的总厂经历了激烈的洗礼，500吨炸弹倾泻而下，爆炸和大火毁掉了将近30座建筑物，生产力减少了约35%，几乎有三分之一的机床遭到破坏，70%的贮存物料被毁。"

"我们的炸弹炸出了一个可怕的巨洞，黑烟冲向数千英尺的高空，"詹姆斯·费舍尔上士回忆起对奥格斯堡的进攻，他是第384轰炸机大队一架名为"散漫的鹅"的"飞行堡垒"上的机腰枪手，"能见度非常高，我见到一架B-24（袭击向北60英里处的菲尔特），击坠了同时袭击他的3架敌方战斗机中的2架，这时我们的战斗机也赶过来了，击坠了（第3架）。我们能见到多架福克-沃尔夫从地面起飞朝我们而来。我们经过了斯图加特，此时其他飞机还没抵达这里，大火还在燃烧，因为几天前的夜里，英国皇家空军曾造访此处。"

此时，雷根斯堡在"大礼拜"期间已经三次遭袭，两次来自第十五航空队，一次来自第八航空队，目标区的每一栋建筑都遭到了破坏，许多被毁。据梅塞施密特公司自己的计算，他们的月产量从1月供应给德国空军的435架飞机降到了3月的135架。

尽管第十五航空队承受了可怕的损失，但周五的雷根斯堡行动被认为是到当时为止跨越阿尔卑斯山的最成功的一次任务。

星期六，地中海盟国空军的总司令伊拉·埃克上将给特温宁发送了电报，祝贺他麾下的第十五航空队取得的胜利。他说到摄影侦察所提供的"这连续两天的影像给了我们一个精确轰炸的最佳范例，您的部队谱写了空战历史上最伟大的战役之一，你们遭到最激烈的反击，但是顽强抗争到底。你们航空队抵达了目标，完成了既定的使命，以杰出的表现创造了纪录。据估计，在这次进攻中，你们摧毁的飞机制造厂的月产量为250架。所以当考虑到你们遭受的损失时，这些事实是不能忽略的。"

镇守英国"灌木公园"的史帕兹上将也发送了电报，他写道："拍摄到的雷根斯堡袭击后的照片已阅，我想你们取得了卓越的战绩。第十五航空队出色地完成了轰炸任务，面对敌方空军重型火力的进攻，仍然对敌军的厂房设施造成了巨大的破坏，而且还没有战斗机的支援，亦无巨大损失。甚至就算不提我们的轰炸机还击坠了93架敌方战斗机，成绩也远远超过损失。"

这些话也许同样适用于描述这六天的整体战果，也就是有名的"大礼拜"空袭。

在半个世纪以后,沃尔特·罗斯特写道:"回顾过去,休斯、安德森和史帕兹的脸庞历历在目,还有英国情报部门的关键人物,他们是美军开展工作的基础——他们能干、富有想象力、甘于奉献,他们聚集在一起……看似不太可能,可德国的单引擎战斗机力量惨败于美国的远程轰炸机手下,再也没能恢复过来。事实上,(自'大礼拜'以后,)一支成熟的美国航空队应运而生。"

第二十二章　条条大路通欧洲

"1944年2月23日，（埃哈德·）米尔希来病房探望了我。"阿尔伯特·斯佩尔，希特勒的这位叱咤风云的军备部长写道。其时，米尔希在帝国空军部担任国务秘书。"他告诉我，美军第八、第十五航空队正在集中轰炸我国的飞机制造业，造成我们的飞机减产到了原来的三分之一，至少下个月的情况也是这样的。"

当米尔希带来这些各地传来的坏消息时——从施韦因富特到雷根斯堡，从哥达到菲尔特，以及其他各地——斯佩尔由于过度劳累，已经住院一月有余了。他在回忆录中写道："连续两年的紧张忙碌让我付出了代价，我的身体在我38岁时就已经过度磨损了，膝盖的病痛一直如影随形，体力已经所剩无几了。或者所有这些症状都只是为了逃避？"

斯佩尔很想逃避从"大礼拜"传来的坏消息，但是他不能。

星期六，也就是2月26日，这是"大礼拜"以后的首个"黎明"。第七天，一个低压区移到了欧洲，到此为止，帷幕已经降下。这是一张比喻意义上的帷幕。一场跨世纪的空袭已经落幕，而成就它的仅仅是这天气史上的"怪现象"，以及那些能够充分利用这一点的盟军。

这也是一张字面意义上的帷幕。在一个月的大半时间里，阴冷的天气导致云层像斗篷一样笼罩着欧洲大陆。代号为"论证行动"的大规模空袭结束了。

1944年2月，在美国媒体的渲染下，"大礼拜"被几场重大陆战夺去了光环——安齐奥战役以及海军在太平洋上的埃尼威托克环礁登陆行动也在同时上演，而且人人心里都记挂着"霸王行动"。不过，在接下来的几个月里，人们开始认识到，在通往二战胜利的大道上，"大礼拜"是一个重要的十字路口。阿尔伯特·斯佩尔和埃哈德·米尔希已经见到了斯佩尔病房里发出的不祥之兆。

虽然"大礼拜"既没能粉碎德国空军，也没能捣毁德国的飞机制造业，但它却摧毁了斯佩尔和米尔希等人的骄傲自满，因为他们一直坐拥制空权，以为盟军的战略空军根本不可能触及某些地区的某些目标。

"大礼拜"就和八十年前的葛底斯堡战役一样。回想起来，它们并没能宣告一场血腥战争的结束，但却标志着战争达到了高潮。在葛底斯堡战役以后，罗伯特·E.李再没有要挟着要将南北战争的战火蔓延到北方。同样，"大礼拜"以后，德国空军再也无法宣称他们对德国领土真正拥有并行使着制空权。

在战后获得了德国的数据后，《战略轰炸调查》总结道，"大礼拜"空袭"破坏和摧毁了75%的工厂建筑，这些工厂的产量占当时德国飞机总产量的90%"。不过他们恢复生产的速度比当时盟军分析家所意识到的还要快，但这种恢复是在艰难时期进行的，还付出了分散化生产的代价，而且还有一种挥之不去的阴影是，他们知道不管如何分散，目前这个工业体系在潜质上是脆弱的。

阿瑟·弗格森在关于二战中美国陆军航空队的官方历史中写道："到当时为止，德国当局的规划都是建立在过度乐观的基础上的，现在显然他们第一次发出了绝望的信号……二月份的轰炸确实让敌军损失了数百架飞机，而他们正是急需的时候，这些飞机很有可能成为对抗入侵欧洲的盟军的有效武器。也许在飞机生产的整体进程中，德国人只是遭遇暂时的挫折，但这并不重要，重要的是他们在一场空战的关键节点，损失了大量的飞机，而且同时，他们不得不对整个飞机制造业分散重组。"

"根据美国的《战略轰炸调查》，即使二月的行动只是让敌人被迫进行大规模的分散计划，也已经算是取得成功了。因为分散化不仅会间接导致大量精力的浪费和生产的损失，还会让整个行业非常脆弱，在运输途中的任何破坏行动都可以令其遭殃。事实上，当后来盟军轰炸机转而对交通系统展开集中战略轰炸时，这种分散化政策本身就成了一种失败。"

节点过后，潮水不涨反退。

常常有人问道，"大礼拜"到底有多"大"，事实上，它是到当时为止"联盟轰炸机攻势"发起的最大规模的持续进攻。第八航空队一共出动了3300架次飞机，第十五航空队出动了500多架次，而英国皇家空军轰炸机司令部贡献了超过2350架次。美国人在"大礼拜"期间投掷的一万吨炸弹基本相当于第八航空队在作战第一年全年的投弹量。

"大礼拜"也是成功的。基于早期施韦因富特和雷根斯堡的经历，美国驻欧战略空军的规划者和领导者们已经做好每天可能会损失200架轰炸机的准备。可事实上，这周第八航空队仅损失了137架重型轰炸机，第十五航空队89架，英国皇家空军157架。

美国陆军航空队的护航战斗机损失了约30架，不过战斗机和轰炸机机枪手一共击坠德国空军截击机500多架。德国空军最高司令部自己记录的二月的损失为459架战斗机，包括65架夜间战斗机。二月昼间的大部分损失发生在"大礼拜"期间，德美双方的损失比例约为10∶1。

不过"大礼拜"期间德国空军遭受的损失并不都来自于炸弹。格伦·威廉姆森曾经揶揄道："（德国战斗机筑起的）高墙曾经如此艰险，（在'大礼拜'过后）开始逐日坍塌。在我们突破那道高墙以后，我们势如破竹，进展神速。"

或者，用弗格森的话说："我们有理由相信，对于取得空中优势而言，二月份这六天激烈的大规模空战比对工业厂房的轰炸更有效果。盟军的计划主要是依赖着空中优势而展开的。"

对于德国空军学说的一个关键组成部分——飞行员而言,"大礼拜"也标志着一个转折点。飞行员是德国空军之前取胜的一个重要因素,但现在看来却有些后继不足。纽约大学的约翰·法格在美国陆军航空队的官方历史中写道,1944年春,持续补给优质的替补飞行员的问题"让人注意到空战的重要性,正是因为空战,尤其是'大礼拜',德国空军第一次被迫承认失败……到3月,德国空军保卫帝国和在近乎平等条件下与盟军轰炸机和战斗机作战的能力已经超过了临界点,并开始不断减弱,而盟军的实力却在增强"。

德国空军战斗机兵种总监阿道夫·加兰德也不得不承认"大礼拜"让我们损失了"最优秀的中队、大队和联队指挥官,敌人的每一次侵犯都让我们损失约50名航空兵。我们的武器(指德国空军)眼看着就要衰竭了。"

当然德国空中优势的丧失是出于多个因素的,包括第八航空队的迅速壮大以及"大礼拜"空袭对于德国空军和飞机制造业的重创。

如果一定挑选出对"论证行动"的胜利起关键作用的美国武器的话,那就是P-51"野马"护航战斗机,这款机型于1月首次大量来到欧洲战场,在"大礼拜"期间证明了其不可或缺的地位。一直以来,为第八航空队的轰炸机护航的中流砥柱是加挂了108加仑副油箱的P-47"雷霆"战斗机,他们陪同轰炸机从英国起飞,作战半径约为475英里,而"野马"在无需副油箱的情况下就可以做到这些。

一架"野马"装备一对75加仑的机翼油箱后,其作战半径可以扩大到650英里,如果加挂一对108加仑的油箱,P-51可以作为轰炸机的"小伙伴"从基地开始陪同飞行850英里。这就意味着"野马"可以飞行到远距离的目标,比如施韦因富特和雷根斯堡——或者柏林——然后准备作战。而"野马"损失的数目远远少于被击坠的德国战斗机数,这也证明了这种新型的美国战斗机在那些战役中是如何大放异彩的——以及从"大礼拜"到战争的最后一周,那些在德国上空的空战。

到1944年3月底,第八航空队的第4战斗机大队、第355战斗机大队以及第357战斗机大队的全部机型都是"野马",再加上第九航空队的第354战斗机大队。由唐·布莱克斯里上校统率的老牌第4战斗机大队,参加了"大礼拜"空袭,总击坠数达到了150架,到3月中,这个数字已经超过了400。

由于P-51的航程、速度和高空可操作性,它不仅很快主宰了空战战场,也给了第八航空队高层以信心来计划进击防卫最为严密的德国目标。

1944年3月4日,第八航空队第一次轰炸柏林。但是由于天气原因,除了31架"飞行堡垒"以外,其他全部被迫转移目标。不过两天后,658架重型轰炸机抵达德国首都,3月8日和9日,460架和约300架轰炸机分别抵达。

目标包括位于埃尔克内尔的"统一滚珠轴承厂",该厂早就被迪克·休斯和其他美国规划者们盯上了,在"大礼拜"的周三就曾被考虑列为目标之一。此外,此次被列入目标清单的还有位于克莱马赫瑙郊区的罗伯特·博世股份公司,也就是现在的罗伯特·博世股份有限公司,在今天它已经发展为一家在工程和电子领域的世界领先企业,但在二战期间,它主要为飞机和军用车辆生产电气部件,因此在"波因特布朗克"行动的目标清单中也有它的一席之位。

除了对目标造成的破坏以外——3月8日,位于埃尔克内尔的"统一滚珠轴承厂"被75颗炸弹直接命中,遭受重创——柏林之战对于提振士气也是很有作用的。对于美国的公众而言,美国陆军航空队第一次对一个轴心国的首都发起进攻,这是值得庆祝的;对于英国人而言,美国人对这个曾在1940年派轰炸机摧毁伦敦的国家的首都发起进攻,这是一种团结的姿态。《伦敦标准晚报》的社论专页称这次袭击"标志着一种牢不可破的友谊",大标题写着"柏林上空的盟军",而不是"柏林上空的美国人"。

柏林人并非首次遭遇空袭——英国皇家空军曾在夜间轰炸过柏林——不过当一排排闪着微光的"飞行堡垒"结成紧密的编队出现在他们的城市上空,随行的还有护航战斗机时,这意味着第三帝国的空中优势的沦丧。

对于德国的宣传机器而言,要掩盖这一新的事实,是一个挑战。事实上,最好的办法似乎就是蒙蔽大众。3月13日,纳粹党的官方日报《人民观察家报》向它的读者解释说:"如果他们在空中飞行时,偶尔没见到身后有令人惧怕的德国战斗机,那只是门外汉被愚弄了,几分钟后战斗机就会出现了……他们那紧密的编队并不代表实力强大。"

有了"大礼拜"的胜利,盟军的规划者们就有信心展望对第三帝国的战略空中攻势的未来了。迪克·休斯写道:"现在,我第一次严肃地考虑要摧毁整个轴心国的石油工业——早在1941年夏,我就将其列为一个决定性的目标系统,一旦摧毁了这个目标,我们的目的几乎就达成了……到1944年早春,第八航空队和第十五航空队已经有大量的重型轰炸机大队可供调遣,同样还有必要的远程护航战斗机。德国的战斗机防御,虽然仍然充满隐患,但已经不再致命了……摧毁德国石油工业的时机最终成熟了。"

沃尔特·罗斯托在战略情报局出版的《战争日记》中写道,3月5日晚,在"公园住宅"里,休斯向史帕兹上将正式提出了"石油计划"。罗斯托还补充说道,弗雷德·安德森"已经阅读了这一计划,并且表示支持"。

罗斯托显然也参加了这次会议,他解释说:"在'公园住宅'的会议桌前,讨论从晚餐前开始,一直持续到清晨。尽管该计划努力强调要完成对'波因特布朗克'(目标)系统的进攻,但史帕兹上将很快领会到它实际上就是一个石油计划。(史帕兹)详尽地研究了一些风险问题,尤其是第八航空队和第十五航空队是否有能力完成对这么多目标的进攻,他下令说该计划的成稿必须立刻呈给波特尔中将和艾森豪威尔上将。"休斯将这理解为史帕兹已经同意了。不过"石油计划"还在发展之中,而此时因为面临迫近的"霸王行动",盟军的指挥层将要进行一次重大改组。

4月1日,因为"霸王行动"在即,对史帕兹的美国驻欧战略空军的管理从"英美联合参谋部"转移到盟国远征军最高司令部。一旦盟军地面部队登陆欧洲大陆,管理权就会回归,但美国驻欧战略空军的命运暂时不能掌握在他们自己的手中。用休斯的话说,突然,"很长时间以来,我们第一次不能如愿地自由作战了"。

盟国远征军最高司令部的最高指挥官艾森豪威尔与史帕兹一向关系甚

笃，但艾森豪威尔的直接副手是他的副总司令，也就是负责指挥"霸王行动"中空军作战的英国皇家空军中将亚瑟·特德。

反常的是，特德使用战略空军支援"霸王行动"的观点并不是来自职业飞行员，而是来自一名平民顾问。当特德还是地中海战区空军司令时，这人就一直追随左右。特德的这位参谋不是来自任何一支盟军的航空队或军事、经济组织。这位在英国皇家空军担任要职的被唤作"索利"的所罗门·朱克曼居然是来自伦敦动物园！

朱克曼出生在南非，是一名动物学家，毕业于伦敦的大学学院附属医院的医学院，战前他就职于伦敦动物学协会。战争开始后，朱克曼因为项目咨询的业务和英国政府打上了交道，结果来到南非效力于英国皇家空军。他被委任为荣誉军官，最终成为英国轰炸调查组的"科学总监"。就是在这个岗位上，他渐渐成了特德离不开的得力助手。

特德在"霸王行动"前夕先行来到伦敦时，朱克曼也追随左右，他被任命为特拉福德·利·马洛里中将的顾问。利·马洛里是特德的下属，统帅着盟国远征军空军，这支英美战术空军的混合部队将支援"霸王行动"。

第八航空队早就获知要备战"霸王行动"，他们将加入盟国远征军空军，对铁路运输网络，特别是铁路集装箱编组场发起进攻，以"隔绝法国北部战场"。一开始，第八航空队并不听命于盟国远征军空军，但特德坚持要求这样安排，因为朱克曼说服了特德和利·马洛里相信这是对战略轰炸机的最佳利用。

突然空降的朱克曼和美国驻欧战略空军的理念是相左的，这让他与第八航空队和"敌方目标小组"产生了直接冲突。

沃尔特·罗斯托在多年后忆起："在智力层面，'敌方目标小组'已经摆好架势要抗衡特德的单人智囊团，索利·朱克曼是一名研究猿类性生活和社会生活的学者。奇怪而又典型的是，应战争之召，他成了一名研究轰炸的物理效果的专家，他曾在地中海战场应用过他的研究成果，后来成了一名轰炸战略家。有些美国人（也有些英国人）在临终前曾认为（或将认为）在欧洲最后一年的挣扎并不是与阿道夫·希特勒，而是与索利·朱克曼的战争。"

迪克·休斯解释道："（朱克曼）曾被召入英国皇家空军，在猴子身上开展了一系列的试验，试图确定炸弹对人类的爆炸效果。从此以后，精明而又野心勃勃的他渐渐成为一名熟悉各种爆炸效果的专家，因此他要插足目标选择和作战规划等领域，也就是轻而易举的事情了。他协助特德中将策划了对意大利运输系统的空袭，然后向特德毛遂自荐，表示自己将在策划支援'霸王行动'的空战中发挥重大的价值——在'霸王行动'中，干扰和耽搁德国增援部队抵达我们的滩头阵地将是至关重要的。"

然而，朱克曼的盛名之下，其实难副。休斯继续说道，第八航空队的参谋部和"敌方目标小组""收到来自意大利的关于他败北的秘密消息，所以当特拉福德·利·马洛里爵士对他寄予完全的信任，并让他大展拳脚，准备登陆计划时，我们非常警觉。因此，此次关于空战计划的争论是我经历过的最激烈的一次"。

从本质上来说，这是迪克·休斯拟定的"石油计划"与索利·朱克曼的"铁路计划"的对决。

分歧并不是存在于在英美民众之间，而是存在于盟国远征军最高司令部中的英美指挥层与美国驻欧战略空军高层之间。而且在英国皇家空军轰炸机司令部内部也存在意见分歧，一些人并不乐意被分配到战术空袭的任务，但他们的指挥官亚瑟·哈里斯是支持朱克曼和特德的，他将"敌方目标小组"及其盟友戏称为"石油男孩们"。罗斯托指出："史帕兹认为对铁路集装箱编组场的袭击确实具有辐射扩散的效果，但是并不能阻断军备供应，因为一些最短的铁路要线连夜就能被修复，而且德国人也不会调遣他们被围攻的战斗机前来保护这些铁路编组场。这样一来，他保证盟军在诺曼底登陆前取得空中优势的任务将会承担风险，而这个任务是高于一切的。"考虑到朱克曼挑选的具体目标，休斯写道，美国驻欧战略空军根据驻意大利的（第十五航空队）传来的消息，坚信要破坏敌人的铁路运输系统，摧毁他们的铁路桥（很难修复或取代）要比轰炸集装箱编组场高效而且经济多了，而且还有一些意

213

外的好处，如果用破坏铁路桥这一经济的方式让敌人的铁路系统陷入瘫痪，那么盟军将有足够的剩余力量来对付石油工业——这么做带来的长远利益就是，在接下来的战争里，德国陆空部队的作战以及德国工业的运作将受到严重的阻滞。

朱克曼表示反对，他坚持认为飞机无法破坏像桥梁一类的精确目标，虽然他本人刚从地中海战区回来，在那里轰炸机成功地摧毁了意大利的大部分关键铁路桥。在"霸王行动"前的几周里，第九航空队的中型轰炸机和第八航空队的重型轰炸机携手证明了，在很多场合，飞机完全能够准确击中并摧毁铁路桥。

最后，论战一路蔓延到了高层，丘吉尔首相和艾森豪威尔将军也加入进来。最终，在3月25日召开的罗斯托称之为"一次历史性的会议"上，艾森豪威尔"决定支持特德轰炸铁路集装箱编组场的立场，因为这能直接助力于登陆及后续行动，而轰炸石油工业的军事效果也许会滞后"。

不过，艾森豪威尔的确做出了一定的折中，他应允任何时候只要德国上空的天气允许，在能见度可以开展精确轰炸的情况下，第八航空队就可以从铁路行动中解放出来，去轰炸"石油男孩们"所支持的石化工业目标，史帕兹和安德森也表示赞同。

"我相信，"休斯写道，"史帕兹上将并不想用力争论这个问题，他的首要考虑是万一'霸王行动'失败了，任何人都无法对他和他的航空队指手画脚，指责他们没有全力配合艾森豪威尔将军的要求。"

关于"霸王行动"前几周的很多记录都写道，这是一段既忐忑又兴奋的时间。史帕兹，甚至艾森豪威尔本人，都知道诺曼底登陆的胜利并非十拿九稳的，如果失败了，将是一个巨大的灾难，会严重推迟战争的终结。

休斯认为史帕兹是不想惹是生非，然而罗斯托与他的理解相反，他写道，史帕兹一度甚至威胁着要停止转移他的部队去支持"铁路计划"。

不过，5月12日，第八航空队出动约800架重型轰炸机执行了一次"折中"行动，袭击了中德地区的多家石化工厂，这次行动证明了"石油计划"

的支持者们是正确的。半个世纪以后，罗斯托在战略情报局的一次研讨会上说道，在5月12日的行动之后，英国"超能"计划的解密者们破译了德国的信息，这些信息"及时而又清晰地反映了德国人的恐慌，他们将对石油生产的护卫提升到了最高级别，甚至在单引擎战斗机生产厂之上。这个证据足以说服特德相信对石油厂的进攻迫在眉睫"。

罗斯托汇报说，特德的原话是："我猜我们应该让这家伙得偿所愿。"

他的意思是，艾森豪威尔现在相信"石油行动"对于战略轰炸机的价值了。

甚至是在半个多世纪以后，凭着后见之明，我们知道史帕兹是对的，他承认在1944年6月6日前的两个月里，在欧洲战场上，没有比确保"霸王行动"胜利更重要的战略目标了。事实上，条条大路，都是为了直通欧洲大陆。

同样，经过清晰的反思，尤其是基于"超能"计划破译的信息——休斯在写回忆录时已经得知但对于公众还是保密的——我们知道休斯也是对的，他看到了石化工业作为"波因特布朗克"行动中继飞机制造业的后续目标这一"大蓝图"的意义。没有石油，战争机器将无法运作。

同样，正因为美国驻欧战略空军在"大礼拜"期间重创了德国空军，盟国远征军最高司令部才方便集中进攻铁路运输网路。

"霸王行动"中的登陆日，在盟军的攻势日历中原定于5月，后被推迟至6月5日，最终是6月6日。诺曼底登陆日，被科尼利厄斯·瑞恩称为"最长的一天"。这一天，156000名盟军战士，顶着德国地面部队的重型火力，跨过了诺曼底的海滩。天空中不见德国空军的踪影，这要归功于在"大礼拜"中美国轰炸机部队的奋战与牺牲。艾森豪威尔对他的军队底气十足地宣称："如果你们见到头顶上有作战的飞机，他们一定是自己人。"

事实上，德国驻诺曼底的战斗机指挥官维尔纳·容克将军在一次战后的任务报告会中也承认，他只剩下160架飞机了，而且其中只有一半可以参与作战。不过很快，他的补给数就上升到了600架，但据统计，分配给利·马洛里的盟国远征军空军参与"霸王行动"的飞机共计约12000架。

在"最长的一天"的下午，弗雷德·安德森上将驾驶着盟军的一架"飞行堡垒"——机组成员包括5名上将和2名上校。理查德·多伊利·休斯站在一侧的机腰枪手位置，如果有德国的战斗机出现，他随时准备操作那挺50口径的布朗宁机枪。那天早些时候，劳伦斯·库特上将也在这片领空完成了一趟侦察飞行，他见到了数百架飞机，而休斯只见到了一架，这些飞机全是友好的。

"在英国约10000英尺的高空中，我们盘旋着穿过云层，我们最终来到一片无云的天空，我们附近有一群第八航空队的B-17轰炸机，他们正要前往轰炸卡昂（诺曼底海滩附近的一座城市）。我们快速加入了这个编队，在飞过英吉利海峡约一半的路程上，云层消散了，整片海滩在我们眼前延展开来……我们通往卡昂的轰炸航路非常顺利，没有防空炮火，在空中也见不到任何一架德国战斗机的踪迹。

"虽然'大礼拜'并没有彻底消灭德国空军——他们还将做垂死挣扎——但'大礼拜'取得的成就在6月'最长的一天'中，在诺曼底上空，已经显露无疑。"

第二十三章　突破高墙

盟军的领袖们终于卸下了肩上的重负——上至艾森豪威尔，下至各级指挥官——在为期数月的策划过程中，他们付出了辛勤的汗水。虽然苦战在前——事实上，直到7月25日盟军才最终突破德军的诺曼底滩头堡——但是登陆行动已经成功了，自对德战争一开始，这就是最为耗时耗力的目标。

诺曼底登陆成功后，盟军在北法建立了坚固的滩头堡，这样美国驻欧战略空军便又可以重返之前的战略任务了，这也是其成立的初衷。6月8日，也就是登陆行动后两天，史帕兹给第八航空队的吉米·杜立特和第十五航空队的南森·特温宁下了一个命令，令他们将休斯、罗斯托和"敌方目标小组"的"石油男孩们"所拟定的"石油行动"列为首要任务。

第八航空队和英国皇家空军将集中进攻鲁尔区的合成燃料厂以及汉堡、不莱梅港和汉诺威三地附近的炼油厂。此时，第十五航空队在意大利的驻地距离普洛耶什蒂已经比一年前的"浪潮行动"时要近了几百英里，因此他们就能更频繁地造访这个大面积的工厂了，这里仍然满足了第三帝国的大部分石油需求。6月末，战略空战重新开始后，连续两天，平均每天约400架重型轰炸机对罗马尼亚这家炼油厂发起进攻。

8月25日，也就是诺曼底登陆后整整一个月——第八航空队对德国地面部队的猛攻让登陆变得容易了许多——盟军解放了巴黎。乔治·巴顿上将指挥的第三集团军快速行动，几乎是单打独斗横扫了法国西北角的德军，在美国陆军的历史上以最快的速度攫取了最多的领土。到9月，艾森豪威尔和史帕兹的司令部都从英国搬迁至此。

讽刺的是，在北法地区，几个月前在"特德–朱克曼铁路计划"中被毁的铁路桥、铁路编组场和其他基础设施如今都落入了盟军之手，他们正在修复这些设施以服务自己的部队，而他们正是始作俑者。

一个月后，英美盟军逼近德国边境。此时乐观主义泛滥，一些过度乐观的评论员竟预言战争将在圣诞前结束。

8月和9月，德国的战争机器在盟军的威力之下似乎已经折戟，但他们并没有一蹶不振。虽然盟军直到战后才知道他们受创的程度，但在"大礼拜"后的两个月里，德国的飞机制造业就恢复了涨势，此时美国驻欧战略空军正在孤立诺曼底战场。

"不合逻辑的是，在1944年初'波因特布朗克行动'胜利后的几个月里，德国的飞机产量还在继续增加。"约翰·法格在二战期间美国陆军航空队的官方历史中写道。

自"联盟轰炸机攻势"开始以来，盟军战略空军对抗的并不是停滞不前的德国经济，而是比盟军想象中更为有韧性的德国经济。事实上，德国有一名睿智而又勇于革新的管理者主持着经济大局。"大礼拜"以后，阿尔伯特·斯佩尔从病床上爬起来，加强了在他的军备部的领导下的飞机生产。多亏了他的管理天才，德国的飞机制造业真正又扩张了，此时，盟军甚至已经准备将其踢出局了。

"乍看之下，最让人丧气的是，尽管在昼间轰炸部队的精准猛击之下，德国的飞机制造业在1943年全年以及1944年大部分时间还是持续保持增长，"在美国陆军航空队的官方历史中关于"大礼拜"的那一章里，弗格森写下了他所观察到的，"可以肯定的是，德国的飞机制造业的确遭受了两次重创。据估计，1943年夏秋的两次空袭让其减少了多达三个月的产量，而1944年2

月的空袭一共造成了两个月的损失。

"对于盟军的战略家来说,如果说工厂内部受损不大,就他们所获悉的厂房建筑所遭受的实际破坏而言,似乎那时的德国空军正处在衰退之中,已经完全无力修复其损失。在1944年2月的进攻以后,他们抵御昼间轰炸的能力趋于迅速减弱,这是在盟军的意料之中的,不过在战争结束后发生了一个意外情况。对德国生产记录的调查表明,让人震惊的是,尽管在2月盟军的狂轰滥炸之下,单引擎飞机的验收数据还是迅速飙升,一直持续到1944年9月。"

在一份详尽的战后分析中,经济学家约翰·肯尼斯·加尔布雷思和他"战略轰炸调查"团队发现德国的战斗机月产量从2月的1104架增加到了6月的2449架,与美国的产量持平。相比而言,在1944年,美国陆军航空队的战斗机月平均验收数为2015架,重型轰炸机为1241架。

然而,在"大礼拜"时期,美国陆军航空队的重型轰炸机的库存为9278架,在9月为12526架。每月从美国工厂涌入前线的飞机越来越多,德国的飞机制造业就像一架被击中的"梅塞施密特",翻了个跟头,开始急剧下降。

在1940年,美国陆军航空兵团拥有不到3000架作战飞机,罗斯福总统计划要达到36500架,在当时看来这个数字似乎遥不可及。可到了1944年秋,美国陆军航空队的飞机库存量已经超过了69000架。

《战略轰炸调查》继续写道,德国的飞机产量在1944年中期有所增长,只能这样解释:"他们采取了一些积极合理的措施,利用了零部件的渠道,并且很早就已经计划工业的大规模扩张。轰炸在何种程度上阻滞了这些计划的实现,尚难定论。也许如果没有空袭的干预,产量可能提高15%至20%。"

弗格森补充说道,存活下来的飞机制造业发起了奋力一搏。他写道:"(在'大礼拜'以后)当斯佩尔的军备部开始重新管理飞机生产后,他开始分散整个工业,加速对遭到轰炸的工厂的修复。也许后来证明分散化有些浪费,但一直到1944年末,都是相当成功的。工厂变得小而隐蔽,四处分散,盟军的情报也发现很难定位这些厂房,所以轰炸机常常无法集中轰炸到重要厂房。盟军的空军领袖们也因此无法准确地评估德国的实力。"

可相反的是，在约翰·法格对德国飞机制造业分散化的结果的分析中，他写道，二月"大礼拜"的轰炸让德国损失了大量的战斗机，而他们正处在极度需求之时。而且德国的飞机制造业被迫加快分散，这也造成了大量间接损失。更为重要的是，整个行业更容易受到交通设施的影响，如果集中火力对交通网络发起进攻，比其他任何手段都更能导致飞机制造业的彻底崩溃"。

确实，德国的飞机制造业已经逼近极限了，它被迫抄近路，走捷径。针对分散化以后的低效率问题，工人们被迫极限劳作，最后甚至使用了奴工。

同时，那些飞机制造业的支撑产业也在努力挣扎，9月后，这对飞机减产产生了效果。《战略轰炸调查》写道："1944年第二季度，滚珠轴承的平均产量下降到了空袭以前的66%。然而，分散化这一有效的政策让第三季度的平均产量几乎恢复到了空袭前的水平。同时，他们通过节约使用存货、用滑动轴承替代耐摩擦轴承、对设备进行重新设计以减少之前对轴承的浪费等手段，避免了因轴承产量的下降而影响军备生产。"

为了阻止飞机产量的增加进而导致德国空军势头的复活，"石油行动"也发挥了重要的作用。《战略轰炸调查》指出，合成燃料的平均产量从该行动以前的359000吨降到了6月的134000吨，到9月，更是减产到24000吨。它还补充道："这些工厂的航空燃油的产量从4月的175000吨下降到了9月的5000吨。"

"在同一时期，马达和航空燃料的存量下降了三分之二，只有极大地缩减消耗才能阻止其进一步减少，"《调查》陈述道，"和滚珠轴承和飞机制造一样，德国人采取了最为有力的措施来修复和重建石油工厂。多达350000人投入到重建工作和地下工厂的修建中，但这些措施被证明是毫无价值的。重建的工厂很快遭到再次袭击，而地下工厂直到战争尾声也只为当时紧张的石油供应生产了少量的石油。"

燃料的不足不仅影响了德国空军执行任务的效率，对训练也造成了严格的局限，而此时德军损失了许多资深的飞行员，必须训练替补飞行员来服役。"大礼拜"以后，在德国空军收拾残局重整旗鼓的勇敢尝试中，他们的致命弱点被证明是飞行员的培训，而不是飞机的数量。

战后，在美国陆军航空队一份名为《空军对于德国战败的贡献》的报告中写道："（到1944年中期，）对于德国人而言，坦克战的训练成了一种遥不可及的奢望，甚至连德国空军也将培训期缩减到了寥寥几周，因为不能浪费太多航空燃油。"

约翰·法格继续说道："（到1944年下半叶，）不管德国人生产了多少飞机，如果无人能够驾驶，都可能是徒劳。对于整个德国空军的状况而言，这似乎是最大的弱点了。而瓶颈中的瓶颈就是培训项目了。"

"因此，他们只剩两条路可以走了：要么接受替补飞行员的不足，要么缩减培训时间以让燃料足以培训足够的飞行员。他们选择了后者，因此参战的飞行员越来越训练不足。面对训练有素的英美飞行员，这些替补飞行员处于明显的弱势，这也解释了德国空军的高损耗率。而替补队员的需求进一步增加，这就造成了恶性循环。"就石化工业的生产而言，《战略轰炸调查》汇报说："到年末，合成氮的月产量从空袭前的75000多吨降到了20000吨。德国人不得不削减氮肥在农业中的使用，供应给爆炸物生产的氮也减少了。同样，在爆炸物生产中必需的甲醇的产量也降低了。这些物质的减产很大程度导致了1944年下半叶军备生产减少了20%。"

《战略轰炸调查》还写道，在1944年的第四季度，德国的钢产量减少了80%，"对装甲车厂的袭击让德国人野心勃勃的扩张计划受挫，导致其1944年下半叶的产量减少了20%"。

9月过后，当第八航空队发起由将近千架轰炸机组成的常规战略空袭时，其他工业也开始崩溃。到此时为止，杜立特可供调遣的重型轰炸机达到了2100架，特温宁麾下有将近1200架，而亚瑟·哈里斯的英国皇家空军轰炸机司令部的轰炸机为1100多架。从10月开始，三支力量在"联盟战略目标委员会"的指导下协调作战。

同时，轰炸机数量稳步增加，轰炸准确率也在提高。第十五航空队汇报说，炸弹击中1000英尺以内的目标的百分比从4月的18%提升到了6月的32%，8月更是达到了50%。对比而言，第八航空队也从29%提升到了40%和45%。

4月和5月，第八航空队一直不愿意从战略任务中转移出来加入第九航空队对法国运输网络的战术空袭。四个月后，法国的运输网络落入盟军之手，他们的目光转移到了德国本土的运输网络。

这并非为了孤立战场，而是为了切断德国经济间的相互关联。分散化后的德国工业比以往更加依赖运输网络将部件和组件运送到众多分散的装配厂。没有铁路运输，这一切都开始分崩离析。

后来的《战略轰炸调查》称这个阶段的空战的效果是"德国经济最终崩溃的一个最重要的原因"。

调查里还写道："（火车货运的运输量约减少了一半，）不断扩大的交通瘫痪一开始影响的是那些通常达不到火车满载量的商品——成品、半成品、部件和易腐物品。然而，空袭的效果从煤炭运输的数据上最显而易见，煤炭运输通常占铁路运输的40%。铁路运输和水路运输的煤炭从8月的740万吨下降到了12月的270万吨。"

"军需品的总产量在1944年7月达到峰值，然后开始下降，"《战略轰炸调查》汇报说，"到12月，下降到了这一峰值的80%，而且这还是通过用光零部件和原材料的存货来实现的。空袭是让其减产的主要因素，否则很有可能会上涨。其中15%以上的军备生产的损失要归因于1944年下半叶的轰炸。相比而言，1943年下半叶减产5%，而1944年上半叶减产10%。"

"到1944年第三季度，轰炸成功地牵制了一大部分劳动力，据估计，多达450万工人，占非农业劳动力的20%。其中220万人从事废墟清理、工厂重建和分散以及其他空袭后遗的劳动，100万人从事空袭中损失的民用品的生产，而略低于100万人从事着防空武器的生产和装配。在空袭中的人员伤亡并不巨大……1944年末，由于空袭造成的劳动力的转移也变得并不重要，因为德国经济的瓦解已经到了一定程度，充分利用全部劳动力已经不太可能了。"

到12月，乐观主义已经蔓延到了整个西线战场的盟军司令部。自从8月巴黎解放以后，唯一让激流勇进中的盟军陆军放慢脚步的就是，当他们将德国人追击至边境时，供应物资都跟不上他们的速度了。

到圣诞节时，战争并没有结束，但似乎只是时间问题。第21集团军群辖英国第2集团军和加拿大第1集团军，从荷兰逼近德国边境。第12集团军群辖美国第1、第3和第9集团军联合起来从比利时、卢森堡和法国西部进攻德国边境。

冬天的降临放慢了盟军前进的步伐，规划者们坐下来思考德国本土的作战。这最后一搏自然需要第八航空队的强大火力。在12月的第二周，第1集团军的考特尼·霍奇斯上将和第9集团军的威廉·胡得·辛普森上将各自开始进军德国，他们都要求史帕兹支援他们的进攻。

12月15日，史帕兹令迪克·休斯和弗雷德·安德森飞往第1集团军的司令部与这两位三星上将商讨细节。12月16日清晨，第九航空队的司令霍伊特·范登堡上将、第九航空队第九战术空军的指挥官皮特·克萨达上将、休斯以及安德森一起在霍奇斯的司令部拜见了霍奇斯和辛普森。

"我们劝辛普森和霍奇斯上将并排坐在沙发上，对面是一张钉在墙上的作战地图，"休斯回忆道，"我将我们的空中支援计划的覆盖图固定在地图上。安德森上将开始向两位上将详细地解释。突然，电话响了。霍奇斯上将接通电话，然后转向我们，激动地说，德国人发动了一次大规模的突袭，在阿登高地从南侧突围，突出部战役打响了。"

休斯取下覆盖图，他观察到"第1集团军司令部里升腾起了近乎惊慌的混乱"，他向安德森建议，他们应该继续自己的行动，让霍奇斯"打他一个人的仗好了"。

第二十四章　全面崩溃

这一切有点不真实。前一天，弗雷德·安德森上将和理查德·多伊利·休斯还在平静地讨论如何对付似乎已经濒临失败的敌人，但现在他们发现自己反而被困在德国人的大规模攻势中，这完全让盟军大吃一惊——而且至少在12月16日清晨看来，这一攻势似乎势不可当。

德军发起代号为"守卫莱茵河战役"（源于一首同名的爱国歌曲）的阿登高地进攻战，试图将第12集团军群和第21集团军群分裂开来，一边夺取盟军的主要补给港口安特卫普港，并包围了四支盟军集团军，意在待盟军跨过边境进入德国之前逼迫其进行停战协商，这样一来德国人就可以集中一切兵力对付东线的苏联了。

关于德国突围战的消息并不乐观。事实上，盟军士气大为受挫。四支德国陆军，包括十几个师和约200000军队在比利时南部阿登高地防御较为松懈的前线突破了美军的火力。据报道，数百人，甚至有数千美军牺牲或被俘。

德国第6装甲集团军前往安特卫普港，第5装甲集团军则进军夺取最近解放的布鲁塞尔，而第7集团军在第15集团军的支援下，往南逼近卢森堡。休斯和安德森得知一支德国装甲部队正在前来，而他们只有一个宪兵连可以迎战。

"唯一明智的举动就是迅速撤退，"休斯观察道，"但霍奇斯拒绝撤走他的司令部，因此皮特·克萨达无法后撤，我们只是不好意思在危难时将他们弃之不顾。"

由于天气转坏，大雪降临，休斯和安德森也无法起飞，于是克萨达邀请他们来他的住处过夜，这是他在斯帕镇征用来的一处住宅。

"第二天一大早，我们就醒来了，一心等着德国人的坦克来街上巡逻，但是一切都很安静，我们很快得知原来德国人的装甲部队在离斯帕约4英里处的岔道口走了另外一条路，往我们的南边去了。"

安德森和休斯向史帕兹请命，史帕兹叫安德森回到巴黎与他会合，而休斯则受命与范登堡一起待在位于列日市的指挥部。

12月19日，当德国人仍然在行军之时，范登堡决定返回他位于卢森堡的司令部。由于天气原因，他无法起飞。加上德国人在路上设置了一个"突出部"，因此他只能从列日开车前往卢森堡，取道巴黎。

迪克·休斯也着急要离开。他写道："似乎我在列日的作用已经不大，我打电话给史帕兹上将，请求搭范登堡上将的车一起回去。"

他补充说，还有一位请求搭顺风车的是小威廉·伦道夫·赫斯特，他当时是他父亲的连锁报业集团驻欧洲的一名记者。

"我们三人一起，还有一瓶白兰地助兴，在雾中启程前往巴黎。我们以平均每小时15英里的速度行进着，经过多个小时的跋涉，终于抵达史帕兹上将的住宅。"

范登堡对史帕兹说的第一件事就是，他的情报副参谋因为身体原因被遣送回美国了，他问史帕兹是否告诉他在哪里能找到替补人员。

"迪克怎么样？"史帕兹看着休斯，回答说。

"没问题，长官。"休斯回答。

多年来，休斯一直从事着重型轰炸机战略作战的规划工作，现在他突然要转到第九航空队的战术作战任务中去了。

"我倒并不难过，"休斯回忆道，"除了一些日常的细节以外，我们终结战争的战略规划已经制定完毕,作为一名前步兵团成员,我强烈地渴望能直接体验陆地战。"

范登堡也欣然接受这一安排。休斯很快知道,范登堡很希望他的参谋团里能有被欧洲战区的美国陆军航空队高级军官史帕兹上将信任的人加入。

当休斯正在换岗之时,"突出部战役"正在逐渐展开,这是美军在二战中参与的最大规模的陆地战,造成了89000美军的伤亡。德国的攻势一直持续到12月26日。直到1945年1月的第三周,德军才被逼退回原来的阵线。

对于盟军而言,雪上加霜的是——更别提额外的伤亡——在新年这一天,在这场陆地战的中间,德国空军还发起了一场名为"地板作战"的突袭。盟军的规划者们一度以为德国空军已经完蛋了,可德国人却出动了上千架飞机,大部分机型为Fw190和Bf109,与地面部队一道发起大型协同进攻。这是德军在"霸王行动"前的最大规模的一场攻势,目标直指法国和比利时的盟军空军基地。

盟军约300架飞机被毁,约200架遭到破坏,大部分飞机都停在地面。而德军被击坠的飞机略少于300架。

"守卫莱茵河作战"和"地板作战"都是精心策划的、执行完备的大型进攻。然而,这些只是德军的孤注一掷,得不偿失,苏军在德国境内这场不可避免的最后交战中整整一个月中都处于领先。"突出部战役"是德军在西线的最后一搏。

正如迪克·休斯亲眼见证的,从1945年1月开始,在地面战中的敌军都是家园的保卫者。同样,他们也是顽固的敌人,只是渐渐变得疲累和绝望。

虽然他们的阿登攻势失败了,并且损失了大量珍贵的人力和物力,但至少还是成功地激起了英美盟军的紧张,如果说还没到恐惧的话。1945年1月,盟军领导层和规划者的情绪突然变成了一种接近悲观的谨慎。回想起来,这正是源自那种紧张,正如秋季他们无缘无故的乐观情绪已经到了一个荒谬的程度。

"现在我们占有优势,我军与德军兵力的比例至少是五比一,尽管我们怀抱所有的希望、期待、梦想和计划，但我们并没有充分利用这一切，"1月14日，哈普·阿诺德在给史帕兹的信中，不安地写道，"我们也许不能通过空袭让德国人投降，但另一方面，我们拥有如此庞大的军力，似乎我们应该会取得比现在更好更具决定性的战果。我并不是在指责什么，因为坦白说，我也不知道答案，我目前只是在让思绪随意蔓延，希望你能得到一丝微光，一线光明，一种新知，或者是能想到帮助我们尽快结束战争的任何点子。"

那些在几周前见到半个满杯，而且还在继续加满的乐观主义者们如今见到的是半个空杯了，因为水已经被恐惧排空了，他们害怕之前的设想完全错了。

在盟军领导层的心中，曾经有一个诱导他们的幻影告诉他们战争将在1944年圣诞前结束，现在他们又听到了另一个幻影的低语，这个声音告诉他们第三帝国在固若金汤的地下工厂的供给下，很快就能恢复实力，德国上空很快将布满梅塞施密特Me262喷气式战斗机，其数目堪比一年前的Bf109和Fw190。

1月，喷气式战斗机成为了德国空军"重生"的标志。似乎规划者们——双方的规划者们——突然意识到，德国空军靠着这种新型的、强大的、技术型武器奇迹，很有可能会重新振作，真正重生。

盟军见到了这种潜在的巨大威胁，阿道夫·希特勒此时也把"他的"喷气式战斗机看作是拯救他的帝国的武器。梅塞施密特Me262双喷战斗机具有这样的潜力，它是当时世界上最快速的战斗机，甚至要优于伟大的P-51"野马"战斗机。这本来可能成为阻止进行中的"联盟轰炸机攻势"的关键秘密武器。

希特勒关于他的喷气式战斗机的揣测是对的，但已经太迟了，他至少迟了一年。

然而，关于"本来可能"最可怕的一点就是，在1945年1月的前一年里，Me262的批量生产并不存在技术原因。Me262的进展固然非常缓慢——这个项目开始于1939年，所以有大量的时间。Me262和Jumo004喷气涡轮机的研发项目耗时很长，而且极其复杂，每当工程师们将要突破技术边界时，总是会遇到挑战。

这种飞机也许能实现希特勒11小时终结战争的美好愿望，然而，这种机型在研发过程中最大的障碍正是来自于第三帝国内部的坚决破坏。这个破坏者就是阿道夫·希特勒本人。

要不是希特勒在1942年和1943年有意阻碍喷气式战斗机的研发，加上戈林一开始也踌躇不定，德国空军早在"大礼拜"期间就能大规模地使用Me 262了。

正如阿尔伯特·斯佩尔和其他人写道，1943年，甚至已经到了1944年夏，希特勒还在刻意阻止这款机型的批量生产。他不顾阿道夫·加兰德和后来改变主意的戈林的抗议，下令喷气式战斗机只作为一种对付地面部队的进攻型轰炸机，这样的安排完全是用兵不当。一直到1944年末，希特勒才开始欣赏这种他之前一直否定的武器。斯佩尔回顾道："这最后的努力点燃了一线希望，但却（只是）被认为制造了越来越多的混乱。"

此时的喷气式战斗机只是作为一种象征而存在。对于希特勒，这象征着一种毫无理由的乐观主义，他认为他仍然能赢得战争。

而对于盟军的战略规划者，这象征着一种不切实际的悲观主义，他们有着一种毫无根据的恐惧，认为他们即使付出一切努力也无法很快赢得战争。

在盟军的营地里，一月的末日幻影比十一月的乐天幻影更加离谱。而德国的经济和战争机器正徘徊在彻底崩溃的边缘。正当安德森、史帕兹和阿诺德愁眉紧锁时，阿尔伯特·斯佩尔谈到了德国"军备生产的灾难景象"。事实上，他在他的回忆录中继续写道，这个在他的军备部监管之下的工业，到1944年"秋天开始崩溃"。

盟军完全是杞人忧天，他们对德国的石油化工业和基础设施展开的战略空战已经取得了成效。德国的经济和战争机器正在消耗殆尽。德国空军远远没有开始重生，而是命悬一线。不仅燃料供应短缺，他们最优秀的飞行员也是非死即伤，积劳成疾。

休斯离开"敌方目标小组"和第八航空队以后的第一份"联盟轰炸机攻势"计划于1944年1月出台。这一计划名为"过渡计划",是由"联盟战略目标委员会"起草的,目标是莱茵河以西的铁路,这些铁路支撑着与英美盟军对抗的德国军队。

同时,美国陆军航空队的指挥官们仍然坚持,对德国铁路网络的打击应该集中在对大型的、工业规模的铁路集装箱编组场而不是诸如小镇火车站这类的目标。在1月1日写给史帕兹的一份"绝密的"纪要中,伊拉·埃克指出来这只会让德国人相信美国人确实如希特勒所描述的那样是"野蛮人"。埃克坚持认为:"您和(空战的助理部长)鲍勃·洛维特是对的,我们不应该让历史记录下我们将战略轰炸机瞄准无辜大众的罪行。"

约翰·法格写道:"据第八航空队的任务报告,在1月的大部分时间里,每天都出动了大量的重型轰炸机,有时多达1500架,他们轰炸的目标如果保持中立,将会有利于盟军的地面部队,但并不会直接加速德国工业的瓦解。这样压倒性的空军力量持续轰炸着被正式划定为次级目标的敌军交通网络。这个月里,约有147处铁路和公路目标、铁路中心、编组场、修理店、交叉路、桥梁和交通瓶颈遭到了美国驻欧战略空军的袭击。"

然而,正如法格所指出的,他引用了战后的《战略轰炸调查》:"德国西部与经济相关的交通已经被切断到了一个危险的程度。"

1945年2月,在"大礼拜"的一周年纪念之际,盟军加大了对德战略空袭的力度,最终导致第三帝国经济的彻底垮台。事实上,2月22日,也就是"大礼拜"空袭第三天的一年后,整个德国晴朗无云,似乎也预示了那周接下来的天气状况,第八航空队发动了一次大型空战,出动了1359架重型轰炸机,这是他们在"大礼拜"期间日均出动飞机量的两倍,这也是一个时代的标志,标志着此时的第八航空队一次出动1200架轰炸机已经是一件稀松平常的事情了。

同时,一年前仅仅能出动不足200架轰炸机的第十五航空队如今也已经能出动600架了。

2月22日，第八航空队出动的1359架轰炸机有一支战斗机队伍护航，后者的有效架次为822。面对如此庞大的军力，德国空军仅出动了约70架截击机来迎战，而且大部分都是无效架次。这也成为一个时代的标志。那天，德军的高射炮或战斗机只击坠了7架轰炸机，而喷气式战斗机仍然罕见踪影。事实上，到2月，德国空军各种截击机都已经非常罕见了。在有些任务中，甚至见不到战斗机，虽然高射炮的威力仍然很大。

正如法格写道："（在2月，）战略空军粉碎了德国过度延长战争的任何可能性。重型轰炸机自1944年6月以来就已经全力投入。虽然在上半个月中，他们经历了有史以来最糟糕的飞行条件，其中80%的任务是盲目投弹，但这个月的20天里，第八航空队和第十五航空队都发起了大型进攻。从各方面而言，战果都是骄人的。在这个月里，美国驻欧战略空军和轰炸机司令部在石油计划中投入了24800吨炸弹，这一计划牢牢地在掌控之中，而且胜利在望。而且德国人完全无法从地下工厂得到补给，主要是因为交通网络被破坏了。"

与此同时，英国皇家空军轰炸机司令部维持着日常作战，在每次任务中都出动了超过1000架四引擎轰炸机。3月17日和18日，轰炸机司令部连续对鲁尔区的工业和石化目标发起进攻，每次行动平均出动1094架重型轰炸机，平均投弹量创纪录地超过了4800吨。因为德国空军的防御力量普遍缺失，所以英国皇家空军现在也开始展开昼间空袭了。

《战略轰炸调查》写道，1945年2月，煤炭的供应量降到了往常的25%，这一部分是由于西里西亚和萨尔州的沦陷。3月，这个数据降到了16%，到了月底，更是降到了4%。事实上，煤炭的供给甚至都不够维持铁路运行本身的需求。《调查》继续提醒我们，德国的原材料工业、制造业和电力供应都依赖着煤炭。

在德国，比阿奇·马蒂斯年轻一辈的男孩们开始经历煤炭业的萧条季节，他们见到的栈桥和煤车比几年前更少了，即便有，也是极少的。

不过，在接下来的黑暗的、寒冷的冬季里，天空不再布满着轰炸机，城市里也不再战火弥漫。这些男孩成长为男人，没有战争，也没有希特勒，他们坚信祖国将不会再被这样的黑暗笼罩。

3月，蒸汽机车的煤炭也用完了，此时大型的喷气式战斗机形成的威胁终于——姗姗来迟地——展现其全部的潜力。德国空军第7战斗机联队是世界上第一个全喷气式战斗机的联队，成立于1月，由约翰内斯·施泰因霍夫上校统帅，他上任时已经是一名拥有150多架击坠记录的老王牌飞行员。然而，由于燃料和原料的短缺，该联队直到2月才参与战争，直到3月才开始大规模作战，他们执行了29次任务，一共击坠了8架轰炸机。

3月18日，德国空军在保守防御了两周后，希特勒的梦想——史帕兹的噩梦——开始全面展开。如果那天他们的行动能每日重来，或者早一年发生，那么对第三帝国的战略空战将是一个不同的故事了。

在柏林上空，第7战斗机联队出动了37架Me262，向第八航空队发起进攻，击坠了12架轰炸机和1架战斗机。德国空军损失3架，双方损失的比例为4∶1。如果这发生在"大礼拜"期间，那么一切就值得重新评估了，弗雷德·安德森之前正是恐惧这一切会早在1月发生。

然而，那天，第八航空队一共出动了1251架四引擎轰炸机，所以，折损率只是1%，而第7战斗机联队也无力再增加喷气式战斗机以寄望能延缓，更不用说逆转整个潮流。

到3月18日，美国第九军已经跨过莱茵河一周多了，其他英美的部队也紧跟其后，而苏联军队则从东边逼近柏林。

在4月7日和10日，德国空军还能召集将近60架喷气式战斗机，但在10日，美国陆军航空队损失的19架轰炸机和8架战斗机也让德国空军损失了27架Me262和60架Bf109战斗机。

我们都记得，在1943年10月的施韦因富特"黑色星期四"的大溃败以后，伊拉·埃克给哈普·阿诺德拍了电报，荒谬地描述说，德国空军已经完蛋了，事实上，当时的德国空军正是最具威力的时刻，用他的话说，"黑色星期四"是"一头猛兽的垂死挣扎"。现在，18个月以后，美国驻欧战略空军真正开始目睹这戏剧般壮观的场面，目睹驾驶着喷气式战斗机的"猛兽的垂死挣扎"。

如果埃克将他这精彩的描述推迟到现在，那么他是非常中肯的，当然，到1945年4月，即使是最为悲观的盟军领袖也能见到，战争的尾声已经来临。

同时，德国空军的内部开始瓦解。越来越多的老牌飞行员受够了戈林飘忽不定的领导方针，都开始爆发了。其中阿道夫·加兰德由于鲁莽被革除了战斗机兵种总监一职。他很快就重返了飞行员岗位，组织了一支全部由喷气式战斗机组成的中队，也就是有名的第44中队。为了招兵买马，他招募了绝大部分德国空军最顶级的王牌飞行员。这是一个大动作，但人马远远不够，时间也远远太迟了。和第7战斗机联队一样，如果这在一年——甚至是半年——以前发生，加兰德的"梦之队"很可能会极大地影响空战的结果。

"德国的命运已经盖棺定论了，"加兰德在他战后写成的名为《最初的和最后的》的回忆录中写道，"4月25日，美国和苏联的战士们在位于易北河畔的托儿高会师。柏林最后的防御线很快攻破了。维也纳的巴尔豪斯广场上飘扬着红旗，德国在意大利的阵线也崩溃了。西线的盟军在皮尔森投下了最后一枚炸弹，在过去五年的战争中，他们一共在欧洲大陆上投下了2755000吨炸弹。在那个时刻，我呼叫了全体飞行员，对他们说，从军事上来说，我们已经失败了。我们在这里的行动也不能改变这个结果……但我会继续战斗，因为我要驾驶Me262战斗机，我很骄傲我是德国空军战斗到底的飞行员中的一员……只有那些和我同心同德的飞行员们将会和我一起继续翱翔长空。"

第二天，加兰德执行了他的最后一次任务——对阵美国的中型轰炸机。

四天后，在被炸得面目全非的柏林，在阿道夫·希特勒距离地面很深的地堡中，他亲手杀死了自己的狗，并与他新婚不超过40小时的妻子爱娃·勃劳恩相约一起自杀。

到此为止，战略空战划上了一个句号，德国空军成了一段失败的历史。德国空军处处远远寡不敌众，基本上已经无能为力。约翰·法格写道："当（盟军的）轰炸机在降服的帝国上空一边漫游，一边寻找目标时，也有大量战斗机护航。如今护航机已经多到让杜立特下令禁止战斗机开火以防伤到友军或俘虏。德国的大部分领土如今已经不再是敌方领土了。"

4月7日，英国皇家空军主帅皮特·波特尔中止了大规模的轰炸行动，他担心"进一步破坏德国的城市会放大占领军的问题"。

一周以后，也就是4月16日，史帕兹从他位于兰斯的司令部给第八航空队的吉米·杜立特和第十五航空队的南森·特温宁发了一份私人纪要，写着："地面部队的进击给由美国战略空军和英国皇家空军轰炸机司令部共同发起的战略空战划上了一个句号。"

"随着我们的陆军占领德国，越来越明显，战略空战已经取得了决定性的胜利。从现在开始，我们的战略空军必须与战术空军一起紧密配合陆军的行动。"

"全体美国驻欧战略空军受到了表扬，因为他们为赢得战略空战发挥了重大的作用，他们受命继续以同样的努力和精准度来完成空中行动的最后一个战术阶段，以达到最终的目标——彻底打败德国。"

《战略轰炸调查》在结论部分总结了盟军战略空战的高潮："和战争史上的大部分其他战役一样——当敌方因为缺乏物质而无法继续抵抗时，就会开始崩塌。"

在这种崩塌来临之前，曾经战无不胜的德国战争机器已经黔驴技穷，事实上也没有继续抗战的意志了。

"德国经济，"阿尔伯特·斯佩尔在3月15日的报告中写道，"将在四到八周内走向不可避免的崩溃。"事实上，在七周以后就完蛋了。

战争的终结在"欧洲胜利日"那天终于来临，实际上"胜利日"历时48小时，开始于5月7日，德国最高指挥机构，也就是国防军最高统帅部的总参谋长威廉·凯特尔元帅来到艾森豪威尔位于兰斯的指挥部，在无条件投降书上签字。第二天，一个类似的正式投降仪式在柏林举行，此时的柏林已落入苏军手中。

比利·米切尔在二十年前就写道："空中力量给国家带来了希望，在未来，在距离边境千里之外发生的空战将会决定胜负，影响深远，在空战中失败的国家将愿意投降，而不会进一步诉诸陆战和海战，因为这个国家所遭到的破坏完全受制于无限的空袭。"

打败第三帝国的战略空战仅仅是起源于米切尔传播的一个观点，空战能打败一个主要的工业大国。

空战开始于1942年，那时还只有少量飞机，少量飞行员，至于怎么推进，也只有一个大概的想法。在第一年里，战略空战的模样和形式逐渐清晰起来。在伯克利广场，一个战略得以成形。在东安格利亚，一支轰炸机队伍逐渐壮大。美国陆军航空队的队员们以顽强的决心，坚持实践昼间精确轰炸学说，这一学说一度被质疑和嘲弄，但最终被证明是正确的。

正如其规划者所期待的那样，"大礼拜"空袭为战争的终结拉开了序幕。在那个礼拜以后，一切都不同了。阿尔伯特·斯佩尔和希特勒都知道这一点。

正如其规划者所期待的那样，"大礼拜"空袭证明了战略空战的正确性。虽然一路磕磕绊绊，空战陷入不利，但这时开始了"大礼拜"，很明显德国的战时经济从此开始瓦解。

在"最长的一天"，当盟军发现诺曼底上空不见德国空军踪影时，寻思着德国已经败北，这里的基础设施不复存在。

在很大程度上多亏了"敌方目标小组"的成员，他们审查、理解并解释了德国战时经济组成部分间的复杂关系，比如滚珠轴承与飞机制造的关系、石油化工产品与整个经济的关系。

也多亏了不屈不挠的轰炸机机组——和战斗机飞行员，以及所有的地面部队——这些作战目标遭到了系统而重复的轰炸，直到德国战时经济的基础全部被毁。米切尔的预言实现了。

还要感谢所有这些人的英雄主义和宏远视角，第三帝国和它给整个欧洲披上的黑色幕布，就好像第八航空队作战指示会上的黑色幕布一样，被永远扯下了。就好像"大礼拜"最后那天所发生的情况一样，欧洲上空的太阳出来了。

结语

在位于德布登的第4战斗机大队，大卫·马蒂斯知道1944年2月20日将是一个大日子。有60架"雷霆"战斗机正在航线上飞行，引擎正在加大马力准备一场大战。头顶上飞来数十架轰炸机，第91轰炸机大队的"飞行堡垒"一波接着一波驶来，它们从附近的巴辛伯恩起飞。

"我知道你有一位兄弟在那边的一架B-17上当机枪手，"大卫的一名军械士朋友，那天早上在他们工作时随意谈起。大卫朝西北方点了点头，那个方向有博布鲁克和第八航空队的其他六个轰炸机基地。

"是的，是这样的，"大卫回答说，"不过我也不介意告诉你我也非常担心。你从这里发生的一切活动就可以判断将有一次大战要上演。"

在1943年年中，大卫收到一封母亲的来信，告知他阿奇志愿成为了一名空中机枪手，正在佛罗里达的廷德尔基地接受训练。

"我一收到信，我就知道阿奇正在撞向他的命运，"大卫后来回忆道，"他不断谈到的一个词就是'命中注定'。意思就是从你在娘胎里起，你死亡的时间和日期就已经在某处写定了。我不是很相信这些，我总是觉得去匆促下定论是没有道理的……但阿奇十分愿意相信这些。"

几天以后，"大礼拜"日渐接近。大卫·马蒂斯朝红十字会的帐篷走去，像往常一样端起一杯茶，随意拿起一份《克劳诺尼克新闻报》，这是伦敦众多日报中的一种。首页刊登着一张小小的阿奇的照片，报道了他在2月20日的非凡的英勇行径。

"我彻底崩溃了。"大卫回忆起来，表情严肃。他当时还不知道发生了这样的事情，"我想那天我整宿都没有合眼，第二天，我请了个急假，从红十字会去了博布鲁克。"

大卫被领着去见了尤金·罗米格上校，他是阿奇所在的第351轰炸机大队的指挥官。上校说的第一件事情就是，他正在为阿奇申请荣誉勋章。

大卫随后去了基地的诊疗所，他被引荐给三位"十马力"的机组成员，他们在博布鲁克上空跳伞时摔断了腿。

"轮到我跳伞的时候，"托马斯·索维尔告诉他，"我往前看，阿奇正坐在驾驶员的位置，出于某种原因，他转过头来看着我，给我做了一个温斯顿·丘吉尔有名的代表胜利的'V字'手势。他认为他可以成功，但我恐怕成功的机会渺茫。"

大卫随后被带到营地，那里保存着那些牺牲的战士的个人财产。阿奇的皮夹子就在那里，还有他美国陆军航空队的金戒指，上面刻着单叶螺旋桨图案。

"那枚戒指我保留了27年，直到我的儿子阿奇成年，"大卫在半个世纪后回忆起来，还如鲠在喉，"我把那枚戒指传给了他，此后他从没有哪一天从手指上取下过这枚戒指。"

大卫回到他在德本登的营地。他写信给他们的母亲解释了这一切。他猜想他的信也许会在战争部发出的官方电报后才能被母亲收到——那份电报，就像二战期间成千上万的其他母亲收到的电报一样——但他的信先于电报抵达。用他的话说："也许这样更合适吧，我的母亲从他的小儿子那知道了大儿子的死讯。"

7月23日，也就是阿奇死后四个月，他的荣誉勋章被送到玛丽·马蒂斯手上。沃利·特穆培的母亲在7月4日也收到了他死后被授予的荣誉勋章。

玛丽·马蒂斯并没有去华盛顿,她提出在芬利维尔的长老教会接受阿奇的勋章,这是阿奇参加过的教会,不过他总是极不乐意——因为周日早上要起太早——通常都是在他母亲的坚持下他才来参加的。

弗雷德里卡·特穆培收到沃利的勋章时,正坐在位于伊利诺伊州奥罗拉家中前坪的摇椅上。那晚沃利的父亲、妹妹和两个弟弟也都在场。

1976年,84岁的玛丽·马蒂斯已经比他的长子多活了30多个年头,此时她还在为匹兹堡煤炭公司的一家煤矿效力,因为这家煤矿为了纪念阿奇改名成了他的名字。1987年,一所位于英国皇家空军阿普伍德基地的军士学校也正式改名为"阿奇博尔德·马蒂斯军士学院",这所学校是由美国空军开办的,位于剑桥郡,接近莫尔斯沃思,距离阿奇·马蒂斯牺牲的基地不远。

比尔·劳利是唯一一个在"大礼拜"期间获得荣誉勋章并幸存下来的人,8月8日,也就是在阿奇的勋章授予玛丽的两周后,他亲自从史帕兹上将手上接过他的勋章。在"大礼拜"以后,他还执行了14次作战任务,他最后一次飞行是在6月,此时"霸王行动"已经全面展开。二战以后,劳利仍然留在美国空军队伍里,他在好些地方任职过,包括五角大楼、驻巴西美国空军武官办公室以及位于他家乡阿拉巴马州麦克斯韦尔空军基地的美国空军大学。他于1972年以上校军衔退休。

拉尔夫·布拉斯韦尔是"空中小屋"上的一名机枪手,在"大礼拜"的第一天,比尔·劳利排除万难将这架负伤严重的"飞行堡垒"带回了基地。1999年,在劳利死前不久,布拉斯韦尔去看望了他曾经的驾驶员。他们相互问候,劳利还向他表示了歉意,因为他受过战伤的双手患上了关节炎。

"我和他握手后,"这位前机枪手回忆道,"我说,'这双手真漂亮,是它们救了我的命。'"

乔·雷克斯是"十马力"上的通讯员,那天他修好了机上的对讲机线路,让阿奇得以与沃利通上话,而沃利负责与博布鲁克的调度塔联络。后来雷克斯仍然留在了无线电行业。他开始了一段长久的职业生涯——这一切都要多亏了沃利和阿奇救了他的命——他在伊利诺伊州的皮奥瑞亚的 WMBD 无线电台成为一名受欢迎的新闻广播员，在此期间他的播音丰富了几代人的生活。

以优等成绩从哈佛毕业的杰西·理查德·皮茨在第376轰炸机大队一架名为"小额硬币"的"飞行堡垒"上担任副驾驶员，战后他重返学术生涯，并且在摩洛哥做些出口的生意以支撑他的继续教育。他与法国抵抗运动中的英雄克劳德·邦尼尔的女儿结了婚，并获得了哈佛大学的博士学位，成了一名有名的社会学家。他出版了很多社会学的教科书，还创办了一本名为《托克维尔评论》的双语杂志，主要研究社会变化。

"小额硬币"是一架幸运的"飞行堡垒"，每次执行任务前，都有这样一个仪式，一位长官借给驾驶员一枚分币，要求其成功完成任务后再还给他。这个仪式"保护"了皮茨、斯特赖特和原机组成员，所有人都平安返回。皮茨在他的回忆录中写道，后来的机组没有传承这个仪式。1944年5月24日，"小额硬币"在柏林上空被击坠。

在"大礼拜"期间及之前指挥着美国驻欧战略空军和第八航空队的家喻户晓的军官中，图伊·史帕兹继续指挥着美国战略空军，在1944年末这支队伍已经拥有3000多架重型四引擎轰炸机。1945年3月，史帕兹被授予四星上将。打败第三帝国后，7月，他又被分配到日本，担任美国驻太平洋战略空军总司令，用对付德国的战略来对付日本。但他没有机会出手，因为抗日战争在他抵达后的几周内就结束了。

据回忆，史帕兹是唯一一位同时出席了1945年9月2日日本投降、5月7日德国向英美盟军投降以及5月8日德国在柏林向苏军投降的美国上将。战后，他接替他的上司兼导师哈普·阿诺德担任美国陆军航空队的总司令。1947年，他成为新成立的美国空军的第一任参谋长。

吉米·杜立特继续指挥第八航空队，直到德国战败，然后开始率第八航空队转移至太平洋战场，直至日本投降。战后，三星上将杜立特退出了活跃的一线工作，但他为美国空军承担了一些特别项目，直到1955年退休。虽然他曾经统帅着美国陆军航空队编制最大的航空队取得了最辉煌的胜利，但留在人们记忆最深处的永远是1942年4月他率领着16架轰炸机空袭东京，他用闪电般的速度完成这一大胆的壮举，这在电影《东京上空三十秒》的标题上得到了最好的体现，这是一部在1944年拍摄的关于这次空袭的好莱坞电影。

柯蒂斯·勒迈后来走向了更大的荣耀，而他的同行指挥官们很多都处在事业的衰退期。1944年8月，他被调派至远东战区，指挥自杜立特的"三十秒"以后第一次对日本本岛的战略空袭行动。波音B-29"超级堡垒"是二战中使用的最大的战略轰炸机，这种机型的体积比"飞行堡垒"和"解放者"大了一半，三倍载弹量，两倍航程。

自1944年B-29开始服役起，哈普·阿诺德就决定这种机型只用于对付日本，并且只用作战略武器，他亲自指挥着新成立的第二十航空队。一开始勒迈被分配到第二十航空队第20轰炸机中队担任指挥官，但事实上他后来担任着整个第二十航空队进攻日本的战地司令。

二战以后，勒迈的名字家喻户晓。在1948年策划了"柏林空运"以后，他被任命为美国空军战略空军司令部司令。在勒迈为期9年的开创性的强硬领导下，战略空军司令部发展成了一部运转顺畅的战争机器，管辖着一支庞大的、跨越全球的、由B-47和B-52喷气式轰炸机组成的空中舰队，还管理着第一代洲际弹道导弹系统。勒迈后来官至美国空军的参谋长。

海伍德·"波塞姆"·汉塞尔是空军战争计划部的元老，也是第八航空队早期的主要领导之一，后来他从事的事业颇有争议。他错过了"大礼拜"，在1943年8月针对普洛耶什蒂的"浪潮行动"结束后，他就被召回华盛顿。他回到了哈普·阿诺德的身边，当对日战略空战的规划拟定以后，他在联合参谋部中担任美国陆军航空队一方的规划者，他帮忙研发和部署"超级堡垒"。汉塞尔也是被阿诺德属意为对日战略空战战地司令的最初人选。

在太平洋战场，汉塞尔指挥着第二十航空队驻太平洋马里亚纳群岛的第21轰炸机司令部，而勒迈则负责驻中国的第20轰炸机司令部。汉塞尔采取的昼间精确轰炸并不奏效，阿诺德派勒迈取代了他的位置，勒迈被认为更有攻击性，更能够完成摧毁日本经济的任务。

说来有趣，勒迈采用了英国皇家空军轰炸机司令部的战术，也就是夜间区域空袭，来轰炸日本的城市，而不是仅仅使用美国人在欧洲强烈主张的精确轰炸战术。

汉塞尔被重新分配了岗位，一开始去了一个训练联队，后来来到一个运输联队，基地都在美国，1946年，他早早退休了。笔者从与两人的直接对话中了解到，汉塞尔和勒迈直到生命的尽头，都坚持认为，战略空军本来可以在不使用核武器的情况下最终打败日本。

伊拉·埃克在第八航空队进入全盛时期时，卸任了指挥官一职，来到地中海盟国空军担任司令，一直到1945年4月，也就是德国战败前夕。阿诺德不顾他的反对将他召回华盛顿，安排他在美国陆军航空队参谋部任职，直到它被改组成为美国空军。1947年，埃克退休，他先后在休斯飞机公司和道格拉斯飞机公司担任副总裁。

拉里·库特也是空军战争计划部的元老，帮助成立了第八航空队，他回到华盛顿从事参谋工作，但之后又被派到海外，参加了一些二战的重要转折点。库特在诺曼底海滩的上空担任哈普·阿诺德的私人观察员，1945年2月，他替心脏病发作的阿诺德出席了雅尔塔会议，这是这位首长在战时第四次发病了。和勒迈一样，他也长期就职于战后的美国空军，他是军事空运局的设计师和第一任指挥官，指挥着远东空军，1957年，远东空军改名为太平洋空军。

在战时的英国皇家空军的高层军官中，绰号为"轰炸机"的亚瑟·哈里斯和查尔斯·"皮特"·波特尔两人都在"欧洲胜利日"后的一年内就退休了。亚瑟·特德继任波特尔成为英国皇家空军司令，一直到1950年，他退休后被聘为剑桥大学的名誉校长。波特尔在退休后开始从商，他先后担任英国铝业公司和英国飞机公司的董事长。

哈里斯因为对德国城市尤其是德累斯顿粗暴而又残酷的进攻遭到越来越多的指责，为了逃避这些，他搬到了南非，一直待到1953年。波特尔和特德在战后都被封为男爵，波特尔后来还被升为子爵。哈里斯也被封为准男爵，虽然他一开始拒绝了这个头衔以示抗议，因为他的轰炸机司令部由于1945年

2月的德累斯顿大轰炸而未被授予军功章。

美国人的眼中钉索利·朱克曼也被封了男爵。他后来去了一所大学当教授，但是这份长期职业也中断了，20世纪60年代，英国政府聘请他担当首席科学顾问。从他两卷本的自传标题：《从猿到战神》和《猴子、人类和导弹》，可以看出他对灵长类一直很感兴趣。

来自加州理工学院的气象学家欧文·克里克被哈普·阿诺德聘为天气预言师，在成功地预测了"大礼拜"的天气后，他继续留在了英国——有人可能会说他的成功是因为他的独行其是，或者"该死的幸运"。同样他也被召来为极其重要的"霸王行动"进行天气预测。克里克提前好几周就预言1944年6月5日的天气将是晴好的，这天正是计划中登陆行动开始的日子。然而，其他为英美两国工作的气象学者却预测那天将会有一次较大的大西洋风暴向英吉利海峡袭来。幸运的是，曾经受教于克里克的英国气象学者詹姆斯·马丁·斯塔格力劝他去向艾森豪威尔上将建议推迟一天行动。

果不出所料，风暴于6月5日来临，6日过境，余下的便是历史了。虽然克里克在这场论战中失败了，但却让他免受了一场巨大的尴尬，更别提救了数千盟军的性命了。不过他为1957年1月艾森豪威尔的第二次就职典礼成功地预测了晴好天气。战后，克里克长期从事商业型的天气预测，他提供人工降雨服务，还为1960年的冬季奥运会人工降雪，因此也赚了个盆满钵满。

当埃克和库特回到华盛顿时，史帕兹和杜立特正打包前往太平洋战区——他们想象的是又一年血腥地狱之战——理查德·多伊利·休斯正待在威斯巴登。仅仅在一年前，第三帝国的这座城市还在第八航空队的目标之列。现在帝国已经不复存在，这座城市也成为第12集团军的司令部所在地，这是四个美国野战军团的130万战士的保护组织。

1944年12月，迪克·休斯的战略空战规划工作戛然而止后，他就来到了欧洲大陆。他随着第九航空队的司令部一起横跨了这片大陆——从卢森堡到德国——出于战术协作的目的，第九航空队将继续配合第12集团军。这样一来，休斯发现自己与在伯克利广场40号"敌方目标小组"里的老同事查理·金德尔伯格又团聚了，因为金德尔伯格在1944年5月被调至第12集团军的情报机构工作。

1944年5月1日左右，似乎德国人马上就要投降了，休斯和金德尔伯格决定驱车前往位于诺德豪森附近的哈尔茨山的秘密地下工厂，在这里，德国人使用奴工来生产他们的V-1巡航导弹和V-2弹道导弹。

在战争的最后一个月里，德国人已经黔驴技穷，不得不使用劳工来维持工厂的运作，当休斯和金德尔伯格得知此事，并有幸去探访这些骨瘦如柴的奴工时有些毫无准备，这些奴工生活在美国人旧时营地的附近，这片区域现在归美国第1集团军管辖。

这两位"敌方目标小组"的前骨干成员深谙计量经济学中的细枝末节，当他们见到眼前的场景时，不敢相信自己的眼睛，因为任何一本与现代工业化国家的经济相关的教科书从没有讨论过这样的场景。

第二天，休斯和金德尔伯格去调查了一家为火箭燃料生产过氧化氢的德国工厂，三位穿着得体的德国绅士走过来解释道，他们曾是这家工厂的经理。

据休斯后来的描述："（他们）满脸笑容，热情友好，试图与我们握手。可参观完集中营后的我们并没有打算要握手，这让这些德国人明显非常吃惊。查理·金德尔伯格本身就是德国人，所以德语很流利，很快他们就说起他们所在的职位。"

大约几天后，欧洲的二战就结束了。

迪克·休斯始终没有见到过阿尔伯特·斯佩尔，"敌方目标小组"和美国驻欧战略空军系统地摧毁的目标正是斯佩尔努力建造和保护的，不过休斯的朋友弗雷德·安德森却见到了他。

战争结束后，斯佩尔退居到了丹麦边境的弗伦斯堡，他去投奔了希特勒曾经的指定继任者卡尔·邓尼茨上将。此时的邓尼茨仍然怀抱幻想，认为他能够建立一个获胜的同盟国承认的战后的德国政府。与当时二战造成的全球性破坏的背景产生对照的是，斯佩尔却生活在一个优雅的环境，这里名叫

"好运堡城堡"，这是石勒苏益格－荷尔斯泰因－宗德堡－格吕克斯堡的公爵交给他管理的一座16世纪的古堡。

5月16日，当弗雷德·安德森前来逮捕他时，他正舒适地坐在起居室，亲切地款待他的客人们——美国战略轰炸调查小组的成员。

这些人解释说美国的总部正在收集关于盟军轰炸效果的数据，所以来征求斯佩尔是否愿意提供信息。

"我们讨论了双方轰炸的错误和特点，"这位德国的前军备部长回忆道，"第二天早上，我的副官汇报说，许多美国军官，包括一名高级上将，到了城堡的大门口。我们的护卫士兵向他们举枪致敬，这些士兵是来自一个装甲兵团，因此——似乎是在这些武器的保护下—— F. L. 安德森上将，这位美国第八航空队的轰炸机司令，走进了我的公寓，非常礼貌地感谢我参与了这些讨论。"

三天后，其他人也抵达了，包括富兰克林·伍尔曼·迪奥列尔，他是由哈里·杜鲁门精心挑选出来主持战略轰炸调查的，此外还有摩根保证信托公司的亨利·C. 亚历山大和他的副总裁。随行的还有保罗·尼采、乔治·鲍尔以及经济学家约翰·肯尼斯·加尔布雷思——在战后的数十年里，这些人都成为颇有影响力的、家喻户晓的、为历届总统服务的决策者和咨询顾问。

"在接下来的几天里，在我们的'轰炸大学'弥漫着一种近乎同志般的氛围，"斯佩尔在他的回忆录里讲述说，"我们系统地检查了空战的方方面面。从我自己的工作来看，我能体会到美国军事行动中空战部门的重要性……让我惊讶的是，安德森上将高度赞扬了我的工作：'如果我早知道这人有这么大能耐，我就会派整个第八航空队只把他一个人撂倒就可以了。'那支航空队一共有2000多架昼间重型轰炸机。我很庆幸安德森上将没有太早认识到这些。"

5月23日，斯佩尔的"大学"被迫关门了，因为来了另一批没那么意气相投的盟军军官，他们逮捕了斯佩尔。在纽伦堡审判中，斯佩尔被指控犯有战争罪和反人类罪——主要因为在战争的最后几年，他为德国工业使用了奴工。1946年10月，他被判20年监禁。从舒适的城堡里搬出来后，他住进了柏林施潘道军事监狱一间狭窄的牢房。

在弗雷德·安德森去"好运堡城堡"以后不久,迪克·休斯就接到了图伊·史帕兹的电话,他提醒休斯,很早以前他就承诺过一旦德国被打败后就让休斯重返平民生活。

第二天,休斯回到了第八航空队位于英国的一个基地,他将从这里搭乘一架"飞行堡垒"返回美国。让他惊讶的是,他发现这架飞机的驾驶员居然是弗雷德里克·路易斯·安德森上将。

安德森被调至五角大楼,他将在哈普·阿诺德手下工作,负责重新安置美国陆军航空队的人员,尤其是第八航空队的队员,从欧洲战场到太平洋战场。

"我认为对我个人来说,最让我欣喜的是,"休斯在他战时回忆录的结论部分写道,"曾和我一起熬过1943年和1944年早期的艰难时刻,一起执行了真正可怕决策的安德森将陪同我一起离开欧洲战区。"

不到一周后,迪克·休斯已经回到了位于密苏里州克莱顿的家中,两周以后,他来到位于圣路易斯的库普勒斯公司担任总裁行政助理。这家公司在1951年即将迎来它的百年纪念,这是那种典型的在二战后的二十年里对美国经济发挥举足轻重作用的公司。他们主要生产日常家用品,从美国本土的水果罐头橡胶环到英国肯特双面剃须刀,到"好管家"的名牌产品。库普勒斯是典型的在那些年兴盛起来的数千家小型企业中的一家,但是当后来消费品工业被整合成越来越大的企业后,这些公司就开始逐渐衰败了。

同时,查理·金德尔伯格暂时留在了政府,他担任"马歇尔计划"的主设计师之一,该计划旨在复苏二战后的欧洲经济。曾经负责摧毁德国经济的人,如今却要插手拯救和修复这些经济以及他们在二战中占领的那些国家。这样一来,他帮助确定了在余下的二十世纪里欧洲历史的进程。

金德尔伯格后来成为麻省理工学院的教职工,还出版了一些关于经济学和经济史方面的书籍。他1978年出版的关于投机性股市泡沫的《疯狂、惊恐和崩溃》一书,因为成功预测了"互联网泡沫"而被奉为先知,如今仍然是

244

许多老师的商业管理项目课程上的指定读物。

在为"马歇尔计划"工作时，金德尔伯格与"敌方目标小组"中另一位聪明的年轻人沃尔特·罗斯托也得以重聚，罗斯托后来也继续在麻省理工学院任教。不过关于罗斯托的生平，最被人们所牢记的是他为三届美国总统服务过。他曾担任德怀特·D.艾森豪威尔总统的演讲稿撰写人，这位前盟国远征军最高统帅部的司令在"霸王行动"前驻伦敦的办公室距离罗斯托的工作地点伯克利广场40号仅几步之遥。

当约翰·F.肯尼迪还只是一名总统候选人时，罗斯托就追随了他，为肯尼迪打造了有名的竞选口号：新边疆。肯尼迪当选后，罗斯托担任总统国家安全事务特别助理麦克乔治·邦迪的帮办。后来他还曾担任过林登·约翰逊总统的国家安全事务助理。

弗雷德·安德森回到美国准备下一阶段的战争，但他还没来得及在五角大楼的办公桌前坐定，战争就已经结束了。随后他开始负责精简那支世界上最大的航空队，要从1944年的峰值240万人缩减到1947年的305827人。

安德森也成为那些选择离开的人中的一员，他和伊拉·埃克以及千千万万其他军人一样，选择在1947年退休。

就在那段时间，安德森认识了小威廉·亨利·德雷伯，他是狄龙·瑞德公司纽约分公司的资深投资银行家。德雷伯在二战期间也获得了上将的军衔，战后他即刻加入了位于柏林的盟国管制委员会的经济部。在这里，他和后来带着"马歇尔计划"的任务而来的金德尔伯格和罗斯托一起致力于重建之前安德森致力于摧毁的德国经济。

1952年，德雷伯被任命为美国驻欧洲的特别代理，后来他还担任了美国驻北约大使，他挑了弗雷德·安德森作为他的副手。德雷伯和安德森认识了小贺拉斯·罗恩·盖瑟，盖瑟是旧金山的一名律师和金融家，他和道格拉斯飞机公司的唐纳德·道格拉斯共同创办了兰德智库。巧合的是，在战争期间，盖瑟担任过麻省理工学院"辐射实验室"的副主任，他们在这个实验室里为"飞行堡垒"建造了H2X（AN/APS-15）雷达系统，为安德森的第八轰炸机司令部充当探路机。

1959年，这个铁三角组合搬到了加利福尼亚的圣克拉拉谷，位于旧金山的南部。在这里，从斯坦福大学毕业的高科技人才们正在创造一个技术革新的新时代。1959年，他们创立了"德雷伯·盖瑟＆安德森公司"，这是美国西部第一家风险投资公司，主要投资前沿技术，这些技术就好像是未来的H2X型系统。在旧金山南部绵延的山地之中，这是一个科技方兴未艾的时代，巧合的是，这正是比尔·休利特和戴维·帕卡德创办的惠普公司公开上市后两年，这两位是未来在该领域家喻户晓的最杰出的青年才俊，而且此时也是从导弹制导到侦察卫星等最高机密项目在圣克拉拉谷全力展开之时。

同时，这也是这个山谷成为有名的"硅谷"以及风险投资公司聚集地之前的二十年，这里成就了另一次科技的繁荣以及世界历史进程中的又一次巨大变化。

1992年，65岁的大卫·J.马蒂斯回到了英国参加美国军队"友好进驻"英国的第50周年纪念活动。当人们得知大卫来到了英国时，他受邀前往位于剑桥郡阿普伍德基地的"阿奇博尔德马蒂斯军士学院"发表演讲。

自1981年以来就归美国空军管辖的阿普伍德，到了2005年除了医院以外都被弃置了，尽管如此，但大卫说过的话也和阿奇的英雄行为一样将在人们的记忆中永垂不朽。

他的话代表了整个青年一代，这一代人后来被称为"最伟大的一代"，他们在二战中勇敢而无私地投身美国的军队。当然，这一代人也包括在伯克利广场40号工作的分析家，他们经历了"黑色一周"和"大礼拜"那些可怕艰难的日子。

在大卫·马蒂斯去阿普伍德的一年以前，沃尔特·罗斯托在华盛顿的一次演讲中说道，"我相信'敌方目标小组'的成员在为司令部紧张地工作之时，从没长久地忘记过我们最终是为谁在工作。毕竟，我们是一个年代的……最重要的是，那么多机组从宁静的英国乡村起飞，在空中集结，几分钟后他们就发现自己纵身跳入了敌人的防空战火和致命空战之中——一些人牺牲或者被俘，其他人带着飞机上死伤的成员跌跌撞撞地飞回基地。所有人都经历了巨大的创伤，在他们的余生里，有的人能优雅地承受这些，而有的人却无法做到。"

罗斯托注意到了阿奇·马蒂斯，认识到他们都同样属于那个独一无二的年代。

"当我的记忆渐渐老化时，我常常回忆起英国和第八航空队，"大卫·马蒂斯在那晚阿普伍德的讲话中提到，"我的耳边总会反复响起回声，也许这些声音也曾在阿奇耳边响起过：'责任，荣誉和祖国。'责任。他觉得作为一名基督徒，努力挽救那名飞行员的生命是他的责任。当然这也是一件光荣的事情。祖国。哦，是的，美国，这片自由的土地，勇士的家园。在他生命的最后一天，在那宿命般的一天，阿奇一定是勇敢的。"

结束时，大卫回忆起当"阿奇起飞深入莱比锡时，他刚刚被升为上士，但在那天还没结束时，他成了一名首领，他是自己命运的首领，灵魂的主人"。